KB230629

ALL 1등급 초정밀 입시 가이드

초등부터 설계하는 최상위 합격 로드맵

ALL 1등급 초정밀 입시 가이드

초등부터 설계하는 최상위 합격 로드맵

박동호·최지석 지음

위즈덤하우스

차례

부모가 알아야 할 12년 입시 로드맵

'아이의 뇌는 10세 이전에 거의 완성된다'는 말은 의대 시절 뇌 발달 수업에서 처음 접한 후로 내 기억에 깊이 남았다. 인간의 뇌는 생후 3세까지 성인 뇌의 약 80%, 5세까지 약 90%로 완성된다. 감각, 언어, 감정 등 기초 기능을 담당하는 뇌 회로는 유아기에 폭발적으로 형성되고, 사용되지 않는 회로는 가지치기처럼 제거하여 뇌를 더 효율적으로 만든다(synaptic pruning이라고 한다). 즉, 아이에게 어떤 경험을 주느냐에 따라 뇌의 구조가 강화되는 셈이다. 하나하나의 경험은 단순한 추억이 아니라, 아이의 뇌를 직접 설계하는 소중한 재료다.

하지만 뇌의 구조만이 전부는 아니다. 문제 해결력, 충동 조절력, 집중력, 자존감, 사회성 같은 고차원적 기능들이 초등학교 전후부터 본격적으로 성장하기 때문이다. 이 기능들은 뇌의 전두엽에서 조절되는데, 이 전두엽은 20대 중반까지 계속 발달한다. 쉽게 말해, 초등학생 시기는 뇌가 기능적으로 정교해지는 시기이며, 아이가 어떤 환경에서 자라느냐에 따라 뇌의 발달 방향이 크게 달라질 수 있다는 뜻이다.

초등학생 아이의 미래는 중·고등학교 때가 아니라 지금 결정된다. 이 골든타임을 놓치면 안 된다. 학부모들 사이에 '중학생 되면 늦어요', '지금 기초가 안 되면 평생 따라잡기 힘들어요'라는 말이 자주 오가는데, 이는 결코 과장이 아니다. 교육심리학 연구에 따르면, 초등학교 고학년 시기의 자기조절력과 학습 습관은 중등 이후 학업 성취도의 중요한 예측 지표다. 그뿐 아니라, 아이가 공부하는 이유를 스스로 납득하고 내면화하는 과정도 이 시기에 시작된다.

하지만 많은 부모가 너무 늦게 시작한다. 고등학생 때 진로를 재탐색하거나 공부 습관을 바꾸려 하지만, 이미 그 시점에서는 아이의 사고 패턴은 어느 정도 굳어져 있다.

그래서 이 책이 필요하다. 이 책은 아이의 뇌가 가장 유연하고 변화 가능성이 큰 시기에 부모가 어떻게 이끌어야 하는지를 알려주는 12년 로드맵이다. 아이에게 무언가를 가르치는 것보다 환경을 설계하고 기회를 연결해주는 부모의 역할이 제일 중요하다. 그 설계도와 나침반이 바로 이 책 안에 있다. 지금도 아이의 뇌는 부모의 교육 방식에 따라 조금씩 달라지고 있다.

이 책은 부모 입장에서 쓴 자녀교육법이 아니다. 실제 입시를 성공한 자녀 입장에서 본 기억들을 중심으로 후향적으로 써 내려간 책이다. 보편적인 정답만을 담은 여느 자녀교육 책들과는 달리, 주관적이지만 생생하며 현실적인 조언과 전략을 담아냈다. 인생을 뒤돌아보면 그때는 몰랐지만 지금에서야 이해되는 것들이 많다. 완벽한 정답은 없고, 성공한 각자만의 길이 정답임을 이 책은 말한다. 우리가 담아낸 솔직한 이야기들은 많은 학부모님들에게 실질적인 도움이 될 것이라 믿는다.

저자 박동호와 최지석은 모두 일반고인 여의도고등학교를 전교 1등으로 졸업하고 현역으로 의대에 합격했다. 박동호는 현직 의사로, 13만 유튜브 채널 유튜브 〈의대생TV〉를 운영하고 공부법 관련 책들을 여러 권 집필했다. 학생과 학부모 대상으로 수많은 강연을 하며 쌓아온 인사이트를 의학적인 관점에서 정리해, 책 전반부에서 전체적인 교육 로드맵을 제시하고 초등학교 부분의 이야기를 풀어냈다. 최지석은 현재 의과대학 재학 중으로, 〈의대생TV〉 채널 크리에이터로 활동하면서 수많은 교육 멘토링을 진행하고 입시 컨설팅 회사에서 일했던 경험을 토대로, 책 후반부에서 중·고등학교 시절에 어떻게 공부를 하고 입시를 준비해야 할지를 구체적이고 생생하게 적어냈다.

이 책이 여러분의 자녀교육 여정에 명확한 기준과 방향을 세우는 데 작은 도움이 되기를 진심으로 바란다.

2026년 2월
박동호·최지석

최상위 합격을 위한 로드맵 설계

1장과 2장은 박동호 저자가 집필했습니다. 전체적인 로드맵을 제시하고
초등학교 시절에 필요한 공부 전략에 대해 이야기합니다.

{ **학부모의
역할이
80%다** }

나는 1995년 1월, 서울 도봉구 쌍문동에서 태어났다. 농부의 자식으로 태어난 아버지와 어머니는 시골에서 상경하여 친척 집에서 잠시 지내다가, 서울 서초구에서 처음 자리를 잡았다. 아버지는 상업고등학교를 나와 국민은행에 입사해 서초구에서 직장 근처인 도봉구 쌍문동으로 이사했다. 때마침 국민은행에서 임직원에게 거주할 아파트를 방학동 쪽에 저렴한 가격에 제공을 해주어서, 쌍문동에서 옮겨 방학동에서 살게 되었다. 우리가 살았던 방학동은 꽤 괜찮은 동네였다. 가까운 거리에 유치원부터 초등학교, 중학교, 고등학교까지 모두 있었고, 생활하는 데도 크게 문제가 없었으며, 사람들은 모두 정이 많고 착했다.

2000년대 초반, 여느 초등학생들과 다르지 않게 모래가 있는 놀이터에서 얼음땡이나 경찰과 도둑 놀이를 하고, 유희왕 카드를 모으며, 문구점 앞 오락기로 게임을 했다. 집에서는 컴퓨터 게임으로 바람의 나라, 노바1492, 온라인 게임 서바이벌 프로젝트를 했다. 가끔 담배 냄새 자욱한 동네 PC방에 가서 스타크래프트를 하고는 했다. 학원을 다니거나 학교에서 공부를 했던 기억은 딱히 없다. 신기하게도 당시 내가 다니던 초등학교에서는 시험 자체가 없었기 때문이다. 한마디로 요약하자면, 그저 평범한 학생이었다. '건강하게만 자라다오'의 표현에 걸맞은 그런 학생이었다.

나는 집 앞에 있는 보나유치원을 나와 초당초등학교에 입학하여 3학년을 다니던 중, 여의도로 이사를 가게 되었다. 2003년이었다. 시골 출신인 부모님은 재테크에 '재' 자도 모르던 분들이었지만, 어머니가 당시 대통령과 여의도에서 악수를 하는 꿈을 꿨다며, 여의도 집을 알아봤다고 한다. 그때 여의도는 지금처럼 발전된 곳이 아니었고, 집값도 비싸지 않았다. 그렇게 우리는 여의도에 괜찮은 집을 구했다. 그것이 내 공부 인생의 시작이었다.

여의도 역시 매우 좋은 동네였다. 살기에 좋은 환경이었고, 여의도 주민들의 수준도 비교적 높았다. 초등학교 3학년, 여의도초등학교로 전학을 왔는데 좋은 친구들이 많았다. 크게 모난 친구들도 없고, 이른바 노는 친구들도 거의 없었다. 비교적 높은 수준에서 자란 친구들, 그리고 크게 차이 나지 않는 집안 수준에서 자란 아이들이어서 그랬는지, 학교생활이 평화로웠다.

여기서 주목할 것이 있다. 여의도는 방학동과 다른 점이 명확하게 있었다. 바로 교육열이다. 여의도 학부모들은 자녀들의 교육에 많이 힘썼다. 아직 초등학생이라서 좋은 대학에 보내야겠다 혹은 의대에 보내야겠다 같은 생각은 없었을 것이다(2026년 현재, 대치동 학원가에는 초등 의대반이 있다). 학벌에 대해서도 아예 생각이 없진 않았겠지만, 그보다두 '아이를 잘 가르쳐야 한다'는 생각이 있었던 것 같다. 많은 학부모들이 그런 생각을 가지고 있다 보니, 우리 부모님처럼 교육에 관심이 크게 없던 사람도 교육열이 생길 수밖에 없었다. 그렇게 나도 전학을 오자마자 조금씩 공부를 하게 되었다. 공부를 하기 싫었지만, 내 주변 친구들도 다 공부를 하니까 나 스스로도 큰 저항은 없었다. 그냥 그게 당연한 것이었다. 공부가 당연했고, 공부하는 분위기가 당연했다.

그렇다. 내가 공부를 잘할 수 있었던 비결은, 나의 노력 이전에 이미 부모님의 큰 역할이 있었다. 그 시작점은 바로 '학군'이다.

학군

이 책을 읽는 학부모 독자라면, 빠르면 20대에서 늦으면 50대까지 있을 것이다. 이미 가정을 이루고, 자녀를 양육한 지 최소 수년이 지난 사람들일 것이다. 아이를 낳고, '건강하게만 자라다오'의 염원을 하며 100일이 지나고, 아장아장 걷는 1살을 거쳐, 걸어 다니며 아빠 엄마를 외치는 2살, 가장 예쁜 나이 3~4살을 지나, 말 안 듣는 개구쟁이 6~7살이 되니 이제 슬슬 자녀 교육에 관심을 가질 때다.

하지만 이 책을 읽는 독자들은 자녀라는 큰 산을 넘기 전에, 또 하나의 큰 산을 넘었거나 혹은 지금도 여전히 넘고 있을 것이다. 바로 집이다. 결혼을 하기 전에 아이를 낳기 전에 우리의 신혼집, 우리의 가정집을 먼저 꾸려야 한다. 다들 집을 많이 알아봤을 텐데, 현재 대한민국의 집값은 학군 따라 변한다고 해도 과언이 아니다. 물론 재건축 가능성, 주변 접근성 등 더 중요한 조건들도 많지만, 부동산 플랫폼에 학군이라는 탭이 따로 있을 정도로 그 상관관계는 엄청 크다.

내 공부 인생을 돌이켜본다면, 내가 공부를 잘할 수 있었던 가장 큰 이유는 여의도에서 살았기 때문이라고 생각한다. 그리고 이것은 학부모가 해줄 수밖에 없는 역할이다. 후술하겠지만, 공부를 잘하는 데에는 나 그리고 부모님 각각 중요한 요소들이 여러 개 있지만, 그것이 다 갖춰졌더라도 내가 만약 여의도처럼 학군이 괜찮은 곳에서 공부를 하지 않았더라면 공부를 잘하지 못했을 것 같다. 그 이유에 대해서 앞으로 더 자세히 설명해보겠다.

우리나라에서 유명한 학군지로는 서울 강남구 대치동, 양천구 목동, 노원구 중계동, 서초구 반포동, 성남시 분당구 정자동, 대구 수성구 범어동, 부산 해운대구, 울산 남구 등이 있다. 이곳들의 특징은 교육열이 높고, 좋은 중·고등학교가 있고, 학군이 좋다. 그래서 집값이 비싸다(물론 학군 외 다른 이유도 많을 것이다). 사실 여의도는 위에서 말한 학군지에 들어갈 만한 정두는 아니지만, 좋은 학군지의 몇몇 교육적 특성들을 갖추고 있다. 그 공통점을 몇 가지 나열해보겠다.

첫째, 주변에 좋은 학교들이 있다. 단순히 국립, 공립, 사립의 문제가 아니다. 명문 초등학교, 중학교, 고등학교 들이 있다. 명문 학교의 기준은 무엇일까? 우수한 교사? 최신 교육 시설? 물론 이것들도 맞다. 하지만 가장 중요한 것은, 바로 대학 진학률과 학업성취도이다. 교사가 우수해서, 교육시설이 최신이라서 공부를 잘하는 것이 아니라, 공부를 잘하는 학생들이 모여서 공부를 더 잘하도록 교사와 시설이 붙는 구조다. 그리고 하나 더 중요한 것을 말하자면, 바로 전통이다. 훌륭한 학교를 나온 사람들은 사회적으로 높은 위치에 있는 경우가 많고, 탄탄한 동문 네트워크 아래에 서로 끌어주는 역할을 한다. 이 책을 읽는 독자들이라면 알 것이다. 단순히 공부 잘해서, 대학이 좋아서 인생을 성공하는 것이 아니라는 것을 말이다. 훌륭한 선후배들과 함께 나아가야 사회적으로 더 높이 올라가기 수월하다. 명문 학교의 기준은 바로 이것들이다.

　둘째, 사교육 인프라가 있다. 공부에 있어서 사교육은 매우 중요하다. 공교육을 무시하는 것은 절대 아니다. 사교육이 중요한 이유는 크게 세 가지인데, 바로 정보력과 훈련 시스템 그리고 절대적인 공부 시간이다. 정부는 공교육만으로도 공부를 충분히 할 수 있도록 만들려고 하지만, 사실 수능에서는 변별력을 위해서 어느 정도 난도가 있는 문제를 출제할 수밖에 없다. 소위 '하나를 배워도 열을 아는' 머리가 좋은 학생들은 공교육만으로도 응용 문제들을 풀 수 있겠지만, 대부분은 그렇지 않다. 아무리 응용력이 뛰어난 학생이라 하더라도 한정된 시간 내에 정확히 풀어야 하는 수능이라는 제도에서는, 비슷한 응용 문제에 미리 훈련된 학생들이 우위에 있을 수밖에 없다. 옆 나라 일본의 경우 시험을 보면 시간을 넉넉하게 주지만, 한국의 수능은 짧은 시간 내에 문제를 모두 풀어야 하므로, 미리 훈련된 학생이 유리한 시스템이다. 또한, 인간은 강제성이 없으면 게을러지는 습성이 있다. 학교 수업이 끝나면, 의지가 강한 상위 0.1%의 학생들이 아닌 이상, 스스로 독서실에 가서 남은 시간을 전부 활용하여 공부하는 경우는 드물다. 그래서 학원이 필요하다. 강제성 있게 학원에 가서 공부를 하고, 강제성 있게 숙제를 받아서 하고, 학원에 가지 않거나 숙제를 하지 않으면 패널티가 있어야 공부를 한다. 그게 사람이다. 이것은 학생을 떠나서, 성인도 마찬가지이다. 사실 여의도는 환경에 비해 사교육 인프라가 부족한 편인데, 가까이 목동이 있고, 대치동도 갈 수 있다. 나 또한 목동에서 학원을 주로 다녔고, 간단한 학원은 여의도에서, 그리고 정말 필요한 것은 대치동을 가끔 다녔다. 사교육을 받는다고 모든 학생이 공부를 잘하고 대학에 잘 가는 것은 아니지만, 내 주변에 있는 공부 잘하고 대학 잘 간 사람들은 모두 사교육을 적절히 (혹은 과하게) 받았다. 물론 최상위권 대학에 간 친구들 중에서도 사교육을 받지 않은 사람도 있지만 그런 경우는 거의 못 봤다. 개인적으로 그런 친구들은 머리두, 의지두, 운도 상위 0.1%라고 생각한다. 조금 다른 얘기지만, 수능 특성상 어느 정도 운이 따라줘야 하는 것도 사실이기 때문이다. 내가 못하는 과목이 조금 쉽게 나오고, 내가 잘하는 과목이 조금 어렵게 나오고, 찍은 문제가 맞아야 하고, 내가 취약한 과목에서 실수가 없어야 한다. 어쨌든, 학군에서 사교육 인프라는 아주 중요한 특징이다. 심지어는, 요즘 대치동 학원들은 전입신고서를 내야 등록을 해주는 곳이 있을 정도로 학원 들어가기도 힘든 것이 현실이다.

셋째, 학부모들이 높은 교육열이 있다. 이것도 꽤 중요한 특징이다. 학부모들이 교육에 관심이 많아서, 입시설명회를 다니고, 공부법 강연을 듣고, 어느 학원이 좋은 학원인지 많이 알아보고 다니고, 다른 사람들과 정보를 교류한다. 그렇게 많은 정보를 가져야 내 아이를 어떤 학원에 보내고 어떻게 공부를 시킬지 정할 수 있다. 정보가 적은 상태에서 어떠한 결정을 내리려고 하면 확증편향의 오류에 빠지기 쉽다. 아이는 잘 교육하고 싶은데 주변 학부모 커뮤니티도 없는 상태라면 어디서 정보를 수집할까? 해봤자 인터넷이나 집 근처 학원가의 전단지, 학교 선생님의 말, 뉴스 같은 방송뿐일 것이다. 그런 곳은 광고일 가능성이 높다. 또한 뉴스에서는 공교육만으로 충분하다고 얘기하고, 방송에서는 독학만으로도 서울대에 간 학생들이 나오기도 한다. 그런 말만 듣고 내 아이에게 적용하면 매우 높은 확률로 실패할 것이다. 자녀교육을 떠나서, 어떤 선택을 하든지 정보가 많으면 매우 유리한 고지에 있을 수 있다. 어떻게 보면 한 번뿐인 자녀교육인데, 제대로 해야 하지 않을까? 그러므로 교육열이 높은 지역에서 공부를 시키는 것이 정보력 측면에서 좋다. 또한, 주변 학부모들이 어떻게 자녀들을 가르치는지 보면서 참고할 수 있다. A라는 학부모는 이렇게 가르쳤는데 아이가 공부를 잘하고, B라는 학부모는 저렇게 가르쳤는데 아이가 잘 못 따라준다? 물론 여러 요소들이 있지만, 이렇게 하나하나 비교해가면서 어떤 공부법이 좋을지 감이 잡혀가는 것이다. 자녀의 공부는 생각보다 학부모의 영향이 크다. 학생들이 학군지에서 공부를 열심히 하는 친구들이 많으면 덩달아 공부를 하게 되는 것처럼, 학부모도 마찬가지다. 교육열이 높은 학부모가 많아야 나 자신도 그렇게 된다. 사람이란 그런 존재다. 환경에 취약하고, 민감하다. 따라서 학군은 학부모의 교육열이 높은 것이 특징이고, 그래야 자녀들이 공부를 잘할 수 있다.

넷째, 환경이 좋다. 경제적으로 안정적인 사람들이 많고, 주변 상권 인프라도 괜찮다 보니, 걸릴 것이 없다. 물론 '개천에서 용 난다'는 말이 있듯이, 환경이 좋지 않은 지역에서도 공부를 잘해내는 경우도 있지만, 흔치 않은 케이스다. 그런 곳은 인프라가 부족하고, 학생들도 잘못된 방향으로 가는 경우가 있으며, 그러면서 전체적인 분위기가 흐려지고, 내 아이도 그런 위험에 노출되게 된다. 물론 학군지에도 소위 노는 친구들, 질 나쁜 친구들이 있기 마련이지만, 그 비율이 현저하게 적기 때문에 오히려 그 학생들이 이상한 사람으로 취급을 받으면서 자정작용이 일어난다. 그 결과 그 학생은 다른 지역으로 전학을 가게 되거나, 아니면 아예 교화가 되어버린다. 이 이론은 교육심리학이나 사회심리학에서도 중요하게 다루는데, 어떠한 임계점을 넘으면 소수가 전체 사회에 영향을 미칠 수 있다. 그리고 흔히 그 임계점을 10% 정도로 본다. 학군지에서는 질 나쁜 학생들의 비율이 10%를 넘지 않는다. 그래서 지금까지 학군지로 남아 있는 것이다. 이런 곳에서 공부를 해야 좋지 않은 것에 노출되지 않으며 공부에 집중할 수 있다. 따라서 학군지는 환경이 좋다는 특성을 가지고 있고, 이런 곳에서 공부를 해야 잘할 가능성이 높다.

옛말에 '근주자적 근묵자흑(近朱者赤 近墨者黑)'이라는 말이 있다. 붉은 색을 가까이 하는 사람은 붉게 물들고 먹을 가까이 하는 사람은 검게 물든다는 뜻이다. 이렇듯, 사람은 환경이 매우 중요하다. 좋은 사람이 주변에 많으면 좋은 영향을 많이 받고, 긍정적인 사람이 주변에 많으면 나도 긍정적인 사고를 하게 된다. 마찬가지로 좋은 학군에서 좋은 학생들과 함께 어울리면 내 자녀도 좋은 학생이 될 가능성이 높다. 환경은 학부모만이 만들어줄 수 있는 것이고, 그래서 자녀 공부에 있어서 학부모의 역할이 아주 크다는 것이다.

바로 후술하겠지만, 반드시 유명한 학군지를 가야 성공한다는 뜻은 아니다. 학군을 강조한 것은 그만큼 환경이 중요하고, 이는 인간이 환경에 매우 큰 영향을 받기 때문이다. 이어서 환경에 대해 이야기를 해보겠다.

환경 - 가정환경, 공부환경

학부모의 역할이 크게 작용하는 또 다른 요소 중 하나는 바로 환경이다. 위에서 말한 학군과도 중복되는 개념이다. 환경에는 크게 두 가지가 있는데, 하나는 가정환경이고, 다른 하나는 공부환경이다. 이 중에서 공부환경은 관점에 따라 두 가지로 생각할 수 있다. 하나는 동네의 전반적인 공부환경을 뜻하는 학군, 다른 하나는 실질적으로 공부를 하는 학습환경이다. 학군은 위에서 얘기했으므로, 여기서는 가정환경과 학습환경에 대해서만 이야기하겠다.

이 책은 자녀를 어떻게 공부를 잘하게 할지에 대한 교육법 책이다.

하지만 공부 이전에, 자녀교육법을 다루는 책이다. 이 책을 읽는 학부모 독자라면, 공부 관련된 책을 보기 이전에 이미 올바른 자녀교육에 대한 책을 많이 봤을 것이다. 물론 여러 가지 요소가 있겠지만, 모든 책에서 공통적으로 이야기하는 것은 바로 안정적인 가정환경이다. 안정적인 가정환경은 자녀의 정서 발달, 자존감, 애착 형성 등에 매우 중요한 역할을 한다. 이러한 요소들은 공부에 있어서 기본 중의 기본이라고 말할 수 있다. 공부라는 것은 지식이 많다고 해서 잘하는 것이 아니다. 알아가는 재미, 성공했을 때 받는 칭찬과 즐거움, 실패했을 때의 무력감을 극복하는 과정, 끝까지 해내는 힘 등 이러한 모든 과정들은 어릴 적 가정환경에서부터 뿌리가 이어진다. 어릴 때부터 안정적이지 않은 가정환경에서 자란 아이들은, 공부는 둘째치고 일단 안정적으로 자라나지 못한다. 안정적이어도 힘든 공부인데, 불안정하면 공부가 과연 될까? 머리가 좋은 자녀더라도 높은 확률로 좋지 못한 결과를 낼 것이다. 왜냐하면 공부는 감정 컨트롤이 필수적인 과정이기 때문이다. 반대로, 재능이 조금 덜하더라도 안정적으로 공부를 하고 멘탈을 잘 지켜내면 좋은 결과로 마무리할 가능성이 높다. 이것은 단순히 이론적인 얘기가 아니라, 실제 내 주변에서 봐왔던 케이스를 후향적으로 합쳐서 낸 결론이다. 안정적인 가정환경에 대해서 궁금하다면 관련된 자녀교육법 책을 더 보는 것이 좋을 것이다.

그리고 또 중요한 것이 바로 학습환경이다. 학습환경은 말 그대로, 공부에 집중할 수 있는 환경이냐, 효율적으로 공부를 할 수 있게 세팅

이 되어 있느냐를 뜻한다. 학습환경에도 여러 가지가 있는데, 첫 번째로 얘기할 것은 물리적 학습환경이다. 학교에서 담임 선생님이 공부에 몰두할 수 있도록 분위기를 조성해주는 것, 학교에 자습을 할 수 있는 독서실이 잘 갖춰져 있는 것, 학원에서 선생님에게 문제를 마음껏 질문할 수 있는 것, 집에서 공부를 할 때 책상이나 주변에 방해되는 물건이 없는 것, 시간을 잴 수 있는 스톱워치나 인강을 들을 수 있는 기기(노트북, 태블릿)가 있는지, 필기하기 좋은 필기구들이 준비되어 있는지, 공부할 때 참고할 수 있는 참고서들이 모두 준비가 되어 있는지, 긴 시간 앉아도 허리가 아프지 않은 의자가 있는지, 공부한 책을 모두 보관하여 생각날 때마다 찾아볼 수 있을 정도의 책꽂이가 있는지 등 정말 많은 것들이 물리적 학습환경이다.

학습환경에는 물리적 환경 외에도 시간적, 정신적 환경도 있다. 시간적 환경이란 집에서 학교까지 얼마나 걸리는지, 집이나 학교에서 학원까지 얼마나 걸리는지, 그리고 그것을 빠르게 움직이기 위해 부모님이 차로 태워다주면서 시간을 아낄 수 있는지 등이다. 정신적 환경도 중요하다. 자녀가 공부하는 데 방해되지 않도록 안정감을 주는 것, 자신의 공부 때문에 가족들이 자신에게 맞추고 그것을 불편해하지는 않는지 등 심리적으로 방해가 되지 않도록 분위기를 조성하는 것도 필요하다. 이렇듯, 공부환경은 정말 중요한데, 다양한 요인이 복합적으로 작용한다.

환경 관련하여 나의 사례를 들어보겠다. 실제로 우리 집은 안정적인 가정이었다. 가족끼리 사이가 좋았고, 크게 건강 문제도 없었으며, 가끔 외식을 나가고 여행도 다녔다. 물론 여느 가족들처럼 크고 작은 갈등들이 있긴 했지만, 다 잘 극복하여 화목한 가정을 이루었다. 아버지는 은행원으로서 열심히 일해서 돈을 벌고, 어머니는 가정주부로서 집안 살림을 하며 나와 우리 누나들을 키우며, 아버지를 잘 보필했다. 누나들도 크게 모난 사람 없이 대학을 졸업하고 취직을 했다. 이혼을 하거나, 가족이나 친척끼리 돈 때문에 싸우거나, 건강이 안 좋거나, 별거를 하거나 하는 그런 불안정한 요소들은 없었다. 그렇게 나는 사랑을 잘 받으며 안정적으로 잘 자랐다.

특히, 우리 가족은 나를 위해 환경 조성을 정말 잘해주었다. 내가 고등학생이었을 때, 시험기간만 되면 우리 가족들은 각자 방에서 최대한 나오지 않았다. 집에서 내가 공부할 때, 방에서 나오면 시끄러울 수 있으니 그것마저도 최소화하기 위해서 나오지 않은 것이었다. 거실에 있던 가족 공용 컴퓨터를 없앴고, TV마저 틀지 않았다. 연휴가 되면 시골에서 할머니, 할아버지가 보고 싶다고 해도 나 때문에 우리 가족 모두 가지 않았다. 내가 새벽 3시까지 공부하면 어머니는 늘 내가 잠들 때까지 기다렸다. 새벽에 내가 배고프다고 하면, 바로 야식을 해주셨다. 내가 필요한 게 있다고 하면 다음 날 바로 사왔다. 학교가 끝나고 학원 시작까지 시간이 얼마 남지 않으면, 어머니가 나와서 나를 분식집에서 뭐라도 먹이고 바로 학원으로 보내줬다. 집에서 공부 집중이 안 된다고 하니까 독서실 책상을 아예 사서 내 방에 넣어줬다. 덕분에 집에서도 집중이 잘되었고, 학교 독서실까지 가지 않아도 되어서 매일 시간을 아낄 수 있었다. 내가 공부하느라 힘드니까, 식사로 항상 좋은 보양식을 해줬다. 우리 다섯 식구 모두가 나의 공부환경을 위해서 최선을 다해서 맞춰주었다. 그 덕분에 나는 3년 내내 전교 1등을 하며 결국 의대에 합격했다.

경제적 지원

옛말에 이런 말이 있다. 아이를 좋은 대학에 보내려면 엄마의 정보력, 아버지의 무관심, 할아버지의 재력이 중요하다는 것이다. 이 말은 우스갯소리처럼 들릴지 몰라도, 사실 어느 정도 맞는 말이다. 누가 어떤 역할을 하느냐는 상관없다. 경제력과 정보력 그리고 너무 간섭하지 않는 적절한 무관심이 필요하다. 이번에 말하고 싶은 것은 바로 경제력이다.

누구나 다 아는 사실이겠지만, 돈은 많으면 많을수록 좋다. 다른 모든 분야에서 그렇겠지만, 공부에서도 예외는 아니다. 오히려 공부에서만큼 경제력의 차이가 결과로 직결되는 영역도 없는 것 같다. 공부를 잘하기 위해서는 좋은 학원에 가야 하는데, 좋은 학원은 대개 비싸다. 조사에 따르면, 2024년 기준 우리나라 고등학생의 1인당 월평균 사교육비는 약 52만 원이다. 이는 전체 평균이고, 사교육에 참여한 학생들만 포함하여 평균을 내면 약 77만 원이라고 한다. 그리고, 유명한 학군지인 대치동이나 목동은 월 평균 100~300만 원 정도의 사교육비를 지출한다. 2018년에 방영했던 드라마 〈SKY캐슬〉을 기억하는가? 그곳에 나온 고액 컨설팅 업체들은, 대치동에 실존한다. 내가 아는 곳은 1시간에 50만 원에 달하는 비용이 들고, 몇 개월만 해도 수천만 원이 든다고 한다. 물론 공부를 안 하는 학생이 이런 곳에 다닌다고 해도 좋은 대학에 갈 수 있는 것은 아니겠지만, 그래도 비싼 곳은 다 이유가 있다.

만약 경제적으로 여유롭지 않다면, 자녀를 비싼 학원에 보내는 것이 조금 버거울 수 있다. 학원비를 비교하면서 적절한 합의점을 찾을 것이다. 하지만 그것은 자녀의 공부에는 최대 효율을 내지 못하는 선택일 수 있다. 아이의 공부만 놓고 본다면 좋은 학원에 보내는 것이 중요하다. 그래서 경제력이 중요하다. 만약 학원을 보내지 못할 정도로 힘들고, 자습서도 사기 힘들 정도라면 아무리 머리가 좋아도 공부할 기회가 없는 것이므로, 이런 경우는 공부를 잘하기 힘들다.

하지만 꼭 비싼 곳을 가야 하는 것은 아니다. 실제로 나는 여의도에서 자랐고, 여의도 동네 학원은 국어, 영어 두 군데를 다녔는데, 학원비가 그리 비싸지는 않았다. 한 과목당 30만 원 정도 했으니, 딱 내신용 동네 학원이었다. 그렇지만 내가 이곳을 간 이유가 있다. 잘 가르치는 학원 선생님이 있었기 때문이다. 이것은 우리 어머니의 정보력, 그리고 내 친구들의 정보력 덕분이었다. 나는 원래 국어와 영어를 못했는데, 이 학원들을 다니면서 그래도 수능에서 국어는 100점을 맞았고, 영어는 끝내 극복하기 어려웠지만 2등급을 받았다(당시 상대평가 시절). 그리고 메인 학원으로는 목동에 있는 하이스트학원(현 목동 미래탐구)을 다녔다. 중학생 때부터 다녔는데, 이곳은 당시 특목고 입시 학원으로 유명했다. 그때부터 수년간 이곳을 다녔는데, 2000년대 후반이었던 당시 학원비는 평균적으로 100만 원이었고, 방학 때는 150만 원 정도 했던 것 같다. 즉, 나는 학원비로 평균 150~200만 원 정도 썼다. 중간중간 과외도 했고, 과학 과외도 해서 고3 때는 300만 원까지 썼던 것 같다.

하지만, 소득은 한계효용체감의 법칙을 따른다. 부모의 소득이 250만 원일 때와 500만 원일 때는 2배 이상의 효용의 차이가 있지만, 1000만 원일 때는 효용이 4배만큼 크지 않다. 즉, 어느 정도 소득이 있는 상태에서는 소득보다는 다른 것이 더 중요해질 수 있다. 그것은 바로 다음에 얘기할 '시간적 지원'이다.

한계효용체감의 법칙은 재화가 한 단위 증가할 때마다 얻을 수 있는 한계효용이 점점 줄어드는 것을 의미한다. 예를 들어, 1만 원짜리 밥을 먹던 사람이 2만 원짜리 밥을 먹으면 2배 이상의 행복을 느낄 수 있지만, 3만 원짜리 밥을 먹으면 3배 이하의 행복을 느낀다는 것이다. 어느 정도 퀄리티가 괜찮으면 그때부터는 가격 대비 만족의 효용이 조금씩 떨어진다. 이것은 다양한 사회 영역에서 관찰되는데, 공부에서도 비슷한 현상이 보인다. 어떤 시험을 준비할 때 10시간을 투자한 사람은 적당히 50점을 맞고, 20시간을 투자한 사람은 80점을 맞고, 30시간을 투자한 사람은 90점을 맞고, 40시간을 투자하면 95점을, 50시간을 투자해야 결국 100점에 가까운 점수를 받을 수 있다. 즉, 한계효용체감의 법칙과 유사하게, 시험공부는 높은 점수를 받아야 할수록 시간 투자를 더 많이 해야 한다.

시간적 지원

부모가 자녀에게 시간을 많이 투자할수록 자녀의 학업성취도는 높아진다. 물론 자녀 입장에서는 일거수일투족 관여하는 부모에게 부담을 느낄 수 있겠지만, 부정적인 영향을 미치지 않는 선에서 관여한다면 자녀가 공부하는 데 큰 도움을 줄 수 있다. 실제로 한 연구에 따르면, 엄마와 함께 보내는 시간이 많은 집단은 평균 성적, 자기효능감, 학교생활 만족도에서 모두 높은 성취를 보였다.

공부를 할 때 공부 시간 대비 효율도 중요하지만, 공부 시간 자체가 절대적으로 중요하기도 하다. 공부 효율이 100%라도 하루 3시간만 공부하는 것보다, 공부 효율이 50%여도 하루 10시간 공부하는 게 순공 시간이 더 높다. 따라서 절대적인 공부 시간을 확보하는 것과, 효율을 높이는 것 모두 중요하다.

부모의 시간적 지원도 공부와 마찬가지다. 자녀에게 시간을 많이 투자할수록 자녀가 공부를 더 잘할 가능성이 올라간다. 물론 이 역시 앞에서 말한 '한계효용체감의 법칙'을 따른다. 하지만, 부모의 소득이 자녀의 공부를 뒷받침하기에 부족하지 않다는 전제하에, 자녀의 공부가 최우선 가치라는 측면에서 부모의 시간은 투자할수록 이득이다. 달리 말하면, 아이가 공부를 잘하길 진심으로 원한다면, 모든 시간을 자녀에게 투자해도 된다는 뜻이다. 그럼, 과연 어떤 측면에서 부모의 시간적 지원이 자녀의 학업성취도에 긍정적인 영향을 미칠까?

학습습관 잡기, 플래너(스케줄링)

스스로 학습습관을 잡는 것은 절제력과 계획력이 뛰어난 상위 1%를 제외하고는 불가능에 가깝다. 나이가 어린 초등학생일수록 더욱 그렇다. 부모가 옆에서 알림장을 보고, 가정통신문을 보고, 급식을 확인하고, 숙제를 보고, 학원 시간을 챙겨주고, 시험 기간을 체크해줘야 한다. 숙제를 해야 보상을 주고, 숙제를 안 하면 혼난다는 것을 알려줘야 한다. 초등학생 때의 학습습관은 완전하지는 않지만, 이때 기본이 만들어져 고등학생 때까지 이어지고 발전할 수 있다. 내가 아는 모든 의대 합격생들은 대부분 초등학생 때부터, 적어도 중학생 때부터 공부를 시작한 사람들이다. 밥을 먹고 이를 닦는 것, 볼일을 보고 손을 닦는 기본적인 것조차도 어릴 때 수년간 가르치는데, 공부라는 고도의 정신노동을 요하는 활동을 누군가가 옆에서 지속적으로 관리하고 지도해주지 않는다면 제대로 습관이 형성되기 어려울 것이다. 따라서 부모는 아이의 매니저가 되어 모든 것을 잘 봐줘야 한다. 즉, 아이의 플래너, 스케줄러가 되어야 한다.

정서적 유대(공부 멘탈)

시험을 봤는데 성적이 안 좋으면 누구든 기분이 안 좋다. 학생만 그런 게 아니라 성인도 마찬가지다. 회사에서 실적이 안 좋아서 한 소리를 들으면 그날 우울해서 친구와 술을 마신다. 성인도 그러하니 아이들은 오죽할까? 하지만 어떤 아이는 시험 성적이 안 좋아도 긍정적으로 이겨내고, 어떤 아이는 성적이 좋아두 불안에 떨거나 자만에 빠지기도 한다. 이런 모든 것은 어린 시절 자라온 환경이 좌우한다. 어릴 때 실수했다는 이유로 심하게 꾸지람을 하고 모욕을 주면 아이들은 회복하기 어렵다. 그러나 잘못을 지적하되 긍정적인 것도 심어주면 잘 이겨낸다. 이것은 부모의 역할이 아주 크다. 공부를 떠나서 자녀 교육에 정말 중요한 문제다. 이 또한 부모가 시간을 투자해야 가능하다. 쉽게 얻어지는 돈이 없듯, 적게 시간을 투자하고 아이가 정서적으로 성숙하길 바라는 것은 금물이다.

정보 탐색(학원, 스펙 등)

학원은 가야 하는데, 아이는 공부만 하기에도 바쁘다. 그런데 그 과정에서 아이가 학원까지 알아보면 공부 시간에서 큰 손해다. 설령 아이가 시간이 많다 해도 사회 경험이 없는 아이가 적절한 학원을 고르기는 어렵다. 단순히 친구 따라서 가는 정도라면 부정확할 가능성이 높

다. 그러나 부모는 여러 학원의 특징을 비교할 안목이 있고 주변 학부
모 커뮤니티, 네트워크를 통해 더 좋은 정보를 얻을 수 있다. 부모가 학
원을 알아봐주면 아이는 공부 시간도 늘고 좋은 교육을 받을 가능성이
높다. 부모가 이 역할을 해주지 않으면 아이가 공부를 잘하기는 어렵
다. 나는 어머니가 주변 학부모 이야기를 듣고 목동 대형 입시학원, 여
의도 동네 학원들에 보내고 그룹 과외를 시켰다. 결과는 성공적이었
다. 좋은 학원에서 좋은 학생들과 함께 공부하며 잘 성장했다. 이는 어
머니의 정보력에 기반한 시간적 투자가 없었다면 힘들었을 것이다.

요즘은 수시 비율이 더 높아지고, 특히 학생부종합전형이 강세다.
이를 위해 생활기록부를 기반으로 스펙을 잘 쌓아야 한다. 아이가 입
시를 잘 알까? 전혀 모른다. 부모도 입시 전문가는 아니지만, 그래도 어
떻게 준비해야 면접관들에게 잘 보일지에 대한 감은 조금 있을 것이
다. 왜냐하면 부모는 입시를 겪어봤고, 취직을 하기 위해 면접도 여러
번 치러봤고, 결혼을 위해서 양가 부모님께 잘 보이기 위해 노력했던
적도 있는 등 여러 경험을 해보았을 것이기 때문이다. 그리고 선생님
혹은 주변 학부모들과 소통하면서 어떤 스펙을 쌓는 게 좋은지 정보도
있을 것이다. 이런 것도 아이가 스스로 하기는 제한적이며 어렵고, 부
모가 도와줘야 한다.

부모가 많이 도와줄수록 아이가 스펙을 잘 쌓고, 그것이 입시 성공
에 좋은 영향을 준다. 그렇다, 속된말로 '떠먹여'줘야 한다. 그래야 아

이가 공부할 시간도 챙기면서, 스펙도 쌓을 수 있다. 실제로 나도 부모님의 정보력과 시간적 지원을 통해 매주 주말마다 수학경시대회를 알아보고, 보러 다니거나 과학관을 가거나, 봉사활동을 다녔다. 전부 부모님이 도와줘서 만들 수 있었던 빛나는 스펙들이다.

환경조성

앞에서 환경이 중요하다고 여러 번 이야기를 했다. 환경은 과연 누가 만들까? 이것도 마찬가지로 아이 스스로 만들기는 어렵다. 이혼 위기에 처한 부모 아래에서 과연 자녀가 안정적으로 자랄 수 있을까? 공부를 떠나, 심리적 안정감을 느끼지 못하고, 부모에 대한 믿음이 떨어지고, 결국 밖을 겉돌 확률이 높다. 그런 불안정한 마음으로는 공부라는 긴 마라톤을 이겨내기 어렵다. 인생 2회차라고 말해도 믿을 수 있을 정도의 상위 0.1% 초인적인 멘탈을 가진 아이가 아니라면 말이다.

　공부 환경도 마찬가지다. 나는 공부하다 힘들면 눕는 습관이 있는데 (많이들 그럴 것이다), 내가 피곤해도 눕지 못하도록 침대를 빼달라고 부모님께 부탁했다. 부모님은 다음 날 내 침대를 버려주셨다. 그리고 학교 자습실에 가지 못하는 날이나 그곳에서 집중이 안 될 때에는 집에서 공부를 했는데 독서실 책상처럼 양 옆이 막혀 있는 책상이 집중하기 좋아서 집에서도 똑같은 환경을 위해 독서실 책상을 사달라고 했다. 부모님은 바로 나를 위해 독서실 책상을 사주셨고, 집에서도 자습실이나 독서실에서 공부하는 것처럼 초집중을 할 수 있었다.

같은 환경에서 계속 공부를 하다 보면 지루해질 수 있으므로, 리프레시를 위해 나만의 '스터디 장소'를 여러 곳 만들어놓는 것이 중요하다. 아주 조용한 곳, 적당한 소음이 있는 친숙한 곳, 친구들과 가끔 얘기할 수 있는 곳, 필요 시 선생님이 가까이 있는 곳 등 그때그때 자신에게 맞는 곳이 있다. 나 같은 경우는 학교 자습실, 집, 학원 빈 강의실, 집 근처 독서실 이렇게 네 군데를 나만의 스터디 장소로 만들어서 공부했다.

또한, 내가 부탁하지 않아도 우리 식구들(부모님, 누나 2명)은 내가 집에서 공부할 때 조금이라도 방해가 될까 봐 각자 방에서 최대한 나오지 않았고, 거실에 있는 TV도 켜지 않았다. 설이나 추석 때, 내 공부 때문에 시골에 가지도 않았다. 나 빼고 가면 혼자 공부하기 어렵고 밥을 챙겨 먹기 힘드니 부모님도 안 간 거다. 아버지 혼자 가끔 갈 때가 있었지만, 그래도 어머니는 가지 않았다. 나의 공부를 서포트하기 위해서였다. 이렇게 환경 조성은 부모의 역할이 매우 크고, 이것은 자녀 공부에 매우 큰 영향을 준다.

생활습관, 식습관, 생활리듬(기상, 식사, 취침)

어린 나이일수록 규칙적인 생활이 힘들다. 성인들도 회사에 지각하는 일이 종종 있는데, 아이들은 말할 것도 없다. 아이들은 아직 어리고 습관이 안 잡혀 있기에, 아침에 혼자 일찍 일어나기 힘들고, 식사를 혼자 챙겨 먹기도 힘들고, 자야 하는 시간에도 잠이 안 오면 잠을 안 자려고 한다. 기상이나 취침 시간, 식사 시간 등 생활 리듬은 공부에 매우 크게 작용한다. 잠을 제대로 못 자면 다음 날 집중력이 떨어져 공부 효율이 많이 떨어지고, 식사를 못 챙겨 먹으면 공부를 떠나 건강이 안 좋아져서 아무것도 할 수가 없다. 그래서 부모는 이러한 생활 습관을 관리해줘야 한다. 단순히 자녀 양육을 위해서도 있지만, 공부를 위해서도 그렇다. 충분한 수면과 생활리듬 조절, 그리고 알맞은 식사가 이루어져야 공부를 하는 데 집중할 수 있다. 그러기 위해서는 자녀의 생활 리듬에 모든 것을 맞추도록 시간을 투자해야 한다. 아무리 철이 빨리 든 학생이라두 초등학생 때부터 이러한 습관을 스스로 잡기에는 매우 어렵기 때문에 시간을 들여 관리해줘야 한다.

예전에는 아버지가 일을 하러 가기 때문에 어머니가 보통 이러한 관리를 많이 했지만, 요즘은 역할이 바뀌는 경우도 많고, 맞벌이 부부가 매우 많아 적절한 롤 플레이가 필요하다. 부모도 절대적으로 시간을 많이 투자해야 한다. 아이에게 시간을 얼마나 효율적으로 썼는지에 따라 학업에 크고 작은 영향을 미칠 수 있다.

실제로 여러 논문에 따르면, 부모가 집에 머물며 자녀에게 더 많은 시간(숙제 지도, 대화 등)을 투자할수록, 자녀의 학업성취도가 높다는 다수 연구가 있다. 또한 맞벌이나 한부모 등 부모의 시간적 지원이 부족한 집단은, 자신감, 자기조절력, 실제 성적 등에서 열위(낮은 점수, 학습 문제 등)를 보인다는 통계가 많다.

유전 - 재능, 노력, 건강(육체+정신)

학부모가 맡는 중요한 역할 중 하나는 바로 '유전'과 관련된 부분이다. 이 이야기는 다소 불공평하고 불편하게 들릴 수 있지만, 현실을 직시할 필요가 있다. 공부에 있어서 재능, 즉 타고난 머리는 확실히 큰 역할을 한다. 머리가 좋은 아이는 같은 시간과 노력을 들여도 훨씬 빠르게 배우고 이해하며, '하나를 배우면 열을 아는' 능력을 발휘한다. 동일한 조건 하에서 이런 아이들은 분명히 유리할 수밖에 없다.

하지만 여기서 포기할 이유는 없다. 고등학교 수준까지는 노력으로 대부분의 영역을 충분히 커버할 수 있다. 다만 수학과 같은 논리적이고 계산 능력이 필요한 과목에서는 타고난 능력이 조금 더 요구되는 경우가 많다. 예를 들어, 고등학교 2학년 이후 수학은 단순한 노력만으로는 성적 향상에 한계가 있을 수 있다. 마찬가지로 언어 능력 역시 별개의 뇌 기능으로, 어릴 때 함양되지 않으면 성장에 한계가 있을 수 있다. 나의 경험을 예로 들자면, 나는 수학과 물리 등 과학 분야에서는 뛰어났지만, 영어는 오랫동안 어려움을 겪었다. 초등학교 때부터 학원을 꾸준히 다니고, 고등학교 때는 두 군데 학원에 다니며 과외까지 받았지만 수능에서는 2등급을 벗어나지 못했다.

절망할 필요는 없다. 고등학교 공부는 노력과 전략으로 충분히 극복 가능한 영역이다. 중요한 것은 내 아이의 타고난 능력을 제대로 이해하고, 그에 맞게 효율적으로 공부를 도와주는 것이다. '지피지기 백전

불패'라는 말처럼, 아이의 강점과 약점을 파악하면 더욱 효과적인 교육 전략을 세울 수 있다.

그럼에도 불구하고 머리가 좋은 아이는 흔히 중학교 때까지는 뛰어난 성적을 유지하다가 고등학교에서 요구하는 깊이 있는 학습과 집중력을 경험하면서 흔들리는 경우를 많이 봤다. 이런 경우, 초기의 성공에 안주하지 않고 지속적이고 꾸준한 노력이 얼마나 중요한지 부모와 아이가 함께 깨닫고 움직여야 한다.

결국, 유전은 공부의 중요한 한 축이지만, 단순히 머리 좋은 아이만 성공하는 것은 아니다. 최상의 결과를 얻으려면 타고난 재능에 노력과 올바른 학습 습관, 건강한 정신과 신체가 더해져야 한다. 아이의 재능을 인정하면서도, 꾸준한 노력을 통해 최대한 발전시킬 수 있도록 부모가 인내와 지혜를 가지고 지원하는 것이 진짜 '유전의 힘'을 제대로 살리는 길이다.

의대를 포함해 최상위권 대학에 합격하려면, 성적이 좋거나 입시를 잘 준비하거나 운이 좋아야 한다. 여기서 운은, 내가 지원한 학교의 경쟁률이 적거나, 논술 문제에서 아는 것이 나오거나, 면접 때 면접관이 나를 좋게 봐주거나, 내 앞 대기번호 사람이 빠져주는 것을 의미한다.

성적이 좋으려면, 공부를 잘하거나 머리가 좋거나 찍은 게 다 맞는 운이 따라줘야 한다. 여기서 운은, 수능에서 내가 잘하는 과목이 어렵게 나오고 취약한 과목이 쉽게 나오거나, 수능이나 내신 때 찍은 문제가 결정적으로 등급을 좌지우지하는 것을 의미한다.

공부를 잘하려면, 노력을 많이 하거나 머리가 좋거나 환경이 좋아야 한다.

위에서 말한 다른 과정에는 운이 따를 수 있지만, 공부를 잘하는 데 있어서는 운은 없다. 이 얘기를 쓴 이유는, 그만큼 공부는 정직한 노력의 결과라는 뜻이다. 그렇다면 초등학교, 중학교, 고등학교 총 12년간 어떤 공부 전략이 필요할까? 이번 단원에서는 큰 그림을 그려보겠다.

상식적으로 생각했을 때, 고등학교 3년만 공부해서 의대를 포함한 최상위 대학교에 진학하는 것은 불가능에 가깝다. 초등학교, 중학교 시절 공부를 안 했는데 공부 습관도 없이, 선행학습은커녕 이전 개념도 없는데 갑자기 공부한다고 바로 따라잡을 수 있을까? 물론 매년 그런 초인적인 학생이 소수 존재하긴 하겠지만, 거의 불가능에 가깝다. 따라서 자녀가 대학에 잘 가기 위해서는 고등학교 3년이 중요한 것이 아니라, 초등학교부터 고등학교까지 총 12년의 시간을 적절히 활용해야 한다. 나와 함께 강연을 진행했으며, 〈유퀴즈〉에 출연한 바 있는 교육학으로 우리나라에서 가장 유명하신 서울대학교 교육학과 신종호 교수님의 연구에 따르면, '공부 습관은 최소 66일의 반복 학습으로 고착되며, 청소년기에는 습관화된 집중력과 자기조절력이 성적 격차를 만든다'고 한다. 이렇듯, 공부는 단기적으로 만들어지는 결과물이 아니다.

이 단원에서 내가 말하고 싶은 것을 요약하면 다음과 같다.

"최상위권 대학 합격은 고등학교의 전력전이 아니라, 초등·중등에서 이미 짜인 두뇌 설계의 실행이다. 초등은 두뇌를 키우는 시기, 중등은 습관을 굳히는 시기, 고등은 그것을 발휘하는 시기다 ─ 12년의 설계와 전략이 진짜 실력이다."

초등학교 : 두뇌의 기반을 설계하는 시기

초등학생 때는 '학습 뇌'를 만드는 것이 중요한 시기다. '학습 뇌'란, 말 그대로 학습을 할 수 있는 뇌로 만든다는 것이다. 아무리 머리가 똑똑한 영재라고 해도, 글을 읽거나 문맥을 이해할 줄 모르면 공부를 할 수 없다. 언어에 트여 있는 머리라고 해도 영어 스펠링을 모르면 영어 글을 읽을 줄 모른다.

또한 뇌가 학습할 준비를 하기 위해서는 기본적으로 상식을 많이 갖추어놔야 한다. 지식이란 것은 단순한 것부터 복잡한 것으로 점진적으로 쌓여가는 과정인데, 기본 상식이 없으면 고도화된 지식은 아무리 쌓아도 무너지기 마련이다. 나중에 고등학교 미적분을 공부해야 하는데, 기본이 되는 사칙연산(덧셈, 뺄셈, 곱셈, 나눗셈)을 모르면 과연 할 수 있을까? 나중에 한국사를 공부해야 하는데, 우리나라 지리 전국 팔도에 대해서 모르면 과연 공부가 될까? 세계사를 공부해야 하는데, 지구본을 본 적이 없으면 공부가 될까? 따라서 초등학교 때는 이런 기본 지식과 상식을 쌓아가는 시간이 되어야 한다.

고등학교 공부 자체가 매우 고차원적인 학문은 아니지만, 적어도 초등학교와 중학교 공부가 기본으로 되어 있어야 이해할 수 있는 수준의 공부다. 그래도 다른 과목들은 시간을 투자하면 따라잡을 수는 있는데, 수학이나 과학은 이전 단계를 충분히 숙지하지 않으면 따라잡기 힘들다. 이것은 논리적인 과정으로 차근차근 쌓아 올려야 하는 지식이기 때문이다.

뇌의 영역으로 설명하자면, 이때는 독서력(전두엽·측두엽), 수 감각(두정엽), 창의력·공간지각(소뇌·후두엽), 영어 등 언어감각(측두엽)의 훈련이 많이 필요하다. 즉, 독서를 많이 하고, 숫자 놀이나 계산을 많이 하고, 창의력과 공간지각 능력을 기를 수 있는 학습, 그리고 영어 등 외국어를 많이 접해야 한다. 이때가 바로 '골든타임'이다.

나의 초등학교 시절을 돌이켜보면서 뇌 훈련을 어떻게 했는지, 재밌는 예시를 들어보겠다. 흥미롭게도 나와 부모님은 나의 뇌 훈련을 위해서 무언가를 애써 한 적이 없는데 나의 뇌는 '공부 뇌'가 되어 있었다. 나는 초등학생 때 바둑을 많이 두었다. 뇌 훈련을 위해서 한 것은 아니었고, 그저 아버지가 취미로 컴퓨터 바둑(한게임)을 많이 두는 것을 보고 단순히 따라 하게 되었다. 대부분 이세돌과 AI의 세기의 대결 덕분에 바둑이 무엇인지는 알 것이다. 하지만 오목은 둘 줄 알아도, 바둑을 둘 줄 아는 사람을 드물 것이다. 바둑은 정말 고도의 전략 게임이다. 서양의 체스와 비슷한데, 바둑과 체스는 모두 전략과 사고력이 필수인 두뇌 게임이지만, 경우의 수나 복잡성, 전략적 깊이 면에서 바둑이 훨씬 고차원적인 게임이다. 바둑판은 19×19=361포인트가 있고, 전체 경우의 수가 10의 170승으로, '우주의 모래알 수보다 많다'는 표현이 있을 정도이다. 물론 요즘 시대에는 AI가 바둑을 점령했지만, AI가 나오기 전에는, 같은 바둑 판이 하나도 없을 정도로 그 경우의 수는 대단했다. 바둑은 두 사람이 번갈아가면서 돌을 하나씩 놓으며, 상대방을 잡고 집을 많이 만들어서 경쟁하는 게임이다. 한 판은 짧아도 20~30분, 신중히 두면 1시간 이상 둔다. (물론 프로 바둑에서는 하루 종일 두는 경우도 있지만, 그냥 일반인 기준으로 얘기하는 것이다.) 평등하게 바둑알 하나씩 두는데, 어떻게 두느냐에 따라 내가 살고 상대방이 죽는다. 수 하나하나 둘 때마다 전체 판도가 뒤집힐 수 있다.

한 수를 두기 전에 열 수를 읽어야 했고, 가끔은 이기기 위해 한두 수를 과감히 포기해야 했다. 그 흑백 돌들과 행마 속에 논리, 직관, 전략, 그리고 기다림이 함께 자라고 있었다.

바둑판 앞에 앉으면 마음이 차분해졌다. 나보다 강한 상대를 만나면 긴장했고, 질 때마다 마음이 쓰렸다. 하지만 한 판, 또 한 판을 반복할수록 나도 모르게 실수를 복기하는 힘, 끝까지 기다리는 끈기, 그리고 평정심까지도 배우고 있었다. 또한, 바둑판 위에서 나는 처음으로 '한 수가 인생을 바꿀 수 있다'는 걸 배웠다. 눈앞의 것만 보지 않고, 판 전체를 보는 법을 익히며, 계획과 통찰을 배웠다.

내가 바둑을 두면서 수학적, 논리적 계산들을 많이 배웠는데, 그 외에 정신적이나 멘탈 관련해서 얻은 것들을 나열해보겠다.

- 오래 앉아 있는 습관

- 집중하는 습관

- 상대방을 이기려는 경쟁심

- 평등한 사상

- 예의 바른 마무리

- 아버지와의 유대관계

- 이겼을 때 겸손하기

- 졌을 때 배워가는 마음

- 이기고 있을 때 방심하면 질 수 있다는 기억

- 지고 있을 때도 포기하지 않으면 이길 수 있다는 기억

- 복기하는 과정에서 나에 대해 반성하고 상대방에게 배우려는 태도

이렇게 다양하다. 이 모든 것이 공부에 있어서 중요하지만, 뇌과학적으로만 얘기하자면 전두엽을 크게 발달시킨다. 논리적 사고, 계획력, 자기조절력, 문제해결력, 집중력 등 정말 많은 것들이 발달된다. 그래서 나는 강연을 나가서도 학부모님들께 바둑을 예시로 들어주면서, 적극적으로 추천한다. 바둑이 아니더라도, 비슷한 유의 뇌를 발달시킬 수 있는 것도 괜찮다. 중·고등학교 때 공부를 하려면 우선 뇌가 발달되어 있어야 하기 때문이다. 정말 신기하게도, 어릴 때 나와 같이 바둑을 뒀던 친구들은 다 공부를 잘해서 대학도 잘 가고, 지금 잘 살고 있다.

나는 내 자녀를 낳으면 바둑을 반드시 시킬 것이다. 바둑이 좋은 이유 중 하나는, 공부가 아니라 게임이라 생각해서 거부감이 크게 없다는 점이다. 바둑이 어려우면 체스도 괜찮고, 체스가 어려우면 다른 보드 게임도 좋다.

또한 나는 칠교놀이를 좋아했다. 7개의 조각으로 여러 가지 모양을 만드는 것인데, 만들 수 있는 모양은 수백 가지가 넘는다. 칠교놀이는 7개의 조각을 남김없이 모두 사용해서 모양을 만들어야 하기 때문에 문제해결력이나 창의력 향상에 도움이 된다. 특히 수학적 능력에 큰 도움이 된다고 알려져 있다. 나도 처음에는 몰랐는데, 초등학교 시절 수학 학원에서 칠교놀이를 선물로 받으면서 해보게 되었다. 이게 너무 재밌어서 혼자 계속 이리저리 돌려보면서 모양을 만들고는 했다. 이때 나의 뇌는 매우 많이 발달했던 것 같다.

초등학교 전, 유아기 시절에도 뇌 발달에 도움이 되는 여러 가지 놀이들이 있다. 레고나 블록쌓기는 손과 눈의 협동능력을 길러주고, 공간지각력과 논리적 사고를 발달시켜준다. 퍼즐이나 도형 맞추기 놀이는 논리적 사고와 집중력, 문제해결 능력을 길러준다. 종이접기나 딱지치기도 손가락 운동, 즉 소근육 운동을 통해 뇌를 자극하고 창의력을 길러준다. 물놀이, 모래놀이 등도 자연을 느끼는 감각을 통해 감정 조절 능력을 기르고, 이는 정서 지능과 스트레스 조정 능력을 길러주는 데 도움이 된다. 소꿉놀이나 인형놀이 등 역할놀이는 언어 표현력과 사회성, 감정이입 등의 훈련을 통해 사회적 인지능력과 의사소통 능력을 길러준다.

　나는 그저 재미있어서 놀았지만, 그 시간들이 두뇌를 단련하는 가장 조용하면서도 강력한 훈련이었음을 지금에서야 깨달았다. 실제로, 하버드와 MIT, 서울대 연구진은 소근육 놀이, 오감 체험, 역할놀이 같은 유아기의 다양한 놀이가 실제로 뇌 구조와 기능, 나아가 후속 학습능력 전반에 걸쳐 두드러진 긍정 효과를 가진다고 밝혀왔다.

중학교 : 습관화와 멘탈 구축의 시기

유아기와 초등학생 시절이 '공부 뇌'를 만들고 기본 상식을 쌓는 시기였다고 하면, 중학교 때는 본격적으로 공부가 무엇인지 알아가는 시기다. 즉, 이전에 공부 머리를 어느 정도 키워놓고, 중학생이 되어서는 공부 습관과 멘탈을 근육처럼 단련시켜야 한다는 것이다.

　중학생 때는 기본적으로 공부를 위해 시간을 투자하고, 성적이 올랐을 때의 기쁨과 떨어졌을 때의 슬픔을 모두 느끼며, 공부가 무엇인지 알아가야 하는 시간임을 깨달아야 한다. 그렇게 하다 보면 시험에 대한 긴장감과 스트레스를 조절할 수 있게 되고, 내가 어떤 과목이 강하고 어떤 과목이 약한지를 알 수 있고, 얼마만큼의 시간을 투자해야 어느 수준의 성적이 나오는지 감이 잡힌다. 이런 시행착오 끝에 나의 실력을 가늠할 수 있고, 내가 얼마나 공부를 해야 하는지에 대한 감이 오면서 공부 계획을 짜며 나만의 루틴을 만들 수 있다. 나만의 공부법, 나만의 루틴이 있어야 더 힘든 고등학교 공부를 이겨낼 수 있다.

이때 모든 과목을 공부하지는 않아도 괜찮다. 실제로 나는 특목고 입시 전문 학원인 목동 하이스트(현 목동 미래탐구)를 다녔는데, 거기서 수학과 영어만 집중적으로 공부했다. 수학, 영어는 대한민국 공부의 기본이다. 국어나 사회, 과학, 한국사 등은 현행에 맞춰서 해도 충분히 따라갈 수 있다. 물론 과학의 경우 과학고를 준비할 겸 선행을 하면 부분적으로 도움이 될 수는 있지만, 필수적이지는 않다. 나 또한 과학 선행을 하지 않고도 현행만으로도 고등학교 과학을 모두 잘해냈기 때문이다. 심지어 나는 고등학교를 과학중점학교에 다녔는데, 물2 화2 생2 지2 등 고3 때 모든 투과목을 내신으로 다 공부했다. (물론 나처럼 선행 없이 과탐 성적을 내기 위해서는 고등학교 때 시간 투자도 많이 하고, 공부에 올인을 해야 한다.)

하지만 수학과 영어는 다르다. 수학은 중학생 때부터 부지런히 기초를 쌓고 선행을 해야 한다. 나는 수학의 경우 5학년 때부터 조금씩 해서, 중1 때는 중3 과정 공부를 시작했다. 즉, 2년 정도 선행을 했는데, 이 정도가 적당한 것 같다. 물론 선행이라는 것은 하면 할수록 좋기에, 3년 선행을 해도 되지만 그러기에는 시간이 조금 부족할 수 있고, 오히려 너무 선행을 많이 하다가 현행을 못할 수도 있다. 너무 앞서 나가면 일을 그르칠 수 있듯이 말이다. 또한, 학교 내신 시험의 경우, 풀이 과정을 써야 하는 서술형 문제도 많은데, 너무 선행을 하다 보면 선행 방식의 문제풀이로만 풀어버려서 현행 방식의 문제풀이에 어려움을 겪는 경우도 있다. 그렇다고 해서 선행을 1년만 하는 것은 살짝 부족할 수 있다. 고등학교 때는 수학 말고도 해야 할 공부량이 많은데, 수학 공부를 하는 데 시간을 너무 투자하면 다른 공부를 놓치게 된다. 수학은 다른 과목들과 달리, 기초가 계속 쌓여나가면서 반복 학습을 통해 지식이 더 심화된다. 2년 선행을 했다면, 단순히 남들보다 2년만큼 앞서 나가는 것이 아니라, 그 사이에 반복학습을 최소 3회는 했을 것이므로, 남들보다 3배는 앞서 나가는 것이다. 만약 1년만 선행을 했는데, 내가 수학을 좀 못하는 머리다? 그러면 고등학교 올라가서 시간이 부족할 수 있다. 그래서 2년 선행을 해서, 부족한 머리다 싶으면 중학교 때 수학에 시간을 더 투자해서 고등학교 때 수학에 쓸 시간을 절약하라는 것이다. 수학은 반드시 선행을 해야 한다.

영어는 느낌이 조금 다르지만, 어릴 때부터 공부를 한다는 점에서 수학과 마찬가지다. 언어능력은 어릴 때부터 뇌 발달과 함께 형성되기에, 일찍 시작할수록 좋다. 그래서 영어 유치원 열풍이 있는 것이다. 나는 아쉽게도 일반 유치원을 다녀서 어릴 때부터 영어를 접하지 못했고, 그나마 초등학교 때 '윤선생' 학습지로 처음 접하게 되었다. 내가 언어 분야가 약하기도 하지만 너무 늦게 접했던 탓에 영어를 아직도 잘 못한다. 그리고 영어는 고등학교 공부나 수능을 떠나서도 앞으로 살아가는 데 반드시 필요한 것이므로, 이 책을 떠나 영어 공부를 반드시 해야 한다. 영어만 잘해도 어디 가서 굶어 죽지 않는다.

공부 멘탈 관련해서도 이야기를 하고 싶다. 나는 공부를 스포츠에 비유하는 것을 좋아한다. TV로 올림픽 경기를 보다 보면 정말 어리고 젊은 선수들이 대회를 마치고 의젓한 모습을 보이는 경우가 많은데, 그걸 보고 대부분 대단하다고 생각한다. 어떻게 어린 애가 저렇게 의 젓하게 인터뷰를 하지? 이겼는데도 담담하고, 졌는데도 담담하네? 물론 좋아하기도 하고 슬퍼하기도 하겠지만, 대부분의 스포츠 선수는 결과를 덤덤히 받아들인다. 왜냐하면 바로 어릴 때부터 멘탈 훈련이 잘 되었기 때문이다. 대부분의 스포츠 선수들은 어릴 때부터 훈련을 받는다. 물론 그들도 첫 경기에서 이기면 어린애처럼 좋아할 것이고, 지면 울분을 터뜨릴 것이다. 하지만 한 번 이겼다고 해서 다음번에 또 이길 거라는 보장이 없기에 기고만장해서는 안 되고, 한 번 졌다고 해서 다음 번에 이기지 못할 법은 없기에 좌절하지 않는다. 그것은 여러 경험과 배움, 학습을 통해 길러지는 멘탈이다. 스포츠선수들 옆에 있는 코치들의 역할 중 중요한 하나가 바로 이런 멘탈 길잡이다. 힘들어도 좌절하지 않도록, 이겼어도 거만해지지 않도록 잡아주는 역할이다. 이것은 학부모와 학생의 관계와 비슷하다. 만약 학생이 고등학교 때 처음 공부를 시작했는데 시험을 못 봤다? 그러면 한동안 좌절감에 공부가 손에 잡히지 않을 것이다. '아, 나는 공부랑 안 맞는 사람인가 봐. 공부를 꽤 했는데도 성적이 안 나오다니 이거 너무 재미없다, 별로다.' 이미 고등학교 성적들은 수시 성적에 모두 들어가는데, 그렇게 방황하기 시작하면 답이 없다. 고등학교 3년의 시간을 알차게 써도 힘든 입시인데,

그렇게 방황하고 있으면 어떻게 좋은 성적을 낼 수 있겠는가. 하지만 중학교 때 그런 과정을 미리 경험한 학생이라면? 조금 더 의젓하게 대처할 수 있을 것이다. 아직 학생이라 감정에 많이 휘둘리겠지만, 그래도 남들보다 몇 번이라도 더 많이 해봤으면 남들보다 몇 발자국이라도 더 앞서나간 셈이라고 볼 수 있다. 생각보다 작은 차이가 큰 차이를 만들어낸다. 공부는 스포츠다. 공부는 남들보다 조금만 더 잘하고, 조금만 더 빠르면 이기는 게임이다.

이렇듯, 수학과 영어를 심도 있게 공부하면서 고등학교 공부, 그리고 인생 전체에 대한 대비를 하면서 공부 습관을 들이고 멘탈을 단단히 하면 고등학교에 갈 최소한의 준비는 마쳤다고 할 수 있다.

한 가지 더 얘기할 것이 있다. 이때는 오히려 공부에 대한 반감이 생기지 않도록 너무 과한 스트레스를 주면 안 된다. 나는 중학교 때 너무 과도하게 공부를 시키다가 망친 케이스를 많이 봤다. 부모님 등쌀에 떠밀려 억지로 학원을 다니고, 다른 학생들과 비교를 하다 보면, 어떻게든 억지로 공부는 하겠지만, 공부를 하기 싫다는 무의식이 커진다. 중학교 때는 학습량이 많지 않으니, 성적은 오른다. 그러면 거만해지기 쉽다. 공부하기 싫다는 무의식과 거만함이 섞이면, 중3때까지 높은 등수를 찍다가, 게을러지고 놀게 되면서 고등학교 때 오히려 성적이 떨어진다. '성적이 떨어져도, 내가 공부 안 해서 그런 거지, 나 중학교 때 과고 준비하고 선행도 3년 했는데, 공부만 하면 다시 따라잡지'라는 자신감을 가지면서 늦게 공부를 시작한다. 하지만 고등학교 공부는 시간에 철저히 의존하는 영역이다. 시간을 많이 투자하는 사람이 이길 수 있는, 노력으로 가능한 영역의 게임이다. 아무리 머리가 좋아도 꾸준히, 성실히 한 사람을 이기지 못한다. 절대적인 시간의 양이 부족하기 때문이다. 머리 좋은 애가 공부를 별로 안 했는데 성적이 잘 나오는 경우를 본 적 있는가? 그런 친구들은 초등학교 때부터 쌓아온 시간이 있는 거고 남들이 보든 안 보든 공부를 많이, 효율적으로 하고 있는 것이다. 시간을 많이 투자한 거다. 우리나라 고등학교 공부는 시간 투자 없이는 불가능하다.

고등학교 : 집중 실행의 시기

유아기 때 뇌를 준비하고, 초등학교 때 기본 상식을 쌓고, 중학교 때 공부 습관과 멘탈을 잡았다면, 고등학교 때는 이제 심화학습을 해야 할 때다. 깊이 공부해서 지식을 확장하고, 문제 해결을 하는 단계다. 이제 본 게임이 시작되는 것이다. 하지만 앞선 단계 중 단 하나라도 잘못되었다면 고등학교 공부 준비는 안 된 거나 마찬가지다. 대부분 중학교 때 공부 습관을 못 잡은 친구들이, 고등학생이 돼서 공부를 시작하려고 하면 잘 안 되는 이유가 바로 이것이다. 내가 봐왔던 의대생들, 의사들, SKY 친구들, 공부 잘하는 친구들은 모두 중학교 때도 공부를 열심히 했다. 그게 아니라면 고등학교 때 공부를 시작해서 보통 재수, 삼수를 했다.

준비기간이 길었다. 준비된 뇌, 상식, 습관, 멘탈을 기반으로 이제 진짜 공부를 시작하는 때다. 수학 선행학습과 영어 조기교육은 필수다. 그게 안 돼 있으면 3년이라는 짧은 시간 동안 모든 것을 소화하기는 불가능하다. 그래서 재수, 삼수, N수를 하는 것이다.

고등학교 때는 정말 모든 것을 공부에 맞춰야 한다. 취미? 운동? 연애? 그런 거는 나중에 해도 된다(물론 건강은 챙겨야 한다). 공부는 이때 안 하면 안 된다. 수면 시간, 식사 시간 외의 모든 것을 나는 공부에 투자했다. 등교할 때는 영단어 책을 들고 다녔고, 아침 자습시간에는 자지 않고 수학문제를 풀었고, 점심시간에는 종 치자마자 학교 자습실에 가서 학원 숙제를 하다 끝나기 20분 전에 달려가서 남은 밥을 먹었고, 학원 쉬는 시간에는 틈틈이 선생님께 질문을 했다. 학원 셔틀버스에서는 체력을 보충하기 위해 잠을 잤다. (어차피 차에서는 집중하기 어려우니 차라리 잠을 잤다.)

학교 수업은 다 들었다. 내신을 따기 위해서였다. 학교 시험은 학교 선생님들이 내기 때문에, 수업을 반드시 들어야 했다. 시중에 나온 문제집이나 기출문제와 달리, 학교 선생님이 중요하다고 생각하는 부분을 시험문제로 낼 수 있고, 학생들이 수업을 잘 듣기를 바라는 마음에, 집중해서 들은 사람들만 맞힐 수 있도록 힌트를 주거나, 공부를 잘하는 학생들에게 변별력을 주기 위해 지엽적인 부분에서 문제를 낼 수도 있다. 그래서 내신을 가장 잘 받는 방법은 학교 수업을 잘 듣는 것이다.

그게 가장 효율적이다. 1시간짜리 수업을 나중에 혼자 공부하려면 2시간이 걸린다. 다만 학교 수업만으로는 수능을 절대 잘 보지 못한다.

사실 더 중요한 것은 바로 학교 수업이 끝난 후다. 위에서 말했듯이, 고등학교 공부는 시간 관리 싸움이다. 시간을 많이 투자할수록 유리한 게임이다. 하루 24시간의 1/3을 잠자고 먹고, 1/3을 학교 수업을 듣고, 나머지 1/3이 남는데, 이때 공부를 안 하면 남들보다 엄청나게 뒤처지는 것이다. 혼자 공부해도 가능하지만, 보통의 인간은 의지가 강하지 못하기 때문에 약간의 강제성이 필요하고, 또 머리가 뛰어나게 좋지 않은 이상 선생님 혹은 누군가가 가르쳐주는 게 학습 효율이 좋다. 이걸 종합하면, 결국 학원이다. 더 나아가 중요한 것은 좋은 학생들이 많고, 좋은 교육을 제공하는 선생님이 있고, 좋은 학습 분위기를 조성하고, 좋은 시스템을 갖춘 좋은 학원이다. 그래서 나는 학원의 중요성을 정말 강조하고 싶다. 사교육 조장이라고 많은 사람들이 비판할 수 있겠지만, 나는 마땅히 그 비판을 받겠다. 왜냐하면 이것이 진실이고, 이 책에는 진실한 조언만을 담아서 독자들에게 도움을 주고 싶기 때문이다.

나는 고등학교 때 목동 대입 전문 학원인 하이스트(현 목동 미래탐구)에서 수학과 영어를 심도 있게 공부했고, 국어를 못해서 동네 국어학원을 다녔고, 영어를 못해서 목동 대형학원에다가 동네 영어학원, 심지어 영어 개인과외까지 받았다. 과학은 우리 고등학교 전교 1등(나)부터 4등까지의 친구들을 모아 그룹을 만들어서 과외를 받았다(즉, 그룹과외).

수학에서는 자신감이 꽤 있었는데, 살짝 부족한 부분이 있어서 완벽함을 추구하고 싶어서 수학 과외도 잠깐 했다. 나를 가르칠 수준이 되지 않으면 선생을 바꾸기도 했었다. (왜냐하면 난 이미 수학을 잘하는 상태였고, 학부생 수준의 고급수학도 이미 몇 번 공부했기에, 단순히 수능 잘 본 최상위권 대학생이라고 해서 나를 만족시키기는 어려웠다. 가르치는 것만 봐도 그 사람의 깊이가 보이기 때문이다. 그렇게 해서 나는 수학은 거의 틀리는 게 없었다. 물론 고등학교 수학까지만.)

　물론 그러고도 나는 EBS 무료 인강도 듣고, 학교나 독서실에서 독하도 많이 했다. 학원만 많이 다닌 게 아니다. 학원이 정말 중요하지만, 본질적으로 그것보다 더 중요한 것은 바로 시간을 엄청나게 효율적으로 꽉 채워서 사용했다는 것이다. 시간 자체도 효율 있게 활용했는데, 중학교 때 가진 공부습관으로 집중 효율도 높이고, 철저한 계획을 통해 시간을 남김없이 활용했다. 나는 고등학교 때부터 스케줄러를 썼는데, 아직도 그 습관이 있어서 성인이 되어서도 10년 넘게 스케줄러를 사용하고 있다. 또한 어릴 때부터 바둑을 두고 수학적·논리적 사고가 강화되어서인지, 수학적 계산을 통해 시간 분배와 효율 관리를 잘했다. 이것이 내가 고등학교 때 공부를 잘할 수 있는 비결 중 하나였다.

{ 학부모가 반드시 알아야 할 공부의 본질 }

이 이야기는 학생들에게 강연할 때 해주는 내용인데, 학부모들도 알고 있어야 한다. 아이의 공부에 대해 고민이 많은 학부모들에게도 큰 도움이 될 것이다. 어떻게 보면 단순해 보일 수 있는 내용이지만 굉장히 깊은 내용이다. 나는 공부의 본질을 다음 3개의 질문에서 답을 찾을 수 있다고 생각한다.

1. 자기 동기 : 내가 공부를 해야 하는 이유

2. 공부 멘탈 : 힘든 공부를 버틸 수 있는 힘

3. 메타인지 : 내가 무엇을 알고, 무엇을 모르는지 아는 능력

자기 동기(Self-motivation)

공부는 스스로 해야 하는 것이다. 누가 시켜서 되는 것도 아니고, 강제로 좋은 교육을 받게 해도 안 되는 게 공부다. 모든 인간은 저마다의 합리를 가지고 살아간다. 사람들마다 차이는 있을지라도, 본인이 생각한 행동과 이유가 있다. 아무리 어린 학생이라도 그러하다. 아이에게 '네가 지금 공부를 잘해서 대학을 잘 가야 나중에 편하고 돈도 잘 벌고 결혼도 잘할 거다'라고 얘기하면 그걸 100% 공감할 수 있을까? 아니다. 이미 성인인 우리도 학생 때 이런 얘기를 들었으면 마찬가지로 100% 공감을 하지는 못했을 것이다. 우리가 성인이 되어 사회 생활을 하며 느낀 것을, 이제 어린 10대 학생들에게 얘기해봤자 공감을 못한다. 그보다는 '학생 때는 공부가 최고인데, 여기서 공부로 1등을 찍으면 진짜 멋있는 사람일 것이다', 혹은 '1등 하면 원하는 게임 시켜주고 원하는 게임기 사줄게'라고 하는 것이 훨씬 더 납득이 된다.

하지만 이러한 외부적 동기부여는 내면화하기 어렵다. 사실 가장 좋은 것은, 내면에서 나오는 자기 동기부여다. 내가 왜 공부를 하고 싶고, 해야 하는지 스스로 납득시킨다면, 그때부터는 스스로 알아서 공부를 잘할 것이다.

실제로 내가 그랬다. 나는 중학교 때까지만 해도 공부를 엄청 잘하고 싶은 마음은 없었다. 그냥 부모님이나 선생님들이 공부 잘하면 좋다고 하고, 공부 잘하면 좋게 봐주는 사회 분위기, 그리고 어릴 때부터 어쨌든 공부는 '당연히' 해야 하는 것이라고 알고 있고 습관이 조금 되어 있었기 때문에 조금씩 공부를 했던 것뿐이다.

하지만, 내가 자기 동기가 제대로 되었던 것은 중2, 중3, 고1, 그리고 고2~3 때 각각 한 번씩 있었다. 중2 때는 내가 중2병에 걸려서 전교 150등, 가장 낮은 등수를 기록했다.(당시 우리 학년 전교생이 450명 정도였으니 상위 30% 미만이었다) 우리 가족, 특히 어머니는 나의 공부를 위해서 모든 것을 맞춰주셨다. 내가 공부를 하면, 항상 같이 깨어 있었다. 당시 같이 공부하던 친구 중에, 나랑 같은 이름을 가진 친구가 있었다. 그 친구는 잘생기고 운동도 잘하고 공부도 잘하고 인기도 많았다. 항상 나랑 비교가 되고는 했다. 근데 그 친구가 여자친구를 사귀자, 나도 여자친구를 사귀고 싶었다. 그래서 여자친구가 생기게 되었다. 그런데 새벽 2시쯤 내가 공부를 안 하고 그때까지 문자로 여자친구와 연락하는 것을 어머니가 보고 나서 배신감에 그 자리에서 주저앉아 우셨다. 그때 너무 죄송한 마음에 여자친구와 헤어졌다. 나와 같은 이름을 가진 친구처럼 나는 그런 능력이 크지 않으므로, 내가 더 잘 살려면 공부밖에 답이 없다고 느낀 것이다. 부모님에 대한 죄송함, 친구에 대한 열등감을 느끼며 나에게는 공부밖에 없다고 생각한 이후로 공부를 시작하게 되었다.

또한, 중학교 3학년 때, 남들 따라서 특목고 입시 준비를 했다. 나는 명덕외고를 지원했는데, 영어를 못해서 당연히 떨어졌다. 하지만 같이 학원을 다니던 친구들은 다 특목고에 붙었다. 그때 경쟁심리가 발동했다. 진짜 게임은 대학이라고. 내가 일반고를 가서 공부를 잘하고 대학에 더 잘 가면 결국 이기는 게임이라고. 그래서 그때부터 공부를 본격적으로 시작했다.

고등학교 1학년 때, 사실 나는 그렇게 공부를 잘하는 유명한 학생은 아니었는데, 첫 시험에서 전교 4등을 했다. 당시 너무 기뻤고, 주변에서도 많이들 나를 알아봐주며 칭찬을 해줬다. 이때 '나도 하면 되는구나'라는 생각을 하게 되었고, 공부를 더 열심히 하게 되었다.

고등학교 1학년 이후로 전교 1등을 유지하기 위해 공부했다 '아무도 나를 넘어설 수 없어'라는 것을 증명하기 위해 공부를 더 열심히 했고, 정말 계속 전교 1등을 유지했다. 재미가 있었다.

내적 자기 동기는 스스로 깨닫고 스스로 만들어가는 것이다. 누군가 해줄 수 있는 것이 아니다. 이것이 공부의 첫 번째 본질이라고 할 수 있다.

공부 멘탈(Study mindset)

공부는 누구에게나 힘들고, 때로는 지겹고, 실패도 할 수 있는 긴 마라톤이다. 평범한 멘탈로는 평범한 결과만 나올 수밖에 없다. 공부 멘탈은 공부를 지속함에 있어서 가장 중요한 요소 중 하나다. 공부 멘탈에서 가장 중요한 두 가지를 뽑자면, 회복탄력성과 그릿을 뽑고 싶다.

스탠포드대의 한 교수는 '성공한 아이들의 비밀은 재능이 아니라,

도전 앞에서 포기하지 않는 태도 – 회복탄력성Resilience'이라고 얘기했다. '회복탄력성'이라는 단어는 베스트셀러 책 덕분에 많은 사람들이 알고 있을 것이다. 이것은 역경과 어려움을 극복하는 힘을 의미하는 말로, 후천적으로 키울 수 있는 심리적 자원이라고 얘기한다. 어떠한 일을 하는 데 필수 요소이며, 마찬가지로 공부에도 적용된다. 사실 공부라는 것은 너무 양이 많고 시간이 오래 걸린다. 중간중간 시험이라는 제도가 있는데, 잘 볼 수도 있지만, 잘 보지 못할 때도 있을 것이다. 실패할 때마다 좌절한다면 긴 공부를 이겨낼 수 있을까? 불가능하다. 그래서 작은 실패를 겪었을 때도 이겨낼 수 있는 공부 멘탈, 즉 회복탄력성이 정말 중요하다. 이 요소는 어떻게 형성될까? 어린 시절, 가정환경에서부터 시작된다. 어릴 때, 무언가를 못했을 때 질책을 크게 받으면 그때부터 아이는 위축되면서 실패를 피하려고 할 것이다. 그러다 보면 문제를 회피하게 되고, 상처받지 않기 위해 어려운 문제를 마주하지 않을 것이다. 그렇게 되면 어려운 공부와 시험을 이겨낼 수 있는 회복탄력성은 줄어들게 된다. 요즘은 초등학생 체육대회 때, 결국 양팀이 무승부로 끝나게끔 만든다고 한다. 그것이 모든 아이들에게 상처를 주지 않는 일인데, 그 이유는 학부모들이 자기 아이를 상처받지 않게 하려고 하기 때문이다. 이러한 가정교육이 잘못된 것이다. 그렇게 과잉보호를 받으며 자란 아이는 공부뿐만 아니라 성인이 되어 사회에 나가서도 어려운 일을 피하며, 멘탈은 약하고 자율성을 잃어버리게 된다. 따라서 공부 멘탈에 핵심요소인 회복탄력성을 기르기 위해서는,

어릴 때부터 도전의식을 기를 수 있도록 적절한 실패를 경험하게 하고, 그 과정에서 격려해주며 다시 도전해서 성공의 맛을 볼 수 있도록 해줘야 한다.

또 중요한 하나의 요소는 바로 그릿Grit이다. 공부에서는 끈기와 열정, 그리고 목표를 향한 꾸준한 노력을 뜻하는 그릿이 필요하다. 단순히 하나의 시험만 잘 봐서 되는 것이 아니고, 한 번에 끝나는 것이 아닌 긴 싸움이기 때문이다. 위에서 말한 회복탄력성이 있어도, 무언가를 끝까지 해내는 힘이 없다면 긴 공부를 해낼 수 없다. 결국 공부는 끝까지 해내는 사람이 승리하는 게임이다. 이는 공부뿐만 아니라, 성인이 되어서도 유효하게 작용한다. 그릿이 없으면, 대학교에서 조별과제를 해도 끝까지 못하고 다른 사람에게 의존하거나 성적을 잘 못 받을 수 있고, 회사에서 어떠한 프로젝트를 맡게 되었는데, 끝까지 해내지 못해서 직장을 잃을 수도 있다. 그릿을 기르기 위해서는 마찬가지로 어린 시절이 중요하다. 2시간짜리 숙제를 다 해야 게임을 시켜준다고 했을 때, 2시간을 못 참아서 게임이라는 마시멜로를 먹어버리면, 그때부터 아이는 '숙제하기 싫으면 안 하지 뭐, 어차피 게임할 수 있잖아?'라며, 해야 되는 일에 대해서 끝까지 안 하는 습관을 가져버릴 것이다. 결국 이러한 끈기는 어린 시절부터 형성된 습관이라고 볼 수 있다. 그래서 어릴 때부터 가정환경에서부터 교육을 잘 시켜야 한다. 끈기를 보여줘서 무언가를 해내면, 그때는 보상을 적절히 줘야 잘 배울 수 있다.

메타인지(Meta-cognition)

공부할 때 중요한 것은 바로 내가 무엇을 알고, 무엇을 모르는지에 대해서 아는 것이다. 아는 것만 계속 공부한다고 해서 성적은 절대 오르지 않는다. 모르는 것을 공부해야 점수를 올릴 수 있는 것이다. 이것은 매우 당연한 말 같지만, 의외로 어려운 개념이다. 사람은 각자 본인의 세계관에 살고 있는데, 그것을 반박하는 순간 인지부조화에 빠질 수 있어서 심리적 스트레스를 받지 않기 위해 내가 옳다고 생각하는 것을 옳다고 믿는 경향이 있다. 즉, 내가 구축한 지식 체계에서는 내가 아는 것이 정답이고, 진리라고 생각한다. 하지만 공부라는 것은 양이 방대하고, 새로운 것을 배워나가는 과정이다. 내가 아는 것만 알아서는 안 되고, 내가 모르는 것도 있다는 겸허함을 가지고 새로운 것을 받아들일 자세가 되어 있어야 한다. 내가 모르는 것에 대해서 받아들이는 순간, 내가 모르는 것이 무엇인지 아는 순간, 그때부터 공부의 목표가 생긴다.

비단 메타인지는 공부에서만 중요한 것이 아니다. 공부를 넘어서 사회를 살아가는 데 중요한 개념이다. 나의 수준을 모르고 세상에 덤볐다가는 큰코다칠 수 있고, 좌절감에 빠져 살아갈 수도 있다. 메타인지가 잘된 학생은, 본인이 올라갈 수 있는 최대 높이까지, 혹은 그 이상까지도 올라갈 수 있다. 물론 메타인지만 잘되어 있다고 해서 모든 사람이 1등을 하는 것은 아니다. 내가 현재 100등인데 내 머리가 이 정도

되고, 내 현재 실력이 어떤 상태고, 자신에게 주어진 시간을 활용해 10등까지 오를 수 있다는 계산이 선다면, 그 학생은 노력만 하면 10등까지 올라갈 수 있다는 뜻이다. 공부는 노력이 중요하지만 그 전에 내가 얼마나 올라갈 수 있고, 그러려면 얼마나 노력하면 되는지 아니까, 그때부터 목표를 잡고 계획을 세워 공부를 해나갈 수 있다.

이러한 메타인지를 키워주기 위해서는, 자녀에게 허황된 꿈을 심어줘서는 안 되지만, 또 반대로 좌절시킬 필요도 없다. 자녀가 할 수 있는 수준보다 딱 10% 이상의 목표를 제시하고, 그에 대한 보상을 주면, 자녀는 메타인지도 길러지면서 동시에 목표를 이루고 한계를 넘어서려는 습관을 가질 수 있을 것이다. 또한 자녀가 틀린 문제에 대해서 원인을 분석하고 해결할 수 있도록 방향을 잡아주는 교육이 필요하다. 메타인지는 사람의 한계선을 정해두는 것이 아닌, 현실적 목표와 성취를 통한 지속적인 발전의 기반을 쌓아두는 중요한 요소다.

지피지기면 백전불패, 적을 알고 나를 알면 질 수 없다는 말이 있다. 내가 여기서 하고 싶은 말은, 공부의 본질을 학부모도 알아야 한다는 것이다. 이걸 알면 학부모가 자녀를 어떻게 교육해야 하는지 알 수 있을 것이다. 자녀가 자기 동기를 스스로 가질 수 있도록 어떤 환경을 만들어줄 것인지, 공부 멘탈을 심어주기 위해서 어떤 가정환경에서 어떤 식으로 양육을 해야 하는지, 메타인지를 가질 수 있도록 어떤 교육을 해줘야 할지 말이다.

초등: 공부 지구력 키우기

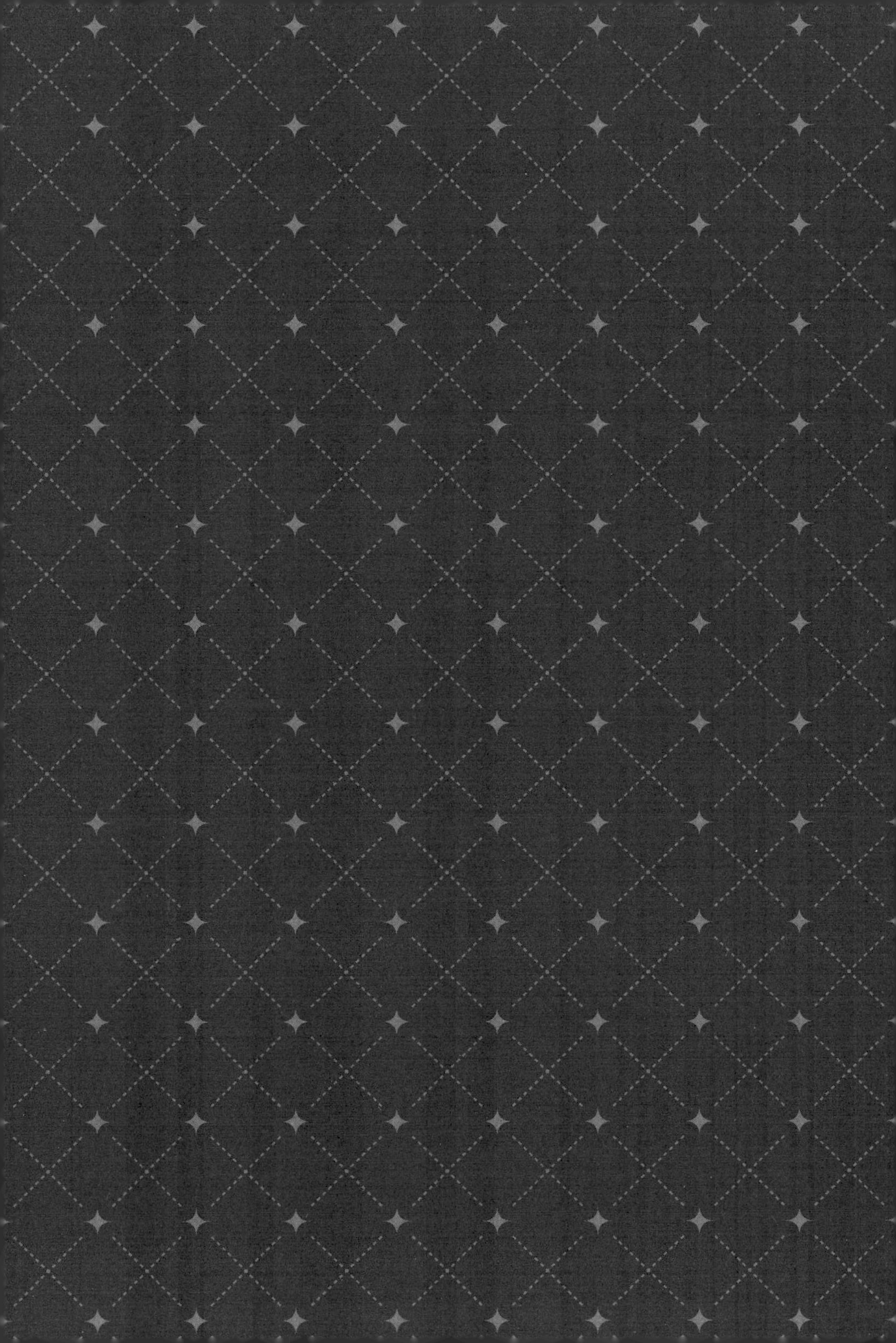

{ 초등 저학년과
고학년의 공부법 }

초등학교는 중학교 3년, 고등학교 3년과 달리 6년이라는 긴 시간을 가진 시기다. '초등학교'라는 단어에서 오는 상대적 가벼움에 속아서 이 시기를 절대 놓쳐서는 안 된다. 단순히 숫자만 놓고 생각해봐도 중학교 3년, 고등학교 3년 다 중요한데 초등학교 6년이 중요하지 않을 리가 없다. 이 시기를 그저 '건강하게만 자라다오'로 보내게 한다면, 중·고등학교에 가서 그 차이를 확연히 느끼며 후회할 것이다. 그렇다고 해서, 초등학교 6년 과정을 중고등학생 때처럼 빡빡하게 학원에 보내고 공부에 매진하게 하라는 뜻은 아니다. 초등학교 때는 초등학교 때 할 학습이 있다. 초등 6년을 편의상 저학년과 고학년으로 나눠서 이야기를 하겠다.

초등학교는 깊은 지식보다는 상식을 배우고, 중·고등학교 때 공부할 지식들의 기반을 쌓는 시간이어야 한다. 또한 그렇게 공부를 하기 위해서 뇌를 '준비'하는 시간이기도 하다.

초등 저학년(1~3학년)은 읽기(독서), 쓰기, 기초어휘, 기초연산, 상식, 놀이를 통한 학습을 해야 한다. 특히 언어가 중요하다. 왜냐하면 전두엽, 측두엽 등 언어 관련된 뇌가 빠르게 성장할 수 있는 때이기 때문이다. 또한 기본적인 연산을 통해 수학적인 뇌를 훈련시키고, 여러 분야에서 상식을 쌓아야 한다. 저학년 때는 공부라는 것에 싫증을 많이 느낄 수 있으므로, 놀이를 통해서 최대한 재밌게 학습을 시켜야 한다.

초등 고학년(4~6학년)은 저학년 때 배운 것을 기반으로 심화된 언어 학습을 해야 하는데, 단순히 읽고 쓰고 단어를 외우는 것이 아니라, 남들 앞에서 말하는 발표 교육이 필요하다. 머릿속에만 있던 언어를 말로 내뱉는 순간, 언어 능력은 몇 배 이상 강화된다. 또한 단순한 기초연산을 넘어서 이제는 복잡한 수학 계산을 통해 문제풀이를 시작해야 한다. 그렇게 하다 보면 문제풀이 능력과 사고력, 창의력이 생긴다.

나는 초등학교 저학년 때 학습지를 통해 기본적인 수학 연산과 영어 단어 암기를 했고, 책은 좋아하지 않았지만 학교에서 하도 시켜서 강제로 조금 읽었다. 이때 바둑을 했는데, 바둑이 나의 뇌를 엄청나게 발달시켰다. 고학년 때는 동네 수학 학원과 영어 학원을 다녔고, 한자 학원까지 다녔는데, 한자 학원이 나의 언어 능력을 매우 발달시켰다. 하지만 저학년 때 영어 교육이 충분하지 않았고 나의 외국어 능력도 조금 부족해서인지 이후로는 영어가 좀처럼 늘지 않았다. 내가 만약에 더 어렸을 때부터 영어 교육에 힘썼다면, 영어유치원을 나왔다면, 어린 시절 미국에서 1년이라도 살았다면 그래도 지금보다는 영어를 훨씬 잘할 수 있지 않았을까 싶다.

인간은 어릴수록 동물과 유사하고, 나이가 먹어갈수록 사람이 된다. 사회 초년생도 어떻게 인생을 헤쳐나가야 할지 잘 모르는데, 초등학생이 과연 알아서 무언가를 할 수 있을까? 전혀 그럴 수 없다. 초등학교, 중학교 때 공부를 좀 해놓고 공부 습관이 쌓여야 비로소 고등학교 때 자습을 할 수 있는 기반이 마련된다.

즉, 초등학생은 자습을 절대 할 수 없다. 누군가 감시하지 않으면 공부를 안 하고, 놀자고 하는 친구가 있으면 놀게 된다. 그게 초등학생이다. 따라서 초등학생 때는 자습이 아닌 학원을 보내는 것이 맞다. 학원에서는 의무적으로 수업을 들어야 하고, 의무적으로 숙제를 해야 한다. 의무감이 있어야 무언가를 한다. 성인도 마찬가지로 누군가 감시하지 않으면 게을러지기 마련인데, 초등학생은 더욱 그러할 것이다. 또한 어릴수록 외부의 유혹(핸드폰, 컴퓨터, 친구, 장난 등)에 넘어가기 쉽다. 그래서 초등학생 때부터 반드시 학원을 보내야 한다. 그래야 공부를 반강제적이라도 하고, 중·고등학교 때 공부를 할 수 있는 기반을 마련하고, 공부의 태도가 잡히기 시작한다.

학원을 가야 하는 또 다른 이유는 어릴 적부터 공부 환경을 만들어야 하기 때문이다. 인간은 환경에 엄청난 영향을 받는다. 자아가 형성되기 시작하는 어린 시절부터 공부 환경을 갖추고 주변에 공부하는 친구들을 많이 둬야 학창시절에 공부라는 개념이 자연스럽게 스며들게 된다. 만약 어릴 적부터 노는 친구들과 함께했다면, 중·고등학교 때도 그게 당연한 것이라고 생각하게 된다. '노는 게 당연하고, 공부는 선생님이 시키니까 강제로 해야 하는 것'이라고 생각하면, 그때부터 공부는 하기 싫은 것이고 선택사항이 된다. 그럴수록 중·고등학교 때 엇나간 아이를 바로잡기 힘들다.

학원 가기를 강하게 거부하는 아이들도 있다. 처음부터 공부를 즐기는 아이는 없기 때문에, 어찌 보면 당연한 것이다. 그럴 때는, 너무 힘든 학원을 보내기보다는 동네 보습학원에 먼저 보내보는 것이 좋다. 부담감이 크지 않고, 같은 학교 친구들이 있으니 그나마 공부하는 데 위안이 될 수 있기 때문이다. 첫 학원을 너무 크고 빡빡한 곳에 보내면 공부를 싫어하게 만든다. 학원을 보내긴 해야겠지만, 무엇보다 아이가 힘들어하지 않는 선이 좋다. 그것이 아이의 정신건강에도 좋고, 장기적으로 공부에 대한 태도를 잡는 데 더 좋다. 물론 이러한 것을 잘해내기 위해서는, 내 아이가 어떤 성격이고 얼마나 준비가 되어 있는지 잘 알아야 하고, 여러 학원을 알아보며 정보력도 키워야 할 것이다.

자녀교육 분야에서 보면 독서의 중요성을 다룬 책들이 정말 많다. 왜 독서가 중요한지에 대한 내용은 다들 많이 봤을 것이고, 익히 알고 있는 내용일 수 있다. 사실 독서라는 개념은 역사적으로 중요하지 않은 때가 없었다. 위인전에 나온 위인들의 공통점은 책 읽기를 좋아했던 것이고, 오늘날에도 성공한 사람들은 공통적으로 책 읽는 것을 좋아한다. 독서는 지금 시대에만 특별히 중요한 게 아니라, 항상 중요했다.

나는 어릴 때 책 읽는 것을 싫어했다. 이유는 간단했다. 글 읽는 것이 따분했기 때문이다. 하지만 나는 공부를 잘했고, 심지어 지금은 4번째 책을 쓰고 있다. 책을 싫어하는 내가 어떻게 독서를 하게 됐고, 그 능력

을 함양할 수 있었을까? 학부모 독자들에게는 독서의 중요성 그 자체
보다도, 내가 어떻게 이렇게 되었는지가 더 궁금할 것이다. 그래서 내
가 초등학생 때 어땠는지에 대해서 이야기해보려고 한다.

　부모님도 당연히 독서가 중요하다는 사실을 알았고, 사회적으로도
그게 정답이었기에, 나에게 책을 읽으라고 많이 권했다. 하지만 나는
읽지 않았다. 그보다는 친구들과 놀고, 닌텐도 게임보이를 하고, 컴퓨
터 게임을 하는 게 더 재밌었다. 한번은 아버지가 《삼국지》를 집에 사
왔다. 정말 좋은 책이고, 전쟁 얘기도 있다고 하니 읽어보라고 했다. 하
지만 10권짜리 두꺼운 《삼국지》는 글씨밖에 없고 말투도 딱딱한, 정말
고전 그 자체였다. 내가 책을 읽지 않자, 아버지는 묘수를 떠올렸다.
《삼국지》 내용 자체는 재밌고 아이들이 좋아할 만한 전쟁 요소도 있으
니, 글을 읽기 어렵다면 만화로 접하게 하자! 그래서 《만화로 보는 삼
국지》 64권을 다시 사왔다. 너무 재밌었다. 나는 그 만화책을 어린 시
절에 30번 넘게 정주행했다. 어떤 날은 하루 만에 64권을 다 보기도 했
다. 너무 재밌어서 잠을 자지 않고 읽기도 했다. 아무리 만화책이라도
글자는 있으므로, 나는 만화책을 읽었지만 결국 책을 읽게 된 것이다.
아버지의 계획은 성공이었다.

　그리고 나는 문학 작품에는 크게 흥미를 느끼지 못했다. 그래도 수
학이나 과학은 재밌어했다. 그래서 부모님이 수학, 과학과 관련된 책
들을 많이 사줬다. 유명한 수학자나 과학자가 나오는 전기를 사오기도
하고, 만화로 수학, 과학 지식을 풀어낸 책들도 많았다. 내가 흥미를 가

진 책은 꼭 만화가 아니더라도, 내용 자체에 흥미가 있어 책을 읽게 되었다. 그러면서 자연스럽게 글을 많이 읽었다.

마지막으로, 학교에서 독후감 숙제를 내주거나 대회를 많이 열었다. 초등학생 때, 공부는 당연히 해야 하지만 공부라는 의무를 해내면 컴퓨터 게임이라는 보상이 따라오고, 숙제를 받으면 당연히 해야 한다는 생각이 이미 잡혀 있었다. 그래서 학교에서 독후감 숙제를 내주면, 숙제를 하기 위해 책을 읽을 수밖에 없었다. 독후감 대회에서 상을 받으면 부모님이 컴퓨터 게임을 시켜줬기 때문에, 독후감 대회에 나가기 위해 책을 또 읽었다. 이러한 과정을 통해 나는 책을 싫어하지만 책을 많이 읽게 되었다.

요즘 시대에 독서의 중요성을 더 강조하는 이유는 바로 스마트폰과 숏폼, AI 때문인 것 같다. 나도 동의한다. 요즘은 글보다는 영상을 많이 보기에 문해력이 떨어지고 집중력이 떨어진다. 또한 AI가 모든 것을 해주다 보니 사고력도 떨어진다. 그럴수록 독서는 정말 중요하고, 꼭 시켜야 한다. 책을 읽기 싫어하는 아이가 있다면, 글이라는 무거움의 허들을 낮추거나 흥미가 있는 내용을 가진 책을 권해주고, 아니면 적절한 보상으로 교육하는 것이 좋겠다.

외국어보다 우리말이 먼저

지식생태학자인 유영만 교수는《언어를 디자인하라》에서 우리 아이들은 영어 단어는 열심히 외우면서도, 정작 우리말을 배우기 위해 국어사전을 펼치는 일은 거의 없다고 말한다. 그 결과 어휘력이 점점 약해지고, 문장 속 단어의 의미를 곱씹는 습관 자체가 사라지고 있다는 것이다. 특히 우리말의 상당수가 한자어로 이루어져 있음에도, 아이들은 이해하려는 노력을 하기보다 어렵다는 이유로 쉽게 포기한다. 이러한 현상은 현대 사회에서 '빈어증'을 쉽게 찾아볼 수 있는 이유가 되었다.

그는 빈어증이 외국어 학습에도 부정적인 영향을 미친다고 지적한다. 예를 들어 'resolve'를 '결의하다'로 번역했을 때, '결의'가 '마음을 정해 결심하는 것'이라는 뜻임을 모르면 단어의 의미를 온전히 이해하기 어렵다. 결국 단어 하나를 익히는 데 두 번의 이해 과정을 거쳐야 한다. 이렇게 학습 과정이 복잡해질수록 아이는 이해에 어려움을 느끼고, 점차 흥미를 잃게 된다. 결국 우리말 실력이 곧 외국어 실력이다. 어휘를 충분히 이해하지 못하면 문장의 의미를 정확히 파악할 수 없고, 이는 사고력과 표현력의 한계로 이어진다. 따라서 아이가 언어를 깊이 있게 다루고 사고의 폭을 넓히기 위해서는 우리말 공부부터 시작해야 한다.

우리말은 이렇게 공부하면 된다

책을 꾸준히 읽히기

아이들이 우리말을 잘 배우려면, 무엇보다 우리말로 된 글을 꾸준히 읽는 것이 중요하다. 가장 쉬운 방법은 독서다. 독서를 할 때 아이들은 크게 두 부류로 나뉜다. 일부 아이들은 스스로 국어사전을 펼치거나 검색을 통해 모르는 단어를 찾아보기도 한다. 이런 아이들은 단어의 의미를 정확히 이해하게 되고, 나중에 같은 단어를 다시 접했을 때 문장의 의미를 올바르게 받아들일 뿐만 아니라, 직접 사용할 때도 의미를 정확히 전달할 수 있다. 이러한 차이는 시간이 지날수록 점점 벌어진다. 다른 아이들은 문장 속 단어의 의미를 애매하게 추측하며 넘기지만, 앞뒤 문맥을 통해 단어가 어떤 상황에서 쓰이는지 자연스럽게 익히게 된다. 이 과정에서 아이들은 단어와 문장을 반복적으로 접하며 단어의 의미를 점점 구체화하게 된다. 결과적으로 꾸준한 독서는 어휘력을 높이고, 빈어증과 같은 우리말 부족 현상을 예방하는 데 큰 도움이 된다.

한자교육 시키기

우리말의 상당수는 한자어로 이루어져 있다. 초등학교 교과서에 등장하는 한자어만 보더라도 그 양이 매우 많다. 즉, 한자를 알아야 단어의 의미를 정확히 이해할 수 있다. 한자는 표의문자로, 글자 자체가 독립적인 뜻이나 개념을 담고 있다. 따라서 한자를 알면 한 글자의 의미를 파악할 수 있고, 이를 바탕으로 단어의 뜻을 쉽게 유추할 수 있다. 또한 한자 하나에서 파생되는 다양한 어휘와 유의어, 반의어를 추가로 학습할 수 있다. 그렇게 한자를 하나 학습하면 꼬리에 꼬리를 물고 관련 단어와 표현을 계속 확장할 수 있다. 이러한 과정을 통해 아이들은 단어의 의미를 깊이 이해하게 되고, 어휘력을 키울 수 있다. 결과적으로 한자교육은 우리말 이해와 표현 능력을 높이는 중요한 기반이 된다.

한자를 교육하는 가장 좋은 방법은 아이와 함께 한자능력검정시험을 준비하는 것이다. 한자능력검정시험은 8급부터 1급까지 있으며, 급수가 높아질수록 학습해야 하는 한자의 개수와 수준도 높아진다. 개인적으로는 초등, 중등, 고등 교육과정을 따라가기 위해 3급까지 취득하는 것을 추천한다. 나 또한 어머니께서 유치원 시절부터 나와 동생에게 한자를 가르치셨다. 우리 집 벽지에는 항상 한자 급수표가 붙어 있었고, 방학 시간을 활용해 한자를 공부하며 한자능력검정시험을 준비했다. 초등학교 2학년 때 4급까지 취득했는데, 그때 외웠던 한자가 지금까지 내 어휘력을 지탱하는 데 큰 도움이 되었다고 생각한다.

최상위를 위한
선행 과목
(국, 영, 수)

나는 이 책에 불편한 진실을 담아내고 싶다. 그것이 학부모들에게, 학생들에게 실질적으로 도움이 되기 때문이다. 솔직하게 말하겠다. 선행은 필수다. 빠를수록 좋다. 요즘 영어유치원, 초등 의대반이 사회적 이슈인데, 할 수 있으면 해야 한다. 사회적 논란이 될 수 있지만, 이게 공부를 잘할 수 있는 방법이 맞다. 선행은 빠를수록 좋다.

선행이 좋은 이유는 여러 가지가 있는데 그중 가장 큰 이유는 지식 체계의 특성에 있다. 지식이라는 것은 하나하나의 단일 개념들이 모여서 더 큰 지식을 만든다. 예를 들어보겠다.

1. 바나나는 노란색 과일이다.

2. 레몬은 노란색 과일이다.

여기서 창출할 수 있는 새로운 지식은,

1. 바나나와 레몬은 모두 노란색 과일이다.

뿐만 아니라,

2. 노란색 과일이라는 개념은 유일하지 않다. 그러니 다른 노란색 과
일도 더 있을 수 있다.

라면서 지식이 더 확장되는 것이다. 즉, 1+1〉2 라는 것이다. 이런 점에
서 선행은 지식 체계에서 반드시 우위를 점할 수밖에 없다. 특히 수학,
과학 같은 논리적인 체계를 가진 과목일수록 더욱 그렇다.

국어

국어는 따로 선행이라고 할 것이 없다. 초등학생 때부터 고등학생 때
배울 고전 시가를 읽을 이유가 있을까? 전혀 필요 없다. 이러한 것들은

고등학생 때 배워도 문제가 없다. 독서 부분에 서 말한 것처럼. 국어는 어릴 때부터 독서를 많이 하는 것이 중요하다. 독서를 하게 만들기 위해서는, 관심 분야의 책을 사주든지 독서의 허들을 낮춰주기 위해 만화책을 준비해준다든지, 학교나 학원에서 독후감 숙제를 내주면 책을 읽게 만들어서 보상을 주는 방식으로 하는 것이 좋다. 국어 선행보다는, 항상 독서를 할 수 있는 환경을 만들어줘야 한다.

영어

영어는 무조건 빨리 배울수록 좋다. 선행의 개념이 조금 약하지만, 언어라는 것은 어릴 때부터 많이 쓰고 많이 말할수록 뇌 발달에 좋다. 어릴 때부터 영어 유치원을 다니든 유학을 가든 빨리 접하고 배우는게 중요하다. 다만, 학원에서 단순히 한국식 영어를 배우는 것은 그다지 추천하지 않는다. 그렇게 배우면 수능 영어까지는 잘할 수 있어도, 결국은 한국식 영어밖에 안 되기 때문에 한계가 명확하다. 어릴 때부터 자연스럽게 영어를 접하는 것이 중요하다. 나도 한국식 영어를 했던 사람인데, 리딩과 라이팅, 그래머는 잘하고 리스닝과 회화는 못한다. 이게 내가 가장 아쉽고 후회되는 점 중 하나다. 그러니 어릴 때부터 영어를 접할 수 있도록 하는 것이 정말 중요하다.

수학

수학은 무조건 선행이다. 논리 체계를 쌓아가는 수학이라는 학문 특성상, 아무리 천재여도 선행을 안 한 사람은 선행을 한 사람을 절대 이길 수 없다. 초등학생 때는 너무 과하게 시키면 부담이 되므로, 1년 정도만 하는 것이 적당할 것 같다. 중·고등학교 때는 2년은 해야 한다. 과학고를 준비하거나 영재 출신이면 3년까지는 선행을 한다. 수학 선행은 반드시 해야 한다. 이 말을 하기 위해 이 챕터를 구성했다고 말할 수 있을 정도다.

'그래서, 어떻게 키우라고?!'라는 생각이 들 것이다. 이번 파트에서는 학부모가 어떻게 아이를 교육해야 할지, 태도에 대해 이야기해보려고 한다. 이 내용을 많은 학부모들이 정말 싫어하고 내키지 않은 내용들일 가능성이 높다. 하지만 대한민국 입시를 성공적으로 마친 입장에서 우리 부모님을 돌이켜 생각해보았을 때 정답이라고 일컬어지는 중요한 것들을 적어보았으니 잘 참고해주길 바란다.

강압하지 말고 적절한 스트레스를 유지하게 한다

어릴 때부터 공부로 너무 부담을 주면, 반발심에 공부를 오히려 안 하게 될 수 있다. 초등학교, 중학교 때 형성된 공부 반발심은 쉽게 잠식시키기 어렵다. 부담이 큰 아이들은 고등학교 때 공부를 못하게 될 가능성이 높고, 성인이 되어서도 문제를 회피하거나 마음이 약해지는 경우가 많다. 하지만 아예 부담이 없으면 인간이라는 존재는 또 게을러질 수 있다. 따라서 강압하지는 말되 적절한 스트레스를 주면서 균형을 유지하는 것이 좋다.

자연스럽게 공부 분위기를 조성하라

크게 부담은 주지 않되, 자연스럽게 공부 분위기를 조성하라. 그러면 학생 입장에서는 공부는 당연히 해야 하는 것이고, 안 하면 안 되는 것이라는 무의식을 가진 채 중·고등학교에 입학할 것이다. 이렇게 되면 공부 태도를 잡기 좋고, 공부가 조금 더 수월하게 될 것이다. 학부모의 가장 큰 역할 중 하나가 바로 이렇게 '은근히' 공부 분위기를 잡아주는 것이다.

적절한 보상으로 공부를 이끌어내라

누구나 공부는 힘들고 어렵다. 하지만 적절한 보상으로 공부를 하도록 시키면 보상을 위해서라도 강제적으로 공부를 하게 된다. 보상 체계는 인간을 움직이게 만드는 가장 큰 동기다. 하지만 보상을 과도하게 주면 배보다 배꼽이 더 커질 수 있으니 균형을 잘 잡아야 하고 보상 체계에 대한 규칙을 잘 세워서 서로 간의 약속을 잘 지키는 것이 중요하다.

잘한 것에 칭찬하고, 못한 것에 격려하라

공부를 잘했으면 칭찬해주고 기뻐하는 모습을 보여라. 그러면 자녀들도 사람이기에 신나서 더 공부하려고 할 것이다. 내가 잘하면 부모님이 웃으니 나도 좋은 것이다. 하지만 못했다고 해서 좌절시키고 크게 혼내면 안 된다. 그러면 상처받지 않으려고 회피할 것이다. 그러니 잘 격려해주고 잘 웃어주고 칭찬해주길 바란다. 하지만 잘못한 점에 대해서는 분명하게 짚고 넘어가야 한다. 그렇지 않으면 아이가 앞으로 나아가지 못할 수 있다.

3장

중등: 성적을 역전시킬 수 있는 마지막 골든타임

일러두기

3장부터 5장까지는 최지석 저자가 집필했습니다. 중학교부터 고등학교까지,
최상위 합격을 위한 본격적인 입시 전략에 대해 이야기합니다.

공부는 왜 해야 할까?

"공부 왜 해?" 이 질문에 선뜻 대답하는 아이는 많지 않다. "부모님이 하라고 해서.", "좋은 대학 가니까." 이런 말들은 흔히 들을 수 있지만, 모두 부모님, 선생님, 사회가 정해준 답이다. 그런데 공부는 결국 아이가 해야 하는 일이다. 억지로 하는 공부는 오래가지 못한다. 슬럼프가 오면 무너지고, 성적이 떨어지면 쉽게 포기한다. 그러나 공부에 자기만의 이유가 있는 아이는 다르다. 공부가 잘될 땐 더 몰입하고, 안 될 때도 끝까지 버틸 수 있다. 그래서 부모는 공부하라고 다그치기보다는 아이에게 먼저 질문해야 한다. "왜 공부를 해야 한다고 생각해?" 그리고 그 답을 함께 찾아가는 거다. 누가 시켜서가 아니라, 스스로 필요해서 시작한 공부만이 끝까지 갈 수 있다. 아이 스스로 공부의 의미를 깨닫게 돕는 것, 그게 부모가 줄 수 있는 가장 큰 선물이다.

글과 대화로 시작하는 아이의 미래

공부를 시작하는 진짜 이유는 '되고 싶은 모습'과 '되고 싶지 않은 모습'을 떠올리는 데서 비롯된다. 멋진 직업을 가진 어른이나 자유롭게 살아가는 사람을 상상해보자. 반대로, 경제적으로 불안정하거나 늘 후회하는 모습은 피하고 싶을 수도 있다. 이때 아이가 '되고 싶은 모습'과 '되고 싶지 않은 모습'을 표로 작성하도록 지도해줘야 한다. 막연하게 생각만 하던 것을 글로 적으면 흐릿했던 생각이 뚜렷해지고, 아이는 자신이 진짜 원하는 것을 더 분명히 알 수 있다. 다음으로 아이와 대화를 나누며 앞으로의 삶에 대해 이야기해보는 것이다. "나중에 어떤 어른이 되고 싶어?" 같은 질문을 던지며 가볍게 시작해본다. 아이는 자신도 미처 인식하지 못했던 감정이나 바람을 깨닫게 된다. 이렇게 글과 대화로 '나'에 대해 탐색하는 과정은, 아이가 자기만의 공부 이유를 찾는 데 중요한 계기가 된다. 나는 어릴 때 '공부를 왜 그렇게 열심히 하니?'라는 질문을 자주 받았다. 그럴 때면 늘 '그냥, 해야 하니까요'라고 대답하곤 했다. 사실 그 '그냥' 속에는 부모님의 칭찬을 듣고 싶은 마음, 수고하는 부모님을 조금이라도 웃게 해드리고 싶은 마음이 함께 들어 있었다. 시험지 한 장에도 미소를 지으시던 부모님의 얼굴을 떠올리면, 어린 마음에도 더 열심히 해야겠다는 다짐이 저절로 생겼다.

그런데 아이가 아무리 생각해도 공부의 필요성을 느끼지 못할 수도 있다. 그럴 땐 이런 이야기를 들려주면 된다. 대부분의 사람이 원하는 삶은 결국 비슷하다. 원하는 시간에, 원하는 장소에서, 원하는 사람과, 원하는 일을, 원하는 만큼 하는 삶. 이런 삶을 위해선 당연하게도 삶의 선택권을 본인이 쥐고 있어야 한다. 그 능력을 키우는 가장 현실적인 방법이 공부다. 성적이 좋으면 선택의 길이 넓어지고, 그만큼 더 다양한 사람과 기회를 만나게 된다. 이는 더 나은 직업과 경제적 자유로 이어진다. 결국 공부는 시험을 잘 보기 위한 수단이 아니라, 내가 원하는 삶을 선택할 힘을 키우는 과정이다. 이런 현실적인 관점을 알려주면, 아이가 공부의 의미를 다시 생각해보는 계기가 될 수 있다.

나는 하고 싶은 것도, 잘하는 것도 꽤 많았다. 교육청 영재원에서 수학 문제를 푸는 즐거움을 느꼈고, 육상부에서는 학교 대표로 출전해 입상하기도 했다. 방송부 아나운서로 매주 월요일 아침 방송을 진행했고, 학생회장으로서 다양한 프로그램을 기획하며 활발히 활동했다. 늘 새로운 도전을 즐기며 더 잘하고 싶어 했다. 그래서인지 나중에 하고 싶은 일을 돈이나 시간 때문에 포기하고 싶지 않다는 생각을 자주 했다. 나에게 그것은 '완전한 자유'를 의미했고, 그 자유를 얻기 위해 공부했던 것 같다. 처음에는 부모님의 칭찬이 좋아 공부했지만, 시간이 지나면서 내가 좋아하는 일을 하려면 준비가 필요하다는 것을 깨달았다. 결국 자유롭게 살고 싶은 바람이 나를 책상 앞에 앉게 했고, 누구의 강요가 아닌 나의 목표를 위해 공부하는 습관을 만들게 되었다. 돌이켜보면, 이 모든 과정은 단순한 성적을 위한 것이 아니라 내 삶을 스스로 이끌기 위한 준비였다.

질문과 조언으로 찾는 공부 이유

아이가 원하는 미래를 어느 정도 찾았다면, 이제는 그 이유를 아이의 현재 삶과 연결해볼 차례다. "이걸 배워서 무엇을 할 수 있을까?" 같은 질문을 아이에게 던져보자. 막연했던 공부가 점차 아이 삶과 연결되기 시작한다. 중요한 건 당장의 답이 아니라, 질문을 통해 생각을 정리하는 습관을 기르는 것이다. 시간이 지나며 답이 정리되고 바뀌는 과정을 거치면서 아이는 자기만의 공부 이유를 찾아간다. 이때 아이와 함께 성격 유형 검사를 해보면 좋다. 처음에는 아이의 성격 유형에 대해 가볍게 이야기하는 것이다. 우리 아이가 어떤 성향인지, 무엇을 좋아하고 어떤 활동을 선호하는지 대화를 통해 알아가보자. 다음으로 전문 기관을 방문해 진로·적성 검사를 통해 아이의 흥미, 성격, 능력을 구체적으로 확인해본다. 막연하던 진로 고민도 점차 현실적인 방향으로 정리되기 시작한다. 예를 들어, 아이가 사람과 소통하는 걸 좋아한다면 상담, 교육 분야가 어울릴 수 있고, 혼자 깊이 생각하고 탐구하는 걸 좋아하는 아이라면 연구나 설계, 개발 같은 직무에 흥미를 가질 수도 있다.

만약 아이와 함께할 시간이나 여유가 부족하다면, 매년 학교에서 실시하는 진로·적성 검사 결과지를 함께 살펴보는 것만으로도 충분한 시작이 될 수 있다. 결과지를 보며 잘한 부분은 칭찬하고, 부족한 부분은 따뜻한 조언을 건네주자. "너는 언어적인 표현력이 강하대.", "이런 분야에 관심을 가져보면 좋을 것 같아." 이런 짧은 한마디가 아이에게 큰 힘이 된다. 자연스럽게 아이는 자신이 잘하는 것과 흥미 있는 분야를 돌아보며, 앞으로의 방향을 스스로 그려가기 시작한 것이다.

선배들이 들려주는 진짜 이야기

앞선 단계를 거치면서, 아이는 관심 있는 분야나 직업이 어느 정도 구체화되었을 것이다. 이제는 그 길을 먼저 걸어간 사람들의 이야기를 들려줄 차례다. 이때 아이가 꿈꾸는 분야에서 실제로 일하는 사람들의 이야기를 접해보면 좋다. 직업을 '무슨 일을 하는지' 정도로 이해하는 데 그치지 말고, 그 직업을 가진 사람들이 실제로 겪는 고민과 어려움, 실패의 경험, 그리고 그 속에서 얻은 교훈과 배움까지 살펴보아야 한다. 이렇게 해야 비로소 직업의 의미와 가치를 깊이 이해할 수 있다. 이런 경험은 아이에게 강한 인상과 동기를 주며, '저 사람도 나처럼 고민했고, 결국 길을 찾았구나'라는 깨달음을 준다. 그 순간, 꿈은 막연한 상상에서 현실적 목표로 바뀌고, 공부도 의무가 아닌 목표를 향한 준비로 느껴진다.

나는 《의사가 말하는 의사 Episode 2》를 읽으며 선배 의사들이 걸어온 길을 간접적으로 경험했다. 그 과정에서 '의사도 결국 하나의 인격체'라는 사실을 느끼며, 의사라는 직업을 가진 사람들이 어떤 마음으로 살아가는지 자연스레 궁금해졌다. 단순히 환자를 치료하는 것을 넘어, 사회 속에서 어떤 책임과 역할을 감당해야 하는지도 엿볼 수 있었다. 특히 고한석 선생님의 글, '정형외과 의사로 산다는 것'은 큰 울림을 주었다. 운동을 정말 좋아하는 사람으로서, 다쳐서 운동을 하지 못할 때의 고통을 누구보다 잘 알기 때문이었다. 사람이 팔, 다리, 척추 같은 운동과 직결된 부위에 장애가 생겼을 때, 그 원인을 찾아내고 원래의 해부학적 구조를 복원해 기능을 회복하도록 돕는 일이 나에게 무척 매력적으로 다가왔다. 나아가 나의 환자들이 나이가 들어서도 튼튼한 근육과 뼈, 건강한 신경과 혈관을 유지하며 운동을 즐길 수 있기를 바라는 마음도 생겼다. 이런 생각들이 나를 의대로, 그리고 정형외과라는 길로 이끌었고, 앞으로의 진로와 삶을 고민하는 데에도 큰 영감을 주었다.

국영수 기초, 아직 안 늦었다

1. 국어

국어는 언어 능력, 그 자체다　　국어 공부는 단순히 지문을 읽고 문제를 푸는 데 그치지 않고, 의사소통 능력을 기르는 데 목적이 있다. 말하기·듣기·읽기·쓰기를 잘하는 사람이 곧 국어를 잘하는 사람이다. 언어 능력(문법, 어휘)이 잘 갖춰진 아이는 자연스럽게 언어 수행(듣기, 말하기, 읽기, 쓰기)에 강해진다. 반대로 기초가 부족하면 중·고등학교에서 글쓰기나 발표 과제를 수행하는 데 어려움을 겪고, 사고력 발달 또한 제한된다. 특히 문법과 어휘가 약한 상태에서 독서나 글쓰기를 하면 문장 구성과 이해에 문제가 생기기 쉽다. 따라서 아이가 언어 능력부터 탄탄히 다질 수 있도록 지도해주길 바란다.

초등 시절에 듣기, 말하기, 읽기, 쓰기 과목을 충분히 익히지 못한 아이라면 문법과 어휘, 독해 연습부터 시작하는 것이 좋다. 이때 EBS 윤혜정의 〈나비효과 입문편〉 같은 체계적인 인터넷 강의를 활용하면 매우 효과적이다. 이 강의는 단순한 문제 풀이를 넘어 국어 과목 전체의 구조를 이해하도록 돕고, 독서·문학·문법 각 영역의 큰 틀과 서로의 연관성을 파악할 수 있게 해준다. 그 결과 언어를 다룰 때 필요한 사고의 흐름과 문제 접근 방식을 체계적으로 익힐 수 있다. 언어 능력이 어느 정도 갖춰지면, 이제는 언어 수행을 적극적으로 경험할 차례다. 국어 실력은 단기간에 오르지 않는다. 따라서 아이가 자연스럽게 듣고 말하고 읽고 쓰는 환경에 반복적으로 노출되면 좋다.

나는 유치원 시절부터 초등학교 저학년까지 아이북랜드 방문 선생님과 함께 연령에 맞는 프로그램을 꾸준히 이어갔다. 처음에는 책 읽는 습관을 잡는 데 집중했고, 읽은 내용을 짧게 글로 옮기며 표현하는 연습을 반복했다. 시간이 흐르면서 시나 소설, 수필을 직접 써보며 언어 표현에 조금씩 익숙해졌다. 초등학교 고학년에 들어서는 논술 학원에 다니며, 또래 친구들과 매주 책을 읽고 독후활동을 했다. 수업 전에는 각자 책을 읽고, 수업 시간에는 서로의 생각을 나누며 글로 정리했다. 친구들의 의견을 들으며 내 생각을 가다듬고, 다시 말과 글로 풀어내는 훈련이 자연스레 이어졌다. 덕분에 중·고등학교에 올라가서는 필독서 대부분이 이미 낯익었고 수행평가나 발표, 각종 대회에도 주저하지 않고 참여할 수 있었다. 책과 글쓰기는 내 삶에서 하나의 습관이자 자신감이 되어 있었다.

글쓰기는 타고나는 게 아니다 많은 아이들이 듣기, 말하기, 읽기보다 특히 쓰기를 더 어려워한다. 쓰기는 어떻게 시작해야 할지 막막한 경우가 많고, 일상에서 특별히 의지가 없으면 접할 기회가 적기 때문이다. 하지만 학교 생활에서 쓰기는 언어 수행 중 가장 중요한 영역이라 해도 과언이 아니다. 대부분의 학습 결과물이 쓰기 형태로 제출되기

<table>
<tr><td>내가 선택한 주제:</td><td>나의 생각:</td></tr>
</table>

때문이다. 따라서 아이는 쓰기 경험과 능력을 반드시 길러야 한다. 다만 쓰기를 어려워하는 아이에게 처음부터 완성도 높은 글을 기대하는 것은 오히려 부담을 줄 수 있다. 글을 잘 완성하는 것보다 시도해보는 것 자체에 초점을 맞추는 것이 좋다. 아이가 하나의 주제를 정해 A4 한 장 분량으로 꾸준히 글을 쓰도록 지도해줘야 한다. 아이는 글쓰기에 대한 두려움을 점차 줄이고, 자신의 생각을 글로 표현하는 즐거움을 느낄 수 있을 것이다.

2. 영어

영단어는 '조금씩', '꾸준히' 실천하기　　영단어는 영어 공부의 출발점이다. 따라서 먼저 아이의 수준을 정확히 파악한 뒤, 적절한 난도의 책으로 단어 학습을 시작하는 것이 중요하다. 책을 펼쳤을 때 절반 정도는 이미 알고, 절반은 모르는 단어가 나오는 수준이 가장 적당하다. 너무 쉬우면 효과가 적고, 너무 어려우면 금세 흥미를 잃기 쉽다. 이때 중요한 것은 아이가 꾸준히 반복 학습할 수 있도록 올바른 습관을 잡아주는 것이다. 영단어 학습은 잠깐의 집중보다 꾸준한 반복이 훨씬 효과적이다. 최소 3일에 한 번은 암기 시간을 확보하고, 새로운 과를 배울 때는 이전 과와 겹치도록 학습하는 것이 좋다. 예를 들어 1·2과, 2·3과, 3·4과 순으로 공부하면 복습과 새로운 학습이 자연스럽게 이어진다. 모든 과를 한 번씩 학습한 뒤에는 다시 처음으로 돌아가 최소 5회 이상 반복해야 단어가 장기 기억으로 정착된다.

아이가 단어를 한 번에 모두 외우려는 욕심을 부린다면, 오히려 과감히 내려놓도록 지도해주면 된다. 급하게 외우려 하면 머리만 아프고 흥미도 쉽게 떨어진다. 처음에는 읽기, 쓰기, 소리 내어 말하기 등 다양한 감각을 활용해 익히는 것이 효과적이다. 뇌과학 연구에 따르면, 시각·청각·운동 감각을 함께 사용할 때 기억 형성에 관여하는 뇌의 해마가 더욱 활발하게 작동하며, 장기 기억으로 저장될 가능성도 높아진다. 익숙해진 뒤에는 눈으로 빠르게 훑는 방식으로 복습하며 기억을 강화하는 것이 좋다. 무리하지 않고 꾸준히 반복하는 습관이 결국 어휘력에서 큰 차이를 만들어낸다.

나 역시 중·고등학교 시절 하루에 수백 개의 단어를 외울 수 있었던 것은, 초등학생 때부터 이어온 반복 학습 덕분이었다. 무엇보다 중요한 것은 바로 '꾸준함'이었다. 하루만 단어를 놓쳐도 다음 날 외워야 할 양이 갑자기 배로 늘어나고, 그것이 쌓이면 감당하기 어려워지기 때문이다. 그래서 주말이든, 명절이든, 여행을 가는 날이든 단어 암기만큼은 결코 거르지 않았다. 처음에는 힘들고 버겁게 느껴졌지만, 반복할수록 점점 속도가 붙고 기억도 오래 유지되었다. 결국 어휘 실력은 특별한 비법에서 오는 것이 아니라, 매일 조금씩 쌓아가는 꾸준한 습관이 만들어낸 결과다.

영문법은 '정리와 회독'이 전부　　많은 아이들이 영어학원에서 중학교 시절부터 영문법을 최소 10회 이상 반복 학습한다. 그런데도 고등학교에 가면 여전히 혼란을 겪는 경우가 많다. 이는 문법을 단순히 읽기만 하고 제대로 이해하거나 정리하지 않았기 때문일 것이다. 고등학교에서는 문법을 처음부터 다시 배울 시간적·정신적 여유가 없다. 핵심 내용만 빠르게 점검해야 하기 때문에, 중학교 시기에 문법 개념을 확실히 이해하고 체계화해두는 것이 중요하다. 따라서 아이가 영문법 개념을 스스로 이해하고 정리하며 자기주도적으로 학습할 수 있도록 지도해야 한다.

나는 책 한 권을 정하고, 그 내용을 머릿속에 완전히 담아내겠다는 마음가짐으로 학습에 임했다. 그중에서도 《숨마쿰라우데 어법 Manual》은 특히 큰 도움이 되었다. 기초가 부족한 학생도 쉽게 볼 수 있는 책이지만, 나처럼 영문법에 자신이 있는 학생에게도 핵심 이론을 체계적이고 명확하게 정리하는 데 유익했다. 이 책의 매력은 단순히 시험 대비에 그치지 않고, 영문법 전체를 한눈에 정리할 수 있다는 점이다. 고등학교에 올라가기 전, 문법을 확실히 다지는 데 이 책을 활용했고, 덕분에 이후 독해와 작문 실력도 빠르게 향상될 수 있었다.

다음으로 아이가 문법 필기 공책을 만들도록 한다. 교재를 그대로 옮겨 적기보다는, 문제 풀이에 필요한 핵심 내용만 간추리게 하는 것이 중요하다. 공책 상단에는 챕터를 명확히 적고, 필수 공식과 대표 예문을 정리한다. 추가 설명은 본인이 이해할 수 있을 정도로 간단히 요약하면 충분하다. 챕터 사이에는 여백을 넉넉히 남겨 회독할 때 새롭게 알게 된 내용을 추가할 수 있도록 한다. 이렇게 만든 공책은 회독할 때마다 보완되고, 시험 기간에는 빠른 복습 자료로 활용된다. 만약 문법 개념이 제대로 정리되지 않은 상태에서 문제를 풀어야 한다면, 참고서나 필기 공책을 옆에 두고 풀도록 한다. 개념이 불확실한 상태에서 문제만 풀면, 오답 원인을 파악하지 못하고 넘어가는 경우가 생기기 쉽다. 문제 수보다 중요한 것은 개념의 정확한 이해와 정리다. 정리 자료를 참고하며 공부하면 처음에는 시간이 더 걸리지만, 장기적으로 훨씬 탄탄한 실력을 쌓을 수 있다.

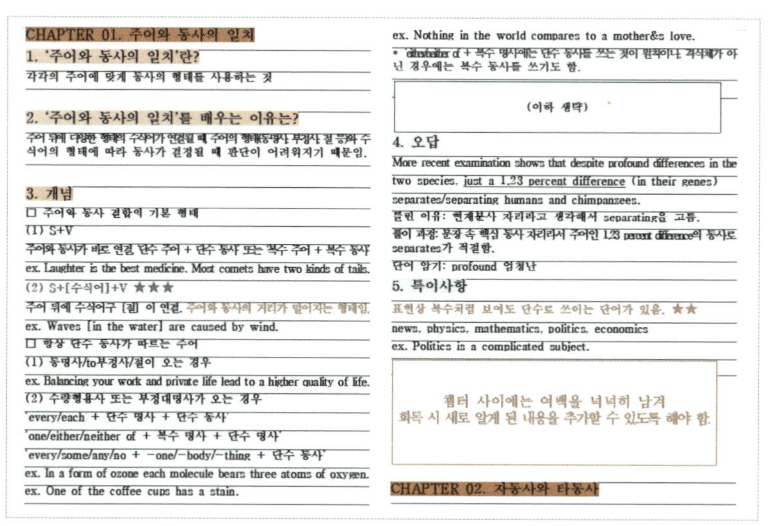

CHAPTER 01. 주어와 동사의 일치
1. '주어와 동사의 일치'란?
각각의 주어에 맞게 동사의 형태를 사용하는 것

2. '주어와 동사의 일치'를 배우는 이유는?
주어 뒤에 다양한 형태의 수식어가 연결될 때 주어의 형태(동명사, 부정사, 절 등)와 수식어의 형태에 따라 동사가 결정될 때 판단이 어려워지기 때문임.

3. 개념
☐ 주어와 동사 결합의 기본 형태
(1) S+V
주어와 동사가 바로 연결. 단수 주어 + 단수 동사 또는 복수 주어 + 복수 동사
ex. Laughter is the best medicine. Most comets have two kinds of tails.
(2) S+[수식어]+V ★★★
주어 뒤에 수식어구 [절] 이 연결. 주어와 동사의 거리가 멀어지는 형태임.
ex. Waves [in the water] are caused by wind.
☐ 항상 단수 동사가 따르는 주어
(1) 동명사/to부정사/절이 오는 경우
ex. Balancing your work and private life lead to a higher quality of life.
(2) 수량형용사 또는 부정대명사가 오는 경우
'every/each + 단수 명사 + 단수 동사'
'one/either/neither of + 복수 명사 + 단수 명사'
'every/some/any/no + -one/-body/-thing + 단수 동사'
ex. In a form of ozone each molecule bears three atoms of oxygen.
ex. One of the coffee cups has a stain.

ex. Nothing in the world compares to a mother&s love.
* either/neither of + 복수 명사에는 단수 동사를 쓰는 것이 원칙이나 격식체가 아닌 경우에는 복수 동사를 쓰기도 함.

(이하 생략)

4. 오답
More recent examination shows that despite profound differences in the two species, just a 1.23 percent difference (in their genes) separates/separating humans and chimpanzees.
틀린 이유: 현재분사 자리라고 생각해서 separating을 고름.
풀이 과정: 문장 속 핵심 동사 자리라서 주어인 1.23 percent difference의 동사로 separates가 적절함.
단어 암기: profound 엄청난
5. 특이사항
표현상 복수처럼 보여도 단수로 쓰이는 단어가 있음. ★★
news, physics, mathematics, politics, economics
ex. Politics is a complicated subject.

챕터 사이에는 여백을 넉넉히 남겨
회독 시 새로 알게 된 내용을 추가할 수 있도록 해야 함.

CHAPTER 02. 자동사와 타동사

3. 수학

수학은 '연산력'이 전부   많은 아이들이 연산력 부족으로 수학 공부에

어려움을 겪는다. 사칙연산, 분수와 유리수 계산, 방정식과 부등식의 해 구하기 정도만 할 줄 알아도 문제 풀이에 큰 어려움은 없지만, 의외로 많은 아이들이 이 기초 계산에서 발목이 잡히곤 한다. 따라서 아이가 연산력을 충분히 기를 수 있도록 체계적인 훈련이 필요하다. 단순히 방정식이나 부등식의 해를 구할 줄 아는 것만으로는 충분하지 않다. 해를 구하기 위해 필요한 모든 중간 과정을 정확히 설명할 수 있어야 하며, 이를 위해 사칙연산과 기초 계산 능력이 반드시 뒷받침되어야 한다.

나는 매일 10~20분씩 꾸준히 《기탄 수학》을 풀며 큰 도움을 받았다. 어머니와 하루에 5장씩 풀기로 약속했지만, 처음에는 솔직히 지루하고 귀찮게만 느껴졌다. 그러나 하루하루 쌓이다 보니 문제 푸는 속도가 눈에 띄게 빨라졌고, 자연스럽게 다음 단계로 넘어가고 싶다는 욕심도 생겼다. 어느 순간에는 하루에 한 권을 끝내는 일도 있었다. 무엇보다 중요한 것은 '그냥 시간 때우기'라고 생각하지 않는 태도였다. 이 연습을 단순 반복이 아니라, 더 어려운 문제에 도전하기 위해 꼭 필요한 훈련이라고 받아들였다. 그렇게 생각하니 지루했던 연습도 의미 있게 느껴졌고, 성취감으로 이어질 수 있었다. 수학의 기본기는 결국 연산력에서 시작된다. 제대로 된 연산 훈련 없이 수학을 잘하려는 것은 기초 체력 없이 마라톤을 완주하려는 것과 같다. 연산력을 다져두면 이후 어떤 수학 문제도 더 빠르고 정확하게 해결할 수 있게 된다.

하지만 아이가 연산력이 충분히 갖춰지지 않은 상태에서 문제를 풀어야 할 때도 있다. 이 경우 계산 속도가 느려 잦은 실수가 생기고, 그로 인해 아이의 흥미가 떨어질 수 있다. 동시에 문제 해결 속도가 늦어 학습 시간도 길어진다. 결국 문제를 이해하고도 단순 계산 실수로 틀리는 악순환이 생기며, 이는 수학 전반의 기초 체력 부족으로 이어진다. 이럴 때는 아이가 문제를 풀 때 개념서나 참고서를 옆에 두도록 한다. 연산 실수가 잦거나 풀이가 더딜 때 바로 확인할 수 있는 보조 자료는 매우 중요하다. 이를 통해 단순히 답을 구하는 데 그치지 않고, 실수를 줄이며 개념을 다시 다지는 학습으로 이어질 수 있으며, 연산력과 개념 이해를 함께 끌어올릴 수 있다.

수학 과외를 하면서 한 가지를 깨달았다. 많은 아이들이 수학을 힘들어하는 이유는 복잡한 개념 때문이 아니라, 가장 기본적인 연산력이 부족하기 때문이라는 사실이다. 특히 분수의 덧셈과 뺄셈에서 실수가 잦았는데, 분모를 통분하지 않거나 분자만 더하는 작은 실수들이 쌓여 아이들의 자신감을 무너뜨리곤 했다. 기초 연산이 제대로 되어 있지 않으니 응용문제로 나아가지 못하고, 풀이 과정은 맞는데 답이 틀리는 경우도 흔했다. 그래서 과감히 문제 풀이 수업을 멈추고, 아이들에게 《기탄 수학》만 꾸준히 풀게 했다. 단순해 보이지만, 기본기를 다지는 것이 무엇보다 중요하다고 믿었기 때문이다. 나의 말을 믿고 따라준 아이들은 빠르게 수업에 적응했고, 수학에 대한 자신감도 회복할 수 있었다. 반대로 이를 가볍게 여기고 넘어간 아이들은 안타깝게도 같은 실수를 반복하며 악순환에서 벗어나지 못했다.

 아이가 연산력에서 정확도와 속도를 갖췄다면, 암산 능력도 갖추도록 지도해준다. 암산은 단순히 계산 속도를 높이는 것을 넘어, 시험에서 문제 해결의 민첩성과 실전 감각을 키우는 핵심 능력이다. 실제 시험에서는 연습지를 충분히 활용하기 어려운 경우가 많기 때문에, 암산 능력이 곧 성적에 직접적인 영향을 미친다. 암산이 빠르고 정확하면 한 문제를 푸는 데 걸리는 시간을 줄여, 남는 시간을 다른 문제에 활용할 수 있다. 특히 난도가 높은 변별력 문제에 충분히 집중할 수 있게 된다. 이렇게 몇 초 단위의 시간 절약이 쌓이면 고득점 가능성이 크게 높아진다.

다음으로 아이가 문제에 자주 등장하는 계산을 암기하도록 한다. 기본 계산을 미리 암기하면 문제 풀이 속도와 정확도를 크게 높일 수 있다. 수학 시험은 문제 해결 능력을 평가하지만, 대부분의 문제는 덧셈·뺄셈·곱셈·나눗셈 같은 기본 사칙연산을 기반으로 한다. 계산 속도가 느리면 사고 흐름이 끊기고, 제한된 시험 시간 내에 문제를 모두 풀기 어렵다. 반대로 기본 계산이 자동화되면 풀이 과정이 매끄럽게 이어지고, 논리적 전개에 더 집중할 수 있다. 예를 들어 12×14나 5^4 같은 계산을 즉시 처리할 수 있다면, 복잡한 문제에서도 계산에 시간을 빼앗기지 않고 문제 해결에 온전히 집중할 수 있다. 결국 수학에서는 사고할 시간을 확보해주는 계산 민첩성이 성적 향상에 직결된다.

국영수 실력, 이렇게 쌓으면 된다

1. 국어

국어 공부의 기본은 교과서 중심 학습이다. 따라서 아이가 교과서 본문만 읽고 끝내지 않고, 단원의 흐름을 충실히 따라가도록 한다. 국어 교과서는 보통 단원명, 생각 열기, 학습 목표, 본문, 학습 활동, 단원 마무리 순으로 구성된다. 우선 단원이 시작될 때마다 학습 목표에 형광펜을 치고 큰 소리로 읽는 습관을 잡아준다. 이런 습관은 이번 단원에서 무엇을 배워야 하는지 정확히 알고 시작할 수 있도록 돕는다. 이어서 '생각 열기', '단원 마무리'와 같은 보조 요소들도 건너뛰지 않고 꼼꼼히 읽은 뒤, 빈칸을 빠짐없이 작성하도록 한다. 작은 부분까지 놓치지 않고 채워나가는 연습은 기본기를 탄탄히 다지는 데 큰 도움이 된다. 마지막으로 본문 학습을 확장해나가야 한다. 예를 들어 세계문학전집이나 한국문학전집을 찾아 주요 작품을 정리하거나, 비문학 단원에서 다루는 주제와 관련된 기사·논문을 읽어보는 것도 좋다. 이처럼 단원의 흐름을 차례대로 따라가며 꼼꼼히 학습하는 것만으로도 국어 실력을 확실히 다질 수 있다.

  문학은 한 편의 영화를 감상하듯 처음부터 끝까지 몰입해 학습해야 한다. 작품을 읽기 전에는 먼저 기본 정보를 파악하도록 한다. 작가와 시대적 배경, 주제를 알고 읽으면 작품의 맥락이 훨씬 선명해진다. 예를 들어 자습서에 실린 작가 소개나 시대적 배경 설명, 핵심 정리 표를 포스트잇에 옮겨 교과서에 붙여두는 방법이 좋다. 다음에는 작품 자체에 집중해 읽도록 이끌어준다. 등장인물의 말과 행동, 배경의 변화, 이야기의 흐름에 주목하며 내용을 따라가야 한다. 또 단어와 문장의 세부적 의미, 다양한 표현 기법에도 유의하고, 머릿속으로 장면을 생생하게 그려보는 것이 중요하다.

나는 문학 작품을 공부할 때마다 한 편 한 편에 온 힘을 쏟았다. 자습서, 평가문제집, 각종 사설 문제집의 해설까지 빠짐없이 교과서에 옮겨 적었고, 어느 순간 교과서 여백이 다 차서 더는 글씨를 쓸 수 없을 정도가 되었다. 교과서 테두리에 실린 어휘 설명과 작은 날개 문제조차 그냥 지나치지 않고 꼼꼼히 학습했다. 결국 성적의 차이는 작품을 얼마나 세밀하게 분석했는지, 그 디테일의 깊이에서 갈린다고 믿었다. 그래서 자습서도 학생용뿐 아니라 교사용까지 구해가며 샅샅이 학습했다. 작품 하나를 대하는 나의 태도는 단순한 공부가 아니라, 작은 디테일까지 놓치지 않겠다는 다짐이었다. 여기서 중요한 점은, 작품을 주관적 감정만으로 해석하지 않도록 주의해야 한다는 것이다. 자습서에 실린 해설을 그대로 교과서에 옮겨 적어야 한다. 이어서 작품을 세세하게 분석하도록 한다. 아이는 작품의 모든 단어와 문장을 꼼꼼히 살펴보며 이해 정도를 점검할 수 있다. 또 자연스럽게 문학 갈래의 개념과 특징, 문학적 형상화 방법을 익히게 된다. 특히 작품의 주제가 무엇인지, 그리고 그 주제를 효과적으로 드러내기 위해 작가가 어떤 표현을 사용했는지를 설명할 수 있어야 한다.

마지막으로 학습목표에서 던지는 질문에 스스로 답하도록 한다. 이 과정을 충실히 거친다면, 아이의 교과서는 어느새 세상에서 가장 완벽한 작품 해설서가 되어 있을 것이다.

비문학(독서)　　비문학은 일종의 문제 해결 과정이다. 글의 문제와 해결책을 파악하고, 질문에 대한 정확한 근거를 찾아내는 연습이 필요하다. 처음 지문을 접할 때는 아이가 글의 소재와 주제 문장을 스스로 정리하는 습관부터 잡아야 한다. 초반에는 어렵게 느껴지더라도, 시간이 지나면 아이는 한 번 읽기만 해도 중심 생각과 전개 방식을 자연스럽게 파악할 수 있게 된다. 이는 처음 보는 비문학 지문에도 겁먹지 않고 차분히 읽어나갈 용기를 준다.

다음으로 글을 서론, 본론, 결론으로 나누고, 각 문단마다 핵심 내용을 한 문장으로 요약하는 훈련을 시켜준다. 이후에는 요약 문장을 중심으로 각 문단의 세부 정보를 정리해야 한다. 글을 읽으며 여백에 정보를 기록하는 습관을 들이고, 처음에는 여러 번 반복해 빠진 정보를 채워나가야 한다. 이러한 연습이 쌓이면 처음 읽을 때부터 핵심을 놓치지 않게 되고, 처음 접하는 비문학 지문에서도 짧은 시간 안에 핵심과 문제의 근거를 빠르게 찾아낼 수 있다.

마지막으로, 자주 등장하는 개념어, 필수 어휘, 전문 용어는 그냥 넘어가지 말고 사전을 활용해 정확히 정리하는 습관을 잡아주면 아이는 스스로 단어장이나 개념 노트를 만들어 배운 내용을 체계화할 수 있다. 특히 비문학 지문에서 다루는 소재의 배경지식을 쌓는 것이 중요하다. 평소에 아이가 특정 소재의 정의, 특징, 활용 사례를 기사나 논문을 통해 찾아보도록 지도하면, 새로운 지문을 접했을 때 기존 배경지식을 바탕으로 훨씬 쉽게 이해할 수 있다.

나는 문제를 풀 때마다 지문을 처음부터 끝까지 꼼꼼히 읽는 습관을 들였다. 많은 아이들이 같은 지문을 반복해 풀다 보면, 지문을 건너뛰고 바로 문제로 넘어가는 경우가 생기기 마련이다. 이때 이미 아는 내용을 바탕으로 정답을 추측하게 되는데, 이는 근거 없는 감에 의존하는 잘못된 풀이 습관을 만들곤 한다. 물론 이런 방식이 풀이 시간을 줄여줄 수는 있지만, 처음 보거나 변형된 지문이 나오면 곧 큰 약점으로 드러난다. 그래서 나는 항상 지문을 차근차근 읽고, 정보가 어디에 있는지 먼저 파악한 뒤 문제에 접근하는 훈련을 반복했다. 덕분에 실전에서도 지문을 빠르고 정확하게 이해할 수 있었고, 문제를 바라보는 눈과 판단력도 함께 길러질 수 있었다.

문법 문법은 공부의 총량이 정해져 있다. 한번 제대로 학습해놓으면, 중학교 내신은 물론 고등학교 내신과 수능까지 큰 어려움 없이 풀 수 있다. 따라서 중학교 교과서를 중심으로 개념을 학습하고, 고등학교 수준의 문제도 함께 풀어보며 폭넓게 공부하는 것이 좋다. 많은 아이들이 음운과 형태소, 어근과 어간, 품사와 문장 성분을 혼동하는 이유는 제대로 된 개념 이해 없이 문제 풀이만 반복하기 때문이다. 문법은 단순 암기가 아니라, 개념을 이해하고 구분할 수 있어야 하는 과목이다. 우선 아이가 문법 용어를 정확히 암기하고 스스로 설명할 수 있도록 하면 좋다. 예를 들어 "체언이 뭐야?", "품사와 문장 성분은 어떻게 달라?" 같은 질문을 던져보면 좋다. 처음에는 더듬거리며 설명하더라도, 스스로 말하는 연습을 거치면 개념이 머릿속에 정확히 자리 잡는다. 이런 개념 말하기 연습이 쌓이면 문제 풀이가 자연스럽게 정확해지고, 자신감도 함께 높아진다.

나는 문법만큼은 주기적으로 반복하며 감각을 유지하려고 노력했다. 문법 개념은 시간이 지나면 쉽게 잊히기 때문에, 알고 있는 내용이라도 틈날 때마다 복습했다. 예를 들어, 소단원 단위로는 부분적으로 암기하고 대단원에서는 전체 흐름을 정리하며 통합적으로 기억했다. 익숙하다고 느껴질 때도 다시 한번 개념을 확인하면, 헷갈리거나 놓친 세부 사항이 자연스럽게 드러났다. 문법은 개념들이 서로 유기적으로 연결되어 있기 때문에, 부분과 전체를 반복해서 살펴보던 방식이 장기적인 이해를 다지는 데 큰 도움이 되었다.

다음으로 아이가 문법 개념을 직접 활용하도록 한다. 실제 문장에서 개념을 적용하는 훈련이다. 먼저 주어진 문장에서 문법 개념을 식별하는 연습을 시킨다. 예를 들어, "나는 친구와 공원에 갔다"라는 문장에서 어근과 접사, 어간과 어미가 각각 무엇인지, 품사와 문장 성분은 무엇에 해당하는지 찾아보게 하는 식이다. 이를 통해 아이는 문장 속에서 개념이 어떻게 활용되는지 자연스럽게 익힐 수 있다. 이어서 아이가 헷갈리는 개념을 포함해 직접 문장을 만들어보도록 한다. 예를 들어, 용언이 헷갈린다면 "먹는다", "예쁘다"처럼 동사와 형용사를 포함하는 문장을 각각 만들어보게 하는 것이다. 아이가 직접 문장 속에서 활용해보면, 개념이 훨씬 생생하게 다가온다. 이러한 개념 식별 훈련과 능동적인 문장 만들기는 단순 암기를 넘어, 문법을 이해하고 활용하는 진짜 실력을 길러준다.

나는 문제 풀이와 오답 복습을 철저히 진행했다. 지문을 통해 개념을 반복 확인하고, 보기를 통해 그 개념이 실제로 어떻게 적용되는지도 꼼꼼히 점검했다. 문제를 풀 때는 "이 문장에서 개념이 어떻게 쓰였는가?", "보기에 나온 표현은 어떤 문법 원리에 따라 구성되었는가?"를 끊임없이 고민했다. 보기 하나하나가 배움의 기회라고 생각했기 때문이다. 특히 틀린 문제는 가장 소중한 학습 자료가 되었다. 단순히 정답만 확인하지 않고, 왜 틀렸는지 이유를 분석한 뒤 개념으로 돌아가 정확히 이해하려고 했다. 이어서 유사 문제로 반복 연습을 진행하며, 같은 실수를 줄이고 개념을 확실히 체득했다. 이런 과정을 꾸준히 이어가면 실전에서도 흔들림 없이 개념을 적용할 수 있는 실력을 차곡차곡 쌓아갈 수 있다.

2. 영어

영어 공부도 마찬가지로 기본은 교과서 중심 학습이다. 따라서 아이가 교과서 본문만 읽고 끝내지 않고, 교과서의 단원 흐름을 충실히 따라가도록 한다. 영어 교과서는 보통 단원명, 중심 소재, 의사소통 기능 표현, 본문, 문법 표현, 말하기와 쓰기 활동 순으로 구성된다. 우선 단원이 시작될 때마다, 학습목표에 형광펜을 치고 큰 소리로 읽는 습관을 잡아야 한다. 이런 습관은 이번 단원에서 무엇을 배워야 하는지 정확히 알고 시작할 수 있도록 돕는다. 이어서 '말하기와 쓰기 활동' 같은 보조 요소들도 건너뛰지 않고 꼼꼼히 읽은 뒤, 빈칸을 빠짐없이 작성하도록 한다. 사소한 개념을 빠뜨리지 않고, 기본기를 탄탄히 쌓아갈 수 있도록 도와주면 된다. 이처럼 단원의 흐름을 차례대로 따라가며 꼼꼼히 학습하는 것만으로도 영어 실력을 확실히 다질 수 있다.

어휘　　어휘 학습은 '철자-발음-뜻-예문-유의어·반의어' 순서를 따라 학습한다. 발음이 헷갈리는 단어는 인터넷 영어사전을 활용해 최소 3번 이상 듣고, 직접 소리 내어 발음하도록 해야 한다. 눈으로만 보는 어휘 공부는 금세 잊히고, 발음을 정확히 모르는 단어는 실전에서 활용하기 어렵다. 따라서 어휘 학습은 보고, 듣고, 말하는 등 여러 감각을 연결해 진행하는 것이 핵심이다. 추가로 한국어 뜻이 헷갈리거나 애매한 단어는 영영사전을 활용하도록 한다. 영영사전은 단어의 뜻을 영어 문장으로 풀어 설명하므로, 단어의 뉘앙스와 쓰임새를 보다 정확하게 이해할 수 있다.

나는 어휘를 학습할 때 학습자용 영영사전을 적극적으로 활용하는 습관을 들이려고 노력했다. 그중에서도 《Merriam-Webster》는 특히 큰 도움이 되었다. 자주 쓰이는 단어는 의미가 다양하고 문맥에 따라 달라질 수 있는데, 영영풀이를 활용하면 오해의 소지를 줄일 수 있었다. 영어식 사고를 자연스럽게 익히는 과정은 의미를 보다 정확하게 이해하는 훈련이 되었다. 추가로 매번 단어 하나를 살펴볼 때마다 예문과 유의어, 반의어까지 함께 확인하며 익히는 과정을 반복했다.

마지막으로 아이에게 어휘 공부의 범위를 명확히 지정해준다. 교과서 수록 어휘, 프린트 수록 어휘, 지문 속 어휘, 해설지 수록 어휘 순으로 우선순위를 정하면 좋다. 선생님이 프린트에 정리하지 않은 단어라도 모르는 단어는 모두 암기하도록 지도해야 한다. 특히 해설지 수록 어휘는 자주 놓치는 표현이나 고급 어휘 학습에 큰 도움이 된다. 어휘 학습은 양보다 꾸준함과 반복이 핵심이므로, 분명한 목표와 기준을 세워주면 학습 효과가 훨씬 높아진다.

본문　　본문 학습은 '내용 정리-본문 분석-문장 영작-백지 암기' 순서를 따라 학습한다. 먼저 내용 정리 단계에서는 글쓴이가 전달하고자 하는 핵심 메시지를 정확히 파악해야 한다. 본문 역시 하나의 비문학 지문과 같기 때문에, 소재·중심 생각·전개 방식·세부 정보를 정리하는 과정이 필요하다. 이를 통해 제목, 요지, 주장, 교훈 파악과 같은 문제 유형에도 자연스럽게 대비할 수 있다. 본문 분석 단계에서는 문장 속 어휘와 문법 표현을 꼼꼼히 살펴보며, 어휘 문제나 어법적 요소를 묻는 문제 유형에 익숙해져야 한다. 이어지는 문장 영작 단계에서는 직접 문장을 써보며 표현을 재구성해본다. 이때 '문장 단위-문단 단위-글 전체'로 범위를 넓혀가면서 문장과 문장, 문단과 문단 사이의 흐름과 관계를 이해하는 훈련이 필요하다.

많은 아이들이 문장 영작 단계에서부터 골머리를 앓는다. 외워지지 않는 것만으로도 스트레스인데, 팔 아프게 자꾸 쓰라고 하니 그 부담이 더 커지는 것이다. 나는 여기서 분명한 차이가 생긴다고 믿었다. 팔이 빠질 듯 아프더라도 계속 생각하며 적었다. '앞뒤 어절, 문장이 이렇게 이어지고, 문단이 이렇게 연결되는구나.' 하고 스스로 되뇌며 써 내려갔다. 그렇게 하다 보니 따로 암기를 하지 않아도 자연스럽게 백지 암기가 가능해졌다. 문장 영작은 지금 당장 빨리 해치우고 넘어가야 할 과제가 아니라, 깊이 있는 훈련이자 오래 남는 소중한 기회라고 생각해야 한다.

마지막으로 백지 암기는 아무것도 보지 않고 처음부터 끝까지 써보는 것이 중요하다. 이 과정을 통해 순서 배열, 문장 삽입, 무관한 문장 찾기와 같은 문제 유형에 필요한 실전 감각을 기를 수 있다. 사실 본문을 백지 암기할 수 있을 정도로 숙지한다면, 서술형을 포함한 대부분의 문제 유형을 어렵지 않게 해결할 수 있다. 다만 단순히 외우는 데 그치지 않고, 글의 전개 과정과 표현의 쓰임까지 체계적으로 이해하는 것이 가장 효과적인 학습법이다. 그러나 아이가 혼자 본문 분석이나 문장 연습을 계획하고 실천하기는 쉽지 않다. 따라서 올바른 공부 습관을 형성할 수 있도록 돕는 효과적인 학습 자료를 활용하는 것이 무엇보다 중요하다.

나는 학창 시절 '이그잼포유' 사이트에서 제공하는 내신 대비 학습 자료를 적극적으로 활용했다. 한글 번역부터 지문 해설, 빈칸 연습, 동사형 연습, 영작 훈련, 그리고 자체 제작된 실전 대비 문제까지 단계별로 익힐 수 있었다. 덕분에 불필요한 시간을 줄이면서도 한층 더 체계적인 학습이 가능했다. 돌이켜보면, 이렇게 잘 짜인 자료를 활용하는 것이야말로 혼자서는 놓치기 쉬운 부분까지 자연스럽게 반복하고 익히게 만드는 가장 확실한 방법이었던 것 같다.

문법　　문법 학습은 '개념 정리-문제 풀이-오답노트 작성'의 순서를 따라 학습한다. 먼저 교과서와 프린트에 정리된 개념과 예문을 암기하는 것이 기본이다. 특히 서술형 문항을 대비하려면, 교과서 지문 속에서 주요 문법 요소가 적용된 문장을 우선적으로 익혀두어야 한다. 이후에는 문제 풀이를 통해 배운 개념을 실제로 적용하는 훈련이 필요하다. 예를 들어, 《숨마쿰라우데 어법 MANUAL》과 같은 문제집을 활용하면 고난도 문제에도 도전할 수 있다.

이때 많은 아이들이 시험 범위를 조금이라도 벗어난 문제는 쉽게 건너뛰는 경향이 있다. 그러나 1, 2등급을 가르는 변별력 문제에 대비하려면, 시험 범위와 무관하더라도 난도가 높은 문제를 풀어보는 과정이 반드시 필요하다. 실제 시험에서는 교과서 개념을 기반으로 하지만 문장이 길어지거나 어법이 복합적으로 얽히면 난도가 크게 올라간다. 예를 들어, 정관사처럼 기본적인 개념에서 실수해 감점당하는 경우도 의외로 많다. 따라서 다양한 문제 유형에 미리 노출되어, 부분과 전체 개념을 동시에 점검하는 경험이 중요하다.

틀린 문제는 반드시 오답노트에 정리하고, 해당 개념으로 돌아가 다시 복습하는 과정을 거쳐야 한다. 이때 아이가 예전에 정리해둔 문법 필기 공책을 다시 펼쳐보도록 해야 한다. 예를 들어 이번 시험 범위에 가정법이 포함된다면, 가정법 단원을 집중적으로 살펴보며 공부하는 것이다. 그 과정에서 놓쳤던 부분이나 잘못 이해했던 개념이 없는지 확인하고, 필요하다면 내용을 보완해 나가야 한다. 이런 과정을 꾸준히 반복하다 보면, 단순한 암기를 넘어 문법을 이해하고 활용하는 실력을 자연스럽게 쌓을 수 있다.

3. 수학

수학은 크게 정수, 대수, 조합, 기하 영역으로 나누어 공부한다. 정수는 숫자 자체를 다루고, 대수는 문자를 활용해 규칙을 탐구하며, 조합은 경우의 수와 확률을, 기하는 도형과 공간을 다룬다. 각 영역은 성격과 접근 방식이 다르기 때문에 아이가 이를 정확히 이해하고 공부하는 것만으로도 학습 효율이 크게 향상된다. 따라서 지금 아이가 어떤 영역을 공부하고 있는지, 또 해당 단원이 어떤 사고방식을 요구하는지 파악하도록 한다. 중학교 시기는 수학의 기초를 탄탄히 다질 수 있는 마지막 기회이기도 하다. 정수, 대수, 조합, 기하 중 아이가 취약한 부분을 스스로 진단하고, 고등학교에 올라가기 전 반드시 그 빈틈을 메워야 한다. 이런 준비는 고등학교 수학을 훨씬 수월하게 만들어줄 뿐 아니라, 수학에 대한 자신감을 키우는 데에도 결정적인 역할을 한다.

정수 　 정수 영역은 약수와 배수, 연산, 부호 법칙, 나머지 정리 등 수의 성질과 계산을 다룬다. 이 과정에서 아이는 수의 특성을 이해하고, 문제 해결을 위한 논리적인 접근법을 익히게 된다. 정수 영역은 수를 다루기 때문에, 계산을 대충 하거나 규칙을 간과하면 실수로 이어진다. 따라서 아이가 정수 영역을 학습할 때는 어떤 규칙을 적용해야 하는지, 계산 순서를 어떻게 진행해야 하는지를 고민하도록 지도해준다. 고등학교에 올라가면 정수 개념이 복합적인 문제로 확장된다. 예를 들어 정수론, 나머지 계산, 수열 등 고난도 문제에서 정수의 기본 성질을 활용한다. 이때 단순 계산 능력뿐 아니라 논리적 규칙성을 이해하고 응용할 수 있는 능력이 필수적이다. 정수 영역은 복잡한 개념이 아닌 듯 보이지만, 정확한 계산 습관과 규칙 인식 능력을 기르는 기초 단계라는 점에서 충실히 학습해야 한다. 이 기초가 튼튼해야 이후의 대수, 조합, 기하 등 다른 영역에서도 문제 해결력이 자연스럽게 향상된다.

정수 영역은 이렇게 공부하기!

① 문제를 이해한다. 주어진 정수의 성질을 파악한다.

② 조건을 분석한다. 주어진 조건을 바탕으로 필요한 수학적 관계나 규칙을 찾는다.

③ 규칙을 적용한다. 정수의 성질(배수, 약수, 소수 등)을 기반으로 문제를 푼다.

④ 결과를 계산하고 점검한다. 계산한 결과가 조건에 맞는지 다시 한 번 확인한다.

정수 영역의 고난도 문항은 크게 두 가지 유형으로 나뉜다. 첫 번째 유형은 계산 과정이 길고 복잡한 문제다. 약수·배수, 나머지 정리, 부호법칙 등 기본 성질을 여러 번 적용해야 하며, 한 번의 실수로 전체 풀이가 틀어질 수 있다. 이런 문제는 각 단계별로 식을 깔끔하게 정리하고, 계산 실수를 줄이기 위해 중간 과정마다 검산하는 습관이 필요하다. 즉, 문제를 세부 단위로 쪼개어 각 부분을 확실하게 해결하는 능력을 길러야 한다.

1부터 200까지 자연수 중에서 3의 배수이거나 5의 배수이면서, 7의 배수가 아닌 수의 합을 구하시오.

풀이 1.

1. 3의 배수이거나 5의 배수 합

    1.1 3의 배수 합 → S_3

    1.2 5의 배수 합 → S_5

    1.3 15의 배수 중복 제거 → S_{15}

2. 7의 배수 제외

    2.1 3의 배수이면서 7의 배수 합 → S_{21}

    2.2 5의 배수이면서 7의 배수 합 → S_{35}

    2.3 15의 배수이면서 7의 배수 중복 제거 → S_{105}

$$\therefore \ (S_3 + S_5 - S_{15}) - (S_{21} + S_{35} - S_{105}) = (6600 + 4100 - 1365) -$$
$$-(945 + 350 - 105) = 9335 - 1190 = 8145$$

1. 등차수열 합 공식 활용

2. 문제를 단계별로 쪼개어 계산하며 실수 예방

3. 여러 조건이 겹치는 경우 중복 계산 주의

두 번째 유형은 정수의 성질을 창의적으로 활용하는 문제다. 단순한 공식 적용으로는 풀리지 않고, 숨겨진 조건이나 숫자의 특징을 찾아내야 하는 경우가 많다. 예를 들어, 대소 비교나 특정 배수 판정, 소수·합성수 판별 등에서 새로운 아이디어를 떠올려야 한다. 이런 유형은 다양한 문제를 접하며 '정수 감각'을 키우는 것이 중요하다. 두 가지 유형 모두 문제에 접근할 때 기본 성질을 얼마나 빠르고 정확하게 떠올릴 수 있는지가 핵심이므로, 이를 반복적으로 훈련하도록 지도해야 한다.

3자리 수 $\overline{abc}$가 있습니다. a, b, c는 각 자리 숫자입니다. $\overline{abc}$가 7로 나누어 떨어지고, $\overline{ab} + \overline{bc}$가 11의 배수일 때, 주어진 조건

을 만족하는 $\overline{abc}$ 중 세 번째로 작은 $\overline{abc}$를 구하시오.

풀이 2.

1. 정수의 성질 파악

   1.1.1 $1 \leq a, b, c \leq 9$

   1.1 $\overline{abc} = 100a + 10b + c = 7(14a + b) + 2a + 3b + c \rightarrow$

   $2a + 3b + c$가 7의 배수

   1.2 $\overline{ab} + \overline{bc} = (10a + b) + (10b + c) = 10a + 11b + c$

   $= 11b + 10a + c \rightarrow 10a + c$가 11의 배수

2. 주어진 조건을 만족하는 $\overline{abc}$ 조합

   2.1 $(a, c) \rightarrow (1, 1), \ (2, 2), \ (3, 3), \cdots (9, 9)$ • 1.2를 참고

   2.2 $(a, b, c) \rightarrow (1, 6, 1), \ (2, 5, 2), \ (3, 4, 3) \cdots (9, 5, 9)$ • 1.1, 2.1

   을 참고

$\therefore$ 주어진 조건을 만족하는 $\overline{abc}$ 중 세 번째로 작은 $\overline{abc}$ 는 $(3, 4, 3)$

1. $\overline{abc}$와 $\overline{ab} + \overline{bc}$를 다항식으로 전개

2. 다항식에 교환법칙을 적용해 나머지 식별

3. 주어진 조건을 만족하는 값을 빠뜨리지 않고 발견

대수   대수 영역은 방정식, 부등식, 다항식, 함수, 지수, 로그 등을 다룬다. 이 과정에서 아이는 문제를 논리적으로 접근하는 방법과 수학적 사고력을 기르게 된다. 대수는 변수를 이해하지 못하면 이후의 복잡한 개념을 받아들이기 어렵다. 따라서 아이가 모르는 것을 변수로 설정하고, 단계별 계산 과정을 거쳐 원하는 답을 도출할 수 있어야 한다. 이를 위해 아이가 식을 단계적으로 작성하는 습관을 잡아준다. 이때 직관에만 의존하거나 계산을 간단히 처리하려는 습관은 피해야 한다. 또한 계산 과정에서 쉽게 놓칠 수 있는 부분을 질문하며, 아이가 스스로 문제를 해결하도록 돕는 방식이 가장 효과적이다.

 **대수 영역은 이렇게 공부하기!**

① 문제를 분석한다. 어떤 값을 구해야 하는지 확인한다.

② 변수를 설정한다. 주어진 조건을 바탕으로 필요한 값을 변수로 정한다.

③ 단계별로 정리한다. 식을 생략하지 않고 순서대로 풀이한다.

④ 결과를 계산하고 점검한다. 풀이 과정이 정확했는지 다시 한 번 확인한다.

대수 영역의 고난도 문항은 크게 두 가지 유형으로 나뉜다. 첫 번째 유형은 복잡한 식의 변형과 전개가 필요한 문제다. 다항식 전개, 인수분해, 치환 등 여러 개념을 한 문제에서 연속적으로 적용해야 하는 경우가 많다. 이때 문제의 구조를 먼저 파악한 뒤, 가장 효율적인 접근 방식을 택하는 것이 중요하다. 계산 양이 많을수록 실수 가능성도 커지므로, 적절한 다항식을 새로운 문자로 치환하고 단계별로 간소화하며 풀어야 한다.

문제 1.

다음 식을 간단히 하시오.

$$(x + 1)^4 - (x - 1)^4 - 8x\left(x^2 + 1\right)$$

1. 합차 공식을 2번 활용

$1.1\ (x+1)^4 - (x-1)^4 = \left\{(x+1)^2 + (x-1)^2\right\}\left\{(x+1)^2 - (x-1)^2\right\}$

$1.2\ \left\{(x+1)^2 - (x-1)^2\right\} = \left[\left\{(x+1)+(x-1)\right\}\left\{(x+1)-(x-1)\right\}\right]$

2. 식을 간단하게 정리

$2.1\ (x+1)^4 - (x-1)^4 - \left(2x^2+2\right)\cdot 2x \cdot 2 - 16x\left(x^2+1\right)$

$2.2\ 16x\left(x^2+1\right) - 8x\left(x^2+1\right) = 8x\left(x^2+1\right)$

1. 다항식 전개와 인수분해 중 우선순위 판단
2. 합차 공식 활용
3. 다항식 전개는 가장 후순위로 진행

두 번째 유형은 방정식, 부등식, 함수의 상관관계를 파악하는 문제다. 예를 들어, 방정식이나 부등식 문제를 함수의 관점에서 접근할 수도 있고, 반대로 함수 문제를 방정식이나 부등식의 관점에서 풀 수도 있다. 이러한 문제는 식과 그래프에 대한 이해뿐만 아니라 사고 전환 능력도 중요하기 때문에, 다양한 풀이 전략을 경험하는 것이 필요하다. 두 가지 유형 모두, 대수 개념과 계산 능력을 균형 있게 발전시켜야 안정적인 문제 해결이 가능하다.

문제 2.

다음 함수 $f(x) = x^2 - 4x + k$가 있습니다.

1. $f(x) = 0$의 두 실근 x_1, x_2가 모두 1보다 크다고 할 때, 상수의 k범위를 구하시오.

2. 위 조건을 만족하는 k에 대해, 함수 $g(x) = f(x) - 3$가 $x \in [2, 5]$ 에서 항상 양수가 되도록 하는 k의 범위를 구하시오.

풀이 2.

1. 근의 분리

1.1 $\frac{D}{4} = 4 - k \geq 0, \quad k \leq 4$

1.2 $f(1) = k - 3 > 0, \quad k > 3$

1.3 $3 < k \leq 4$

2. 식과 그래프의 전환

2.1 $2 \leq x \leq 5$에서 $g(x) = f(x) - 3 = x^2 - 4x + (k - 3) > 0$

2.2 $2 \leq x \leq 5$에서 $y = x^2 - 4x$는 $y = -k + 3$보다 위에 존재

2.3 $2 \leq x \leq 5$에서 $y = x^2 - 4x$의 최솟값은 -4이므로 $-4 > -k + 3, k > 7$

2.4 $3 < k \leq 4$와 $k > 7$은 교집합이 공집합이므로 조건을 만족하는 k는 없다.

1. 판별식 D, 대칭축, 함숫값을 함께 고려
2. 부등식을 두 그래프의 위치 관계로 판단

조합　　조합 영역은 크게 경우의 수, 순열, 조합, 확률 계산을 다룬다. 이 과정을 통해 아이는 논리적으로 경우를 분류하는 능력과 유연한 사

고방식을 기르게 된다. 조합 영역은 다른 영역에 비해 일상생활에서 쉽게 접할 수 있는 내용이 많아, 아이들이 쉽다고 착각하기 쉽다. 그로 인해 개념을 대충 넘기거나 자기 방식대로 풀이하는 경우가 자주 나타 난다. 따라서 아이가 기준을 세워 풀이 과정을 단계별로 구조화하도록 지도해준다. 건강한 공부 습관을 형성하도록 하는 것이 중요하다. 예 를 들어, 어떤 기준으로 경우를 나눌지, 중복된 경우를 어떻게 간결하 게 처리할지와 같은 질문을 던지며 아이 스스로 문제를 분석하게 하는 방법이 효과적이다. 이때 포함과 배제의 원리, 이항계수 기본 성질, 파 스칼 삼각형, 하키스틱 정리, 대칭성 활용에 대한 개념을 선행해두면 난도 있는 문제에서 빛을 발한다.

 **조합 영역은 이렇게 공부하기!**

① 문제를 분해한다. 전체 경우의 수와 주어진 조건을 보기 쉽게 정리한다.

② 기준을 세운다. 무작정 나열하지 말고, 기준에 따라 경우를 분류한다.

③ 중복을 체크한다. 중복된 경우가 없는지 꼼꼼히 점검한다.

④ 결과를 계산하고 점검한다. 문제 풀이에 논리적 오류는 없었 는지 체크한다.

　　조합 영역의 고난도 문항은 크게 두 가지 유형으로 나뉜다. 첫 번째 유형은 답이 매우 큰 숫자인데 경우의 수를 직접 세어야 하는 문제다. 이런 문제는 반복적인 계산이 많아 시간이 많이 걸리지만, 앞서 설명한 단계별 접근 방식을 적용하면 효과적으로 풀 수 있다. 각 단계를 차근차근 밟아가며 경우를 빠뜨리지 않고 꼼꼼하게 세는 능력이 중요하며, 이를 통해 문제를 체계적으로 해결할 수 있다.

문제 1.

1부터 20까지의 숫자 중에서 서로 다른 3개의 숫자를 선택하여 오름차순으로 나열한다고 할 때, 다음 조건을 만족하는 수열의 개수를 구하시오.

조건1. 선택한 숫자들의 합이 30보다 크다.
조건2. 선택한 수열에서 연속된 두 숫자의 차이가 3 이하이다.

풀이 1.

1. $n, n+1, n+2 \rightarrow S = 3n+3 > 30 \rightarrow n \geq 10 \rightarrow 10 \leq n \leq 18$,　9개

$2.\ n, n+1, n+3 \to S = 3n+4 > 30 \to n \geq 9 \to 9 \leq n \leq 17,\ \ \textbf{9개}$

$3.\ n, n+1, n+4 \to S = 3n+5 > 30 \to n \geq 9 \to 9 \leq n \leq 16,\ \ \textbf{8개}$

$4.\ n, n+2, n+3 \to S = 3n+5 > 30 \to n \geq 9 \to 9 \leq n \leq 17,\ \ \textbf{8개}$

$5.\ n, n+2, n+4 \to S = 3n+6 > 30 \to n \geq 9 \to 9 \leq n \leq 16,\ \ \textbf{8개}$

$6.\ n, n+2, n+5 \to S = 3n+7 > 30 \to n \geq 8 \to 8 \leq n \leq 15,\ \ \textbf{8개}$

$7.\ n, n+3, n+4 \to S = 3n+7 > 30 \to n \geq 8 \to 8 \leq n \leq 16,\ \ \textbf{9개}$

$8.\ n, n+3, n+5 \to S = 3n+8 > 30 \to n \geq 8 \to 8 \leq n \leq 15,\ \ \textbf{8개}$

$9.\ n, n+3, n+6 \to S = 3n+9 > 30 \to n \geq 8 \to 8 \leq n \leq 14,\ \ \textbf{7개}$

$$\therefore\ 9 + 9 + 8 + 9 + 8 + 8 + 9 + 8 + 7 = 75$$

정리 1.

1. 여러 조건 중 우선순위 판단
2. 기준을 세워 케이스 분류

두 번째 유형은 창의적인 접근이 필요한 문제로, 일반적인 틀에서 벗어난 풀이 과정을 요구한다. 이런 문제는 조금만 사고를 달리하면 훨씬 더 쉽고 빠르게 답을 구할 수 있다. 따라서 단순히 답을 맞히는 데 그치지 않고 다른 방법으로도 풀 수 있는지 고민해야 한다. 다양한 풀이 방법을 시도하면서 문제 해결 능력을 키우고, 사고의 폭을 넓히는 연습이 필요하다. 두 가지 유형 모두 아이가 어떻게 접근하느냐에 따라 풀이 과정이 달라지므로, 상황에 맞는 적절한 대응을 할 수 있도록 지도해야 한다.

문제 2.

1부터 20까지의 자연수 중에서 서로 다른 5개의 수를 선택하여 오름차순으로 배열하려고 한다. 이때 다음 조건을 만족하는 경우의 수를 구하시오.

조건: 선택한 수들 중 적어도 하나는 짝수, 적어도 하나는 3의 배수, 적어도 하나는 소수여야 한다.

풀이 2.

1. 전체 경우의 수

1.1 $_{20}P_5 = 15504$

2. 포함과 배제의 원리 적용

2.1 A: 짝수가 하나도 없는 경우, B: 3의 배수가 하나도 없는 경우, C: 소수가 하나도 없는 경우

2.2 구하려는 값 = 전체 경우의 수 $-$ (A $\cup$ B $\cup$ C)의 경우의 수

$$= {}_{20}C_5 - [(|A| + |B| + |C|) - (|A \cap B| + |B \cap C| + |C \cap A|) + |A \cap B \cap C|]$$

$$= {}_{20}C_5 - [({}_{10}C_5 + {}_{14}C_5 + {}_{12}C_5) - ({}_7C_5 + {}_7C_5 + 0) + 0]$$

$$= 15504 - [(252 + 2002 + 792) - (21 + 21 + 0) + 0] = 15504 - (3046 - 42)$$

$$= 15504 - 3004 = 12500$$

정리 2.

1. '적어도 하나'를 보고 여사건을 떠올리기
2. 포함과 배제의 원리 적용

기하 기하 영역은 크게 도형, 공간, 거리, 각도의 계산을 다룬다. 이 과정에서 아이는 근거를 찾아 시각적으로 추론하고, 공간을 떠올려 구

조를 파악하는 힘을 길러야 한다. 기하는 도형을 다루는 영역이기 때문에 같은 문제라도 아이의 접근 방식에 따라 계산이 복잡해질 수도 있고, 반대로 간단한 방법으로 금방 해결할 수도 있다. 이때 메넬라우스 정리, 체바 정리, 제르곤 정리, 반 아우벨 정리, 파푸스의 정리, 스튜어트 정리, 신발끈 공식에 대한 개념을 선행해두면 난도 있는 문제에서 빛을 발한다. 따라서 아이가 도형과 친숙해질 수 있도록, 도형을 바라보고 생각하는 시간을 자주 가지도록 해준다. 예를 들어, 길이 하나를 구할 때도 "더 간단한 방법은 없을까?"라는 질문을 던져 아이가 스스로 피드백하도록 하면 된다. 또 "이 입체도형을 이렇게 자르면 어떻게 될까?"처럼 도형을 변형, 분해, 재구성하는 질문을 던지면 아이는 사고의 폭을 넓힐 수 있다.

 **기하 영역은 이렇게 공부하기!**

① 개념을 암기한다. 도형의 정의와 성질에 관한 다양한 아이디어를 동시에 떠올릴 수 있어야 한다.

② 문제를 시각화 한다. 도형을 직접 그려보고 주어진 조건을 전부 그림 위에 표현한다.

③ 힌트를 조합한다. 주어진 조건 사이의 관계를 파악해 새로운 값을 도출한다.

④ 결과를 계산하고 점검한다. 문제 풀이에 논리적 오류는 없었는지 체크한다.

기하 영역은 고난도 문항이 크게 두 가지 유형으로 나뉜다. 첫 번째 유형은 문제에 그림이 주어지지 않은 경우다. 이럴 때 그림을 직접 그릴 줄 모르면 풀이를 시작조차 할 수 없다. 따라서 평소 쉬운 문제라도 그림이 주어졌을 때와 주어지지 않았을 때 모두 그림을 직접 그리는 연습을 해야 한다. 이를 통해 기하적 센스도 자연스럽게 키울 수 있다.

문제 1.

삼각형 ABC가 있고, 점 D는 BC 위에 있으며, 점 E는 AC 위에 있다. 선분 AD와 선분 BE가 삼각형 내부에서 만나는 점을 F라고 한다. 다음 조건이 주어진다.

조건1. $AB \mathbin{/\mkern-5mu/} DE$

조건2. $\triangle ABF : \triangle DBF = 7 : 3$

조건3. $\triangle DEF = 18$

삼각형 ABF의 넓이를 구하시오.

1. 그림 그리기

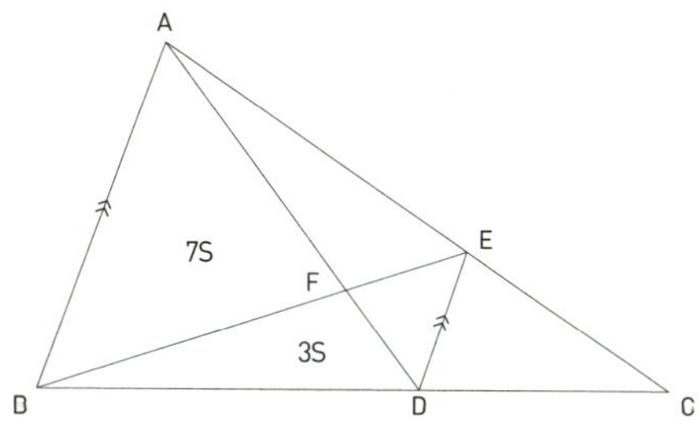

2. 닮음 관계 찾기

2.1 AB // DE이므로 $\triangle ABF \backsim \triangle DEF$ (AA 닮음)

2.2 $\triangle ABF : \triangle DEF = [AF]^2 : [DF]^2$

$= [\triangle ABF]^2 : [\triangle DEF]^2 = 49 : 9 = 98 : 18$

2.3 $\triangle ABF = 98$

1. 그림이 주어지지 않아도 직접 그릴 수 있어야 함

2. 평행 조건을 닮음 관계로 연결

3. 넓이의 비 = (길이의 비)^2

두 번째 유형은 주어진 조건이 여러 개이거나 복잡한 경우다. 이런 문제는 조건을 꼼꼼히 읽고 빠뜨린 조건이 없는지 먼저 체크해야 한다. 주어진 조건을 모두 메모한 뒤에는 그림 위에 전부 표현하고, 조건 사이의 관계를 파악하여 새로운 값을 도출해야 한다. 이런 과정을 통해 기하 문제를 연역적 풀이로 해결할 수 있다.

삼각형 ABC가 있고, AB = 10, AC = 8이며, 점 E는 선분 AC 위에 있고 BE ⊥ AC이다. 점 E를 지난 직선이 선분 BC와 평행일 때, 그 직선이 선분 AB와 만나는 점을 F라 한다. 다음 조건이 주어진다.

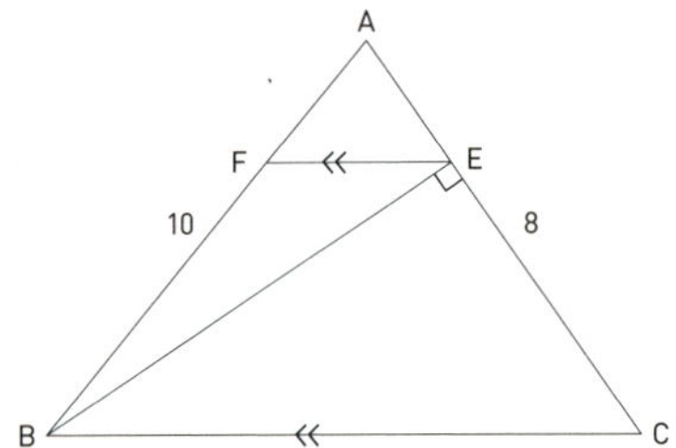

조건1. 각 A의 이등분선이 BC를 D에서 만난다.

조건2. 선분 AD와 선분 EF가 삼각형 내부에서 만나는 점 G에

대해서, $\triangle \mathrm{AFG} = 5$

조건3. $\mathrm{AG} : \mathrm{GD} = 3 : 7$

선분 BE의 길이를 구하시오.

1. 각 이등분선 정리 활용

1.1 $\mathrm{FG} : \mathrm{EG} = \mathrm{AF} : \mathrm{AE} = \mathrm{AB} : \mathrm{AC} = 10 : 8 = 5 : 4$

1.2 $\triangle \mathrm{AFG} : \triangle \mathrm{AEG} = \mathrm{FG} : \mathrm{EG} = 5 : 4 \quad \therefore \quad \triangle \mathrm{AEG} = 4$

2. 길이와 넓이의 닮음비 적용

2.1 $\triangle \mathrm{AFE} = \triangle \mathrm{AFG} + \triangle \mathrm{AEG} = 5 + 4 = 9$

2.2 $\triangle \mathrm{AFE} : \triangle \mathrm{ABC} = [\mathrm{AG}]^2 : [\mathrm{AD}]^2 = 3^2 : 10^2 = 9 : 100$

$\therefore \quad \triangle \mathrm{ABC} = 100$

3. 삼각형의 넓이 공식 적용

3.1 $\triangle \mathrm{ABC} = \mathrm{AC} \times \mathrm{BE} \div 2 = 100 \quad \therefore \quad \mathrm{BE} = 25$

1. 각 이등분선 정리를 여러 관점에서 활용

2. 넓이의 비 = (길이의 비)^2

3. 삼각형의 넓이 기본 공식 적용

{ 오답노트가 실력을 만든다 }

전교 1등이 말하는 오답노트 작성법

1. '기억할 것'과 '생각할 것'을 구분하기

오답노트는 단순히 틀렸거나 찍어서 맞힌 문제를 기록하는 노트가 아니다. '기억할 것'과 '생각할 것'을 명확히 구분하고, 그에 맞는 방식으로 작성하고 복습해야 한다. 어떤 내용은 정확한 암기가, 또 어떤 내용은 깊이 있는 반복적 사고가 필요하다.

	기억할 것 (=암기 파트)	생각할 것 (=사고력 파트)
정리 대상	핵심 개념, 공식, 자주 틀리는 포인트	문제 접근 방식, 사고 흐름, 풀이 과정
작성 방식	외워야 할 내용을 중심으로 작성한다.	문제에 처음 접근하지 못한 이유, 사고가 막힌 부분, 그리고 실수가 발생한 원인을 중심으로 작성한다.

이때 과목을 단순히 이분법적으로 나누기보다는, 문제 유형에 따라 유연하게 바라보는 태도가 필요하다. 예를 들어, 국어나 영어는 흔히 암기 중심 과목으로 여겨지지만 함축적 표현의 의미를 해석하거나 문맥 속 의미를 추론하는 문제 유형은 상당한 사고력을 요구한다. 반대로 수학이나 과학은 사고 중심 과목으로 보이지만 그 안에 담긴 정의, 성질, 공식 등은 반드시 정확하게 암기해야 한다. 따라서 아이는 오답노트를 예쁘게 정리하는 데에만 신경 쓰기보다, 무엇을 어떻게 정리하고 어떤 방식으로 복습할지를 고민하는 것이 더 중요하다. 이러한 관점으로 오답노트를 작성하면, 단순한 암기를 넘어 개념 이해력과 문제 해결력까지 함께 키워나갈 수 있다.

2. '기억할 것'은 정보를 정리, 반복한다

'기억할 것'은 단순히 외우는 것이 아니라, 체계적으로 정리하고 점검해야 한다. 맞힌 문제는 정확히 기억하고 있는지, 틀린 문제는 무엇을 잘못 해석했는지, 그리고 어떤 내용을 추가로 보완해야 하는지를 지속적으로 확인해야 한다. 아이의 지식은 고정된 것이 아니라, 계속 쌓아 올리고 다시 다져야 하는 것이다. 이 과정에서 아이가 '객관적인 정보'와 '주관적인 정보'를 구분하도록 지도하는 것이 중요하다.

객관적인 정보　　'객관적인 정보'는 사실에 기반하며, 해석이 항상 동일하다. 예를 들어, '조선은 1392년에 건국되었고, 이성계가 초대 왕이다'라는 정보가 이에 해당한다. 이러한 내용은 단순 암기 대상이기 때문에, 핵심 키워드를 중심으로 정보를 축약해서 정리해야 한다. 즉, 핵심 내용 정리와 반복 학습이 학습 효과를 높이는 핵심이다.

을사조약(1905)에 대한 설명으로 옳지 않은 것을 고르시오.

① 외교권을 박탈당했다.

② 대한제국이 일방적으로 체결했다.

③ 통감부 설치의 계기가 되었다.

④ 국권 회복 운동이 활발해졌다.

내가 고른 답: ③ (오답) → ② (정답)

오답노트 작성하기!

*을사조약

: 외교권 박탈 / 비공식적 체결(고종 반대) / 이후 통감부 설치(1906) /

민족운동이 활발해짐 (장지연의 '시일야방성대곡', 의병 운동)

주관적인 정보　'주관적인 정보'는 개인의 감정이나 경험이 반영되어, 해석이 달라질 수 있다. 예를 들어, "《소나기》를 읽고 나니 순수한 첫사랑의 아련함이 느껴졌다"라는 정보가 이에 해당한다. 문제를 틀렸다면, 틀린 이유와 아이의 해석이 잘못 개입된 부분을 중심으로 정리해야 한다. 이때 선지를 그대로 베끼는 것이 아니라, 아이가 자신만의 언어로 풀어 쓰는 과정이 필요하다. 그래야 시간이 지나도 문장이 낯설지 않고 이해가 깊어지며, 같은 실수를 반복하는 것을 방지할 수 있다. 즉, 단순 암기가 아니라 깊이 있는 이해와 자기 점검이 학습 효과를 높이는 핵심이다.

〈윤동주 – '서시'〉에 대한 설명 중 적절하지 않은 것을 고르시오.

① 자아 성찰과 자기 반성을 담고 있다.

② 민족의식보다는 개인 내면의 고백에 가깝다.

③ 시 전체에 걸쳐 삶의 태도가 일관되게 드러난다.

④ 일제에 대한 직접적인 저항 의식을 표현하고 있다.

내가 고른 답: ② (오답) → ④ (정답)

 **오답노트 작성하기!**

*윤동주의 <서시>

틀린 이유:

: 2번을 고른 이유는 '보다는'이라는 보조사 때문. 시는 개인의 자아 성찰과 내면의 고백을 중심으로 전개되기 때문에 민족의식보다는 개인적 차원에서의 고백이 더 강조되고 있음. 올바른 선지임.

풀이과정:

: 4번이 답인 이유는 <서시>가 일제에 대한 직접적인 저항 의식을 표현한 시가 아니기 때문. 시는 개인의 고백적인 성찰과 삶의 태도에 집중. 일제에 대한 저항보다는 내면적 고뇌와 개인적 다짐이 중심.

나는 '기억할 것'을 오답노트에 적을 때 줄이 있는 공책을 사용했다. 무지 노트보다 시각적으로 깔끔해 보였고, 여러 개념을 한눈에 정리하는 데에도 훨씬 효율적이었다.

3. '생각할 것'은 전략적으로 복기

'생각할 것'은 문제에 어떻게 접근했고, 어떤 사고 과정을 거쳤는지를 점검해야 한다. 처음 문제를 접했을 때의 사고 흐름, 막혔던 지점, 떠올려야 했던 개념이나 공식을 중심으로 분석해야 한다. 특히 아이 스스로 "어떤 조건을 놓쳤는가?", "왜 이 풀이보다 다른 풀이가 더 효율적인

가?"와 같은 질문을 던지는 것이 중요하다. 이러한 과정은 단순한 풀이를 넘어, 문제를 바라보는 눈과 사고력 자체를 키우는 훈련이 된다.

 **이렇게 문제를 다시 풀어보기!**

1. 문제 위에는 유형(예: 삼각형의 닮음 조건, 이차방정식의 근과 계수 관계)과 필요한 도구(공식, 풀이 스킬 등)를 간단히 메모한다. 이렇게 해두면 비슷한 문제를 만났을 때 어떻게 접근해야 할지 감각을 익히는 데 도움이 된다.

2. 문제 해결의 전체 흐름을 따라 처음부터 끝까지 풀이 과정을 정리한다. 이때 중요한 것은 해설지를 그대로 옮겨 적는 것이 아니라, 자신의 사고 흐름에 따라 쓰는 것이다. 여기에 "여기서 직각삼각형 조건을 떠올리지 못했다"와 같이 막혔던 포인트를 중심으로 코멘트를 덧붙이면 더욱 효과적이다.

3. '한 줄 요약'으로 틀린 이유를 정리하며 마무리한다.

 **파란색으로 유형과 필요한 도구를 메모하기!**

이차방정식의 근과 계수 관계,

$\alpha + \beta = -\frac{b}{a},\ \alpha\beta = \frac{c}{a},\ a^2 + b^2 = (a+b)^2 - 2ab$(파란색으로 메모)

이차방정식 $x^2 - 5x + 6 = 0$의 두 근을 a,b라 할 때, $a^2 + b^2$의 값을 구하시오.

오답노트 작성하기!

풀이 과정:

$$a + b = 5, \quad ab = 6, \quad a^2 + b^2 = (a + b)^2 - 2ab = 25 - 12 = 14$$

틀린 이유: 처음에 근을 직접 구하는 방식을 선택해서 숫자 대입

한 줄 요약: 공식을 활용하면 근을 쉽게 구할 수 있음(빨간색으로 메모)

하지만 모든 문제를 이렇게 상세하게 오답노트로 정리하면 시간과 에너지가 낭비될 수 있다. 따라서 아이는 문제의 난도에 따라 기록 방식을 달리하는 것이 좋다. 예를 들어, 난도가 '하'인 문제는 틀린 이유만 간단히 메모하고, '중'인 문제는 놓친 개념이나 공식까지 함께 정리한다. 반면, '상' 수준의 문제는 풀이 과정을 처음부터 끝까지 다시 써 보며 사고 흐름을 복기하는 것이 실력 향상에 가장 효과적이다.

나는 '사고할 것'을 오답노트에 적을 때 줄이 없는 무지 공책을 사용했다. 수학과 과학은 도형, 그래프, 수식 등 자유로운 배치와 시각적 구

난도	하	중	상
정리 대상	틀린 이유	틀린 이유 + 놓친 개념, 공식	틀린 이유 + 놓친 개념, 공식 + 풀이 과정 전체

성이 필요한 경우가 많아, 줄 없는 공책이 사고 흐름을 자연스럽게 펼치는 데 더 적합했다. 풀이 과정을 도식이나 시각 자료로 표현하면 문제 해결 과정을 한눈에 볼 수 있어, 실전에서 응용력을 높이는 데 큰 도움이 된다. 특히 시험에서 서술형 답안지가 줄 없이 빈칸 형태로 제공되는 경우가 많기 때문에, 줄 없는 공책을 활용한 연습은 서술형 문제 대비에도 효과적이었다.

전교 1등이 말하는 오답노트 활용법

아이의 성적은 오답노트 활용에 달려 있다고 해도 과언이 아니다. 오답노트는 단순한 기록이 아니라, '작성'과 '활용'이라는 두 단계를 포함한 전략적인 학습 도구다. 따라서 아이가 오답노트를 효과적으로 활용할 수 있도록, 다음 순서를 따르면 좋다.

① 문제를 푼다.

② 채점을 한다(이때는 절대 해설지를 보지 않는다).

아이는 채점 후 바로 해설지를 보지 말고, 먼저 정답 여부만 확인한 뒤 틀린 문제를 다시 풀어보아야 한다. 만약 틀린 문제를 다시 풀지 않고 정답만 외우거나 바로 오답노트를 작성한다면, 자신의 문제점을 정확히 파악하지 못하고 단기 기억에 의존하게 된다. 실수를 분석하고 다시 풀어보는 과정을 거쳐야만, 머릿속에 개념이 정확히 자리 잡고 오답노트의 진정한 효과를 얻을 수 있다.

③ 틀린 문제를 다시 푼다.

④ 오답노트에 정리한다.

왜 틀렸는지, 아이의 풀이 과정에서 어떤 오류가 있었는지, 올바른 풀이 과정은 무엇인지, 나아가 비슷한 유형의 문제까지 함께 정리한다.

⑤ 정해진 간격으로 반복해서 활용한다.

시험 한 달 전 → 2주 전 → 1주 전 → 3일 전 → 전날 → 시험 당일

위에서 제시한 복습 주기는 내가 시험 기간 동안 직접 적용했던 방법으로, 에빙하우스의 망각곡선을 바탕으로 한 것이다. 새로운 정보는 학습 직후 금세 잊히지만, 일정한 주기로 복습하면 장기 기억으로 전환된다. 나는 한 달 전, 2주 전, 1주 전, 3일 전, 그리고 시험 전날까지 반복적으로 복습하며 기억을 조금씩 다져나갔다. 덕분에 시험 당일에는 중요한 내용이 또렷하게 떠올랐고, 학습 효과 역시 자연스럽게 극대화될 수 있었다.

오답노트는 만들어두고 방치하는 것이 아니라, 끝까지 활용할 때 그 효과가 배가된다. 아이가 오답노트를 작성하는 데 그치지 않도록, 활용 주기를 함께 점검하고, 실수에서 배우며 성장할 수 있도록 따뜻하게 이끌어주길 바란다.

수행평가는 이렇게 준비하자

많은 아이들이 수행평가를 앞두고 "뭘 해야 할지 모르겠어요"라고 말한다. 이때, 아이에게 수행평가를 어떻게 준비해야 하는지 구체적으로 알려준 적이 있는지 생각해봐야 한다. 사실 아이들이 수행평가를 어려워하는 이유는 실력이 부족해서가 아니라, 방향을 몰라 헤매기 때문이다. 아무리 열심히 노력하는 아이라도 무엇을 어떻게 준비해야 할지 모르면 시간만 낭비하고 자신감마저 떨어지기 쉽다.

따라서 부모님은 아이가 좋은 결과물을 만들 수 있도록, 수행평가에 필요한 '기본기'를 먼저 갖추도록 도와야 한다. 막연히 "열심히 해봐"라고 말하기보다는 평가 기준이 무엇인지, 어떤 형식과 내용을 갖추어야 하는지를 함께 살펴보는 것이 중요하다. 그래야 아이가 스스로 방향을 잡고 자신 있게 준비할 수 있다. 지금부터는 아이가 수행평가를 효과적으로 준비하는 데 꼭 필요한 방법들을 하나씩 확인해보겠다.

수행평가, 넌 대체 왜 존재하니?

예전에는 시험이 주로 객관식이나 단답형으로 출제되었다. 그래서 정해진 답을 외워 맞히는 데에만 집중했고, 스스로 생각하고 표현하는 능력은 기르기 어려웠다. 쉽게 말해, 책에 적힌 내용을 그대로 외우는 공부에 머물렀던 것이다. 하지만 요즘은 단순히 '아는 것'보다 그 지식을 '어떻게 활용하느냐'가 더 중요해졌다. 이를 나는 '지식 활용 능력'이라고 부른다. 1990년대부터 학교에서도 이러한 흐름에 맞춰 수행평가 제도를 도입했다. 수행평가는 과제를 수행하는 '과정'과 '결과'를 함께 평가하는 방식이다. 발표, 글쓰기, 실험 등 다양한 과제를 통해 아이는 자신의 생각을 표현하고, 배운 지식을 실제로 적용해본다. 단순 암기에 그치지 않고, 스스로 사고하고 문제 해결 능력을 키우는 것이 목적이다. 그리고 이런 능력은 오늘날 사회에서도 반드시 필요한 역량이다.

부모 입장에서는 예전처럼 성적이 숫자로 딱 떨어지지 않다 보니, 수행평가가 낯설고 어렵게 느껴질 수 있다. 하지만 수행평가는 단순히 점수를 매기기 위한 시험이 아니라, 아이가 진짜 실력을 키워가는 과정이라는 점을 이해하면 관점이 달라진다. 기존 시험이 정답을 맞혔는지 틀렸는지에 초점을 두었다면, 수행평가는 아이가 공부에 얼마나 주도적으로 참여하고, 배운 지식을 어떻게 활용하는지를 평가한다. 즉, 단순한 암기력보다 생각하는 힘, 표현하는 능력, 문제 해결력을 기르는 데 초점을 맞춘 평가다. 부모가 이 점을 이해하고 아이를 바라본다면, 점수보다는 아이가 얼마나 성장하고 있는지, 어떤 가능성을 보여주는지에 더 주목할 수 있다. 수행평가는 아이의 성장을 돕는 소중한 기회다.

지식을 정확히 알고 있는가? (단순 암기 능력)
→ 지식을 활용할 수 있는가? (지식 활용 능력)

영단어를 암기했는지 테스트를 본다.
→ 영단어를 활용해 문장을 만들 수 있는지 평가한다.

수행평가, 알고 나면 덜 억울하다

많은 아이들이 수행평가를 처음 접하면 막막하고 어렵게 느낀다. 하지만 알고 보면 그렇게 복잡한 과정은 아니다. 부모가 수행평가가 어떤 방식으로 진행되는지 유형별로 나눠 설명해주면, 아이는 훨씬 쉽게 방향을 잡을 수 있다. 수행평가는 크게 보고서 작성형, 발표·토론형, 실험·실습형, 주제 탐구형으로 나눌 수 있다. 이렇게 유형을 구분해 이해하면, 아이는 수행평가를 막연하게 받아들이는 대신 "아, 이건 이런 형식이고 이런 준비가 필요하구나." 하고 스스로 계획을 세울 수 있게 된다.

1. 수행평가의 유형과 사례

보고서 작성형 수행평가　　가장 보편적인 형태의 수행평가다. 주어진 주제에 대해 자료를 찾아보고, 그 내용을 바탕으로 자신의 생각을 정

윤동주 <서시>의 주제 의식과 현대적 의미

이름: 홍길동
소속: OO고등학교 O학년 O반 OO번
제출 날짜: OOOO년 O월 O일 O요일

1. 주제

<서시>가 오늘날 우리에게 주는 의미

2. 주제 선정 이유

윤동주의 <서시>는 일제강점기라는 시대적 배경 속에서, 자신의 삶을 성찰하고 부끄럼 없이 살고자 하는 다짐을 담고 있다. 현재를 살아가는 우리에게도 여전히 울림을 주는 작품이라 주제로 선택했다.

3. 자료 조사 내용

작품 정보: 1941년, 윤동주가 연희전문학교 재학 중 창작
시의 주제: 자기 성찰과 양심, 순수한 삶에 대한 의지
시적 특징: 1인칭 화자, 간결명료한 어휘, 반복 구조를 통한 강조

4. 나의 생각

현대 사회는 빠른 경쟁과 이익 중심의 가치관이 팽배하다. 이런 시대일수록 '하늘을 우러러 한 점 부끄럼 없기를'이라는 시인의 다짐은 더욱 소중하다. 개인적으로는 이 시를 읽으며 '나 자신을 속이지 않는 삶'에 대해 다시 생각하게 되었고, 앞으로도 매 순간 선택의 갈림길에서 양심을 기준으로 행동하고 싶다.

리해 글로 쓰는 방식이다. 이 과정을 통해 정보 찾기, 자료 정리, 논리적 글쓰기 능력 등을 키울 수 있다.

보고서를 제출할 때는 내용만 잘 쓰는 것이 아니라, 형식과 태도도 중요한 평가 요소다. 표지를 꼭 만들고, 주제·이름·소속·제출 날짜를 빠짐없이 적어주면 좋다. 또 작은 부분이지만 마무리까지 성의 있게 하는 것이 좋다. 제본까지는 아니더라도 스테이플러로 단정하게 고정하거나 마스킹 테이프로 깔끔하게 마감하면 더 좋다. 이런 세심한 차이가 보고서를 한층 돋보이게 만든다.

발표·토론형 수행평가　　보고서 작성형 수행평가를 확장한 형태의 수행평가다. 보고서 내용을 발표하거나 이에 대해 토론하는 방식으로 진행된다. 이 과정을 통해 의사소통 능력, 비판적 사고력, 자신감 등을 키울 수 있다. 발표 자료를 만들 때는 슬라이드의 완성도가 발표 전달력에 큰 영향을 미친다. 단순히 흰 배경에 검은 글씨만 넣으면 정성이 부족해 보이거나 지루하게 느껴질 수 있다. 아이가 템플릿을 활용해보도록 하면 좋다. 파워포인트 기본 디자인뿐 아니라, 미리캔버스와 같은 사이트를 이용하면 훨씬 세련되고 보기 좋은 자료를 만들 수 있다. 또한 슬라이드는 조사한 내용을 모두 적는 공간이 아니다. 핵심 키워드와 짧은 설명만 담고, 자세한 내용은 대본을 참고해 본인의 말로 자연스럽게 전달하는 것이 가장 효과적이다.

실험·실습형 수행평가 체험 중심의 수행평가다. 실험을 수행하거나, 상황을 재현해보면서 원리를 이해하는 방식이다. 이 과정을 통해 관찰력, 분석력, 협동심 등을 키울 수 있다. 실험 보고서를 작성할 때는 기본 형식을 제대로 갖추는 것이 중요하다. 실험 동기, 제목, 원리, 방법, 과정, 결과, 피드백까지 빠짐없이 정리해야 한다. 하지만 시간이 지나 보고서를 작성하면 과정이나 결과가 잘 기억나지 않을 수 있다. 따라서 실험하는 동안 바로 구체적으로 메모하는 습관을 들이는 것이 좋다. 작은 관찰까지 놓치지 않고 기록해두면 보고서의 완성도가 높아지고, 평가에서도 좋은 결과를 얻을 수 있다.

메모:

📌 엘리베이터 내 중력가속도 측정

- 올라갈 때 → 몸이 눌리는 느낌, 그래프 순간적으로 ↑
- 등속 구간 → 그래프 일정 (몇 초 유지되는지 체크)
- 멈출 때 → 그래프 순간적으로 ↓
- 내려갈 때 → 몸이 가벼워짐, 그래프 순간적으로 ↓,
　　　　　　 정지 직전 다시 ↑

⚠ 사람 많으면 진동 생김 → 가급적 혼자, 조용할 때 측정

📌 구슬 낙하 실험

- 구슬 떨어뜨리거나 바닥에 닿는 소리 → 앱이 인식하는지 확인
- 잡음(사람 말소리 등) → 간섭 가능성 있음 → 조용한 곳에서 실험
- 측정값 오차 (약 0.1~0.2초 발생) → 여러 번 반복 후 평균값 계산
- 높이 늘릴수록 시간 증가 → 경향 확인

⚠ 구슬 출발 위치 일정하게 유지
⚠ 높이 정확히 자로 측정 (눈높이 맞추기)
⚠ 최소 5회 이상 반복 후 평균값 기록

📌 추가 메모

- phyphox앱 데이터 CSV 파일 내보내기
　→ 그래프 및 수치 더 명확하게 확인 가능
- g값 계산식은 $\Delta h = \frac{1}{2} g \Delta t^2$
- 이론값($9.8\ m/s^2$)과 비교하여 오차율 계산하면 더 의미 있는 결과
　도출 가능

나의 생각:

이번 실험을 통해 중력가속도가 단순히 '$9.8\ m/s^2$'라는 수치로 고정된 것이 아니라, 관성이나 측정 환경에 따라 순간적으로 달라지는 것처럼 보일 수 있음을 알게 되었다. 특히 엘리베이터에서 체감했던 무게감 변화가 실제 수치로 확인되자, 물리 법칙이 일상 속에서 직접적으로 경험된다는 점이 흥미로웠다.

또한 구슬 낙하 실험에서는 소리로 시간을 측정하는 방법이 신선하게 느껴졌다. 완벽히 오차가 없는 값이 나오지는 않았지만, 반복 실험으로 평균을 내면서 오차를 줄일 수 있다는 점에서 과학적 실험 방법의 의미를 이해할 수 있었다.

이번 활동을 통해 물리학적 개념을 단순히 이론으로 배우는 것이 아니라, 스마트폰 앱과 일상적인 도구를 활용해 직접 측정하고 확인할 수 있다는 점에서 과학이 훨씬 가깝게 느껴졌다. 앞으로도 다양한 실험을 통해 일상 속에서 물리 개념을 찾아보고 싶다.

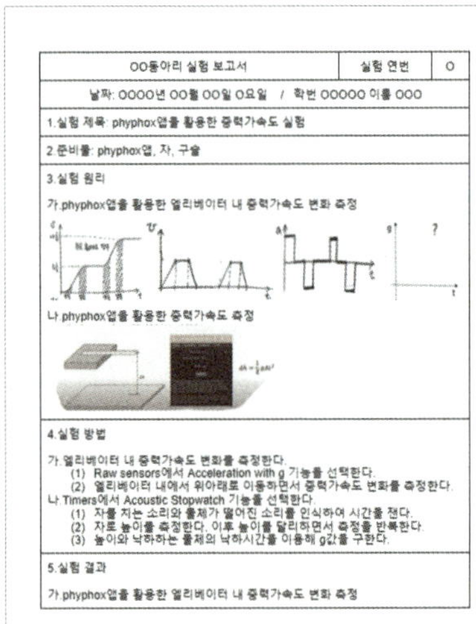

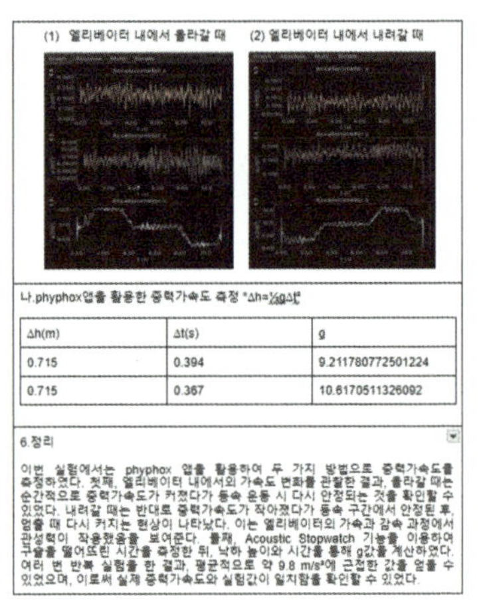

나.phyphox앱을 활용한 중력가속도 측정 "$\Delta h=\frac{1}{2}g\Delta t^2$"

Δh(m)	Δt(s)	g
0.715	0.394	9.211780772501224
0.715	0.367	10.6170511326092

6.정리

이번 실험에서는 phyphox 앱을 활용하여 두 가지 방법으로 중력가속도를 측정하였다. 첫째, 엘리베이터 내에서의 가속도 변화를 관찰한 결과, 올라갈 때는 순간적으로 중력가속도가 커졌다가 등속 운동 시 다시 안정되는 것을 확인할 수 있었다. 내려갈 때는 반대로 중력가속도가 작아졌다가 등속 구간에서 안정된 후, 멈출 때 다시 커지는 현상이 나타났다. 이는 엘리베이터의 가속과 감속 과정에서 관성력이 작용했음을 보여준다. 둘째, Acoustic Stopwatch 기능을 이용하여 구슬을 떨어뜨린 시간을 측정한 뒤, 낙하 높이와 시간을 통해 g값을 계산하였다. 여러 번 반복 실험을 한 결과, 평균적으로 약 9.8 m/s²에 근접한 값을 얻을 수 있었으며, 이로써 실제 중력가속도와 실험값이 일치함을 확인할 수 있었다.

주제 탐구형 수행평가 가장 어려운 형태의 수행평가다. 문제를 발견, 분석, 해결하는 과정을 통해 창의적인 결과물을 만드는 방식이다. 이 과정을 통해 문제해결능력, 창의력, 기획력과 표현력 등을 키울 수 있다.

인터넷에서 흔히 찾을 수 있는 주제는 다른 학생과 차별화되기 어렵다. 따라서 평소 수업 시간이나 진로탐색 시간에 어떤 주제를 탐구할지 자주 고민하는 습관이 중요하다. 평가자는 주제를 보고 학생부를 계속 살펴볼지 판단하며, 주제 선택을 통해 아이가 평소 얼마나 깊이 생각해왔는지가 드러난다.('주제 탐구형 수행평가'에 대한 자세한 내용은 '5장 최상위 합격으로 가는 학종 공략'에 나와 있다.)

2. 수행평가 제출하는 방법

보고서나 발표 자료를 실제로 제출할 때는 단순히 내용만 잘 준비하는 것만으로는 충분하지 않다. 보기 좋고 정돈된 형태로 만들어내는 능력이 반드시 필요하며, 이때 중요한 역할을 하는 것이 바로 컴퓨터 활용 능력이다.

나는 초등학교 시절부터 한글, 엑셀, 파워포인트 같은 기본 프로그램을 익혔고, ITQ와 GTQ 같은 자격증도 취득했다. 덕분에 수행평가를 준비하는 데 큰 어려움이 없었다. 보고서나 발표 자료를 만들 때도 시간이 덜 걸렸고, 발표나 토론을 준비할 때도 훨씬 효과적이었다. 자연스럽게 공부할 시간을 최대한 확보할 수 있었다.

컴퓨터 활용 능력은 단순한 편의 기능이 아니라, 협업과 효율적인 학습에도 직접적인 영향을 준다. 아이들이 수행평가에서 억울한 상황을 겪지 않으려면, 기본적인 컴퓨터 활용 능력을 반드시 갖추어야 한다. 꼭 자격증까지 취득할 필요는 없지만, 보고서나 발표 자료를 처음부터 끝까지 혼자 완성할 수 있는 수준은 되어야 한다. 모르는 기능이 있으면 검색 엔진이나 유튜브를 활용해 실제 화면을 보며 따라 해보도록 안내하면 된다. 이렇게 반복해서 연습하면 보고서 작성, 발표 자료 제작, 데이터 정리 능력이 자연스럽게 향상된다. 기본적인 활용 능력만 갖춰도 수행평가 결과물의 퀄리티는 크게 달라진다. 문서 작성은 아이의 생각과 역량을 보여주는 중요한 도구이므로, 지금부터 조금씩 연습해두면 나중에 큰 차이를 만들 수 있다.

수행평가에서 만점을 받으려면?

1. 평가기준표를 함께 점검하기

아이가 수행평가에서 좋은 점수를 받으려면, 꼭 도와줘야 할 부분이 있다. 바로 '평가기준표'를 꼼꼼히 확인하는 습관을 잡아주는 것이다. 대부분의 수행평가는 평가 기준이 구체적으로 안내된다. 선생님이 어떤 부분을 중점적으로 보는지, 어떤 방식으로 준비해야 하는지가 모두 평가기준표에 담겨 있다. 그런데 많은 아이들은 이 평가기준표를 꼼꼼히 읽지 않고, 책가방 속에 넣어둔 채 막연히 과제만 붙들고 고민하는 경우가 많다. 이렇게 방향 없이 열심히만 하면, 중요한 부분을 놓치고 엉뚱한 데 힘을 쓰게 된다. 따라서 아이가 수행평가를 시작하기 전에 반드시 평가기준표를 확인하도록 해야 한다. 만약 평가기준표가 따로 제공되지 않았다면, 선생님께 직접 여쭈어보는 것도 좋은 방법이다. 평가기준표의 항목을 하나씩 일일이 체크하며, 기준에 맞춰 준비하도록 아이를 이끌어준다. 수행평가에서 좋은 결과를 얻는 가장 확실한 방법은 이미 정해진 기준을 성실히 따르는 것이다. 정답은 이미 주어져 있으며, 아이에게 필요한 것은 그 기준을 놓치지 않고 꾸준히 실천하는 태도라는 점을 꼭 알려줘야 한다.

2. 모든 과제에 100% 쏟아 붓지 않기

수행평가는 크게 두 가지로 나눌 수 있다. 하나는 정답이 있는 과제이고, 다른 하나는 정답이 없는 과제다. 먼저 정답이 있는 과제는 비교적 수월하다. 예를 들어 모범 답안이 있는 빈칸 채우기 과제처럼, 정해진 평가 기준만 충족하면 되기 때문이다. 이런 경우에는 며칠 밤을 새워 고민하지 말고, 최대한 짧은 시간 안에 기준에 맞는 결과물을 완성하는 것이 핵심이다.

나는 학창 시절, 어떤 과제든 무조건 최선을 다해야 한다는 생각에 사로잡혀 있었다. 그래서 정답이 정해진 과제에도 필요 이상으로 많은 시간을 쏟곤 했다. 그 모습을 보신 어머니는 늘 기특해하시면서도 안쓰럽게 여기셨다. 지금 돌아보면, 공부는 단거리 달리기가 아니라 마라톤이기 때문에 지치지 않으려면 힘을 조절하는 법을 배우는 것이 꼭 필요하다고 생각한다.

다음으로 정답이 없는 과제는 상대적으로 어렵다. 자유 주제로 발표하거나 창의적인 결과물을 만들어야 하는 경우가 여기에 해당한다. 정해진 답이 없기 때문에 아이 스스로 아이디어를 떠올리고, 구상부터 표현까지 전 과정을 주도적으로 완성해야 한다. 마치 하얀 도화지 위에 처음부터 그림을 그리는 것처럼 막막할 수 있지만, 시간과 노력을 투자할수록 완성도가 높아진다. 따라서 수행평가에서는 정답이 있는 과제는 효율적으로 최소한의 시간만 투자하고, 절약한 시간을 정답이 없는 과제에 집중하는 전략이 필요하다. 이것이 수행평가를 현명하게 준비하는 방법이다.

수행평가는 아이에게 꼭 필요한 훈련이다

요즘 교육은 단순한 암기에서 벗어나 스스로 문제를 해결하는 능력, 즉 문제 해결력에 더 집중하고 있다. 수행평가 역시 점수를 위한 시험이 아니라, 아이들이 실제 생활에서 꼭 필요한 능력을 기르는 훈련으로 변화하고 있다. 이를 통해 아이들은 단순히 지식을 외워 쓰는 사람이 아니라, 스스로 생각하고 문제를 해결할 줄 아는 사람으로 성장하게 된다.

수행평가는 21세기에 꼭 필요한 핵심 역량인 문제 해결력을 기르는 효과적인 방법이다. 아이들은 수행평가를 하면서 실제 문제 상황에 맞닥뜨리고, 고민하며 자료를 찾고, 해결책을 만들어내는 과정을 경험한다. 이렇게 직접 부딪히고 해결해나가는 과정을 거치면서 자연스럽게 문제 해결 능력을 키워갈 수 있다.

정리하면, 수행평가는 단순히 공부를 잘하게 만드는 도구가 아니다. 사회에서 필요한 능력을 기르는 과정이며, 그 핵심은 아이가 자신의 일을 스스로 책임지고 해결하는 힘을 키우는 데 있다. 예를 들어 수행평가를 준비하면서 필요한 준비물을 챙기고, 발표 자료를 만들며 가위질 하나까지 직접 해보고, 모르는 내용이 있으면 용기를 내어 질문하고 도움을 구하는 경험들. 이런 소소한 과정들이 쌓이면서 아이는 점차 '혼자서도 해낼 수 있다'는 자신감을 갖게 된다. 누군가 대신해주는 것이 아니라, 스스로 부딪히고 실수하며 해결해보는 경험이야말로 진짜 교육이다. 결국 우리가 아이에게 가르쳐야 할 것은, 삶 속에서 마주하는 문제들을 스스로 감당하고 풀어갈 힘이다.

전교 1등이 말하는 학원 선택법

중학교 시기는 아이가 본격적으로 성적 경쟁에 뛰어들고, 진로 고민을 시작하는 시기다. 이때 어떤 학원을 선택하느냐에 따라 공부 습관과 학업 성취도는 물론, 고등학교 진학 전략까지 달라질 수 있다. 하지만 학원 종류도 다양하고 홍보도 넘쳐나, 어떤 기준으로 학원을 선택해야 할지 막막할 때가 많다. 그래서 부모님께서 학원을 고를 때 꼭 확인해야 할 핵심 기준들을 하나씩 정리했다. '내 아이에게 꼭 맞는 학원을 찾겠다'는 마음으로 끝까지 꼼꼼히 읽어보길 바란다.

1. 학습 효과

학원을 선택할 때 가장 먼저 확인해야 할 것은 '학습 효과'다. 단순히 유명하거나 수강생이 많다고 해서 우리 아이에게도 효과적이라는 보장은 없다. 필요한 과목을 모두 수강할 수 있는지, 수업 난도가 아이 수준에 맞는지, 강사진이 믿을 만한지, 성적 향상 사례가 실제로 확인 가능한지 꼼꼼히 따져보아야 한다.

필요한 과목을 모두 수강할 수 있다　　중학생이 되면 국어, 영어, 수학은 물론 과목이 10개 가까이 늘어나고, 학습 내용도 점점 심화된다. 이때 한 학원에서 여러 과목을 체계적으로 관리해준다면, 학습 부담을 줄이고 집중력을 높이는 데 큰 도움이 된다.

① 커리큘럼이 체계적인가?

각 과목마다 수준별 반편성, 진도 계획, 정기 평가, 오답 관리가 철저히 이루어져야 한다.

② 부족한 과목에 대한 추가 수강이 가능한가?

아이마다 어려워하는 과목이 다르고, 시험을 앞두고 단기 집중이 필요한 시점도 있다. 이때 수업을 추가하거나 반을 이동하는 등 유연한 운영이 가능한 곳인지 확인해야 한다.

여러 학원을 다니면 이동 시간이 늘어나고 체력 소모가 커져 오히려 실제 공부할 시간은 줄어든다. 겉으로는 공부량이 늘어난 것처럼 보이지만, 집중력과 학습의 질은 쉽게 떨어진다. 또 여러 선생님에게 배우다 보면 아이의 약점이나 학습 성향을 제대로 파악하기 어렵다. 반면 한 학원에 꾸준히 다니면 아이의 성향에 맞춰 시간표를 조정하고, 과목 간 연계 학습을 자연스럽게 설계할 수 있어 학습 흐름을 유지하는 데 훨씬 유리하다.

 학원 수업의 질이 아무리 높아도 아이의 현재 수준과 맞지 않으면 오히려 역효과를 낼 수 있다. 예를 들어 아이의 수준보다 어려운 수업은 별도의 선행학습이 필요할 수 있고, 수업을 따라가기 힘든 경우에는 보충 지도가 반드시 뒤따라야 한다.

① 수업 전에 선행학습이 필요한가?

어떤 학원은 이미 배운 경험이 있는 아이들을 대상으로 수업을 구성하기도 한다. 이런 반에서는 개념 설명보다는 문제풀이와 응용 위주의 수업이 진행되기 때문에, 처음 배우는 아이는 내용을 따라가기 어려울 수 있다. 따라서 학원 등록 전에 해당 반의 수업 구성과 대상 수준을 정확히 확인하고, 선행학습이 필요한 경우 어느 정도 준비가 되어 있어야 하는지도 미리 살펴보는 것이 좋다.

② 부족한 과목에 대한 보충수업이 가능한가?

수업 수준이 아이에게 적절하더라도 진도가 빠르거나 이해할 시간이 부족하면 별도의 보충이 필요할 수 있다. 일부 학원은 보충수업을 제공하지 않아 과외나 추가 수업을 병행해야 하는 경우도 있다. 이렇게 되면 학원 수업이 완결된 형태가 아니라 일부만 채워주는 역할에 그칠 수 있다. 따라서 수업 진도뿐만 아니라 개별 보충 시스템, 질의응답 시간, 오답 관리 등 운영 방식도 꼼꼼히 확인해야 한다.

강사진의 수준이 높다　　좋은 강사를 판단할 때 흔히 참고하는 기준은 경력과 인지도다. 하지만 겉으로 드러난 경력이나 이름값만으로 판단하는 것은 위험할 수 있다. 따라서 강사의 경력과 인지도가 형성된 배경과 이유를 꼼꼼히 살펴보는 것이 중요하다.

① 해당 학원에서의 경력은 어떠한가?

강사가 한 학원에서 얼마나 오래 강의했는지 확인하는 것이 중요하다. 이는 학원 내부에서의 신뢰뿐만 아니라 학생과 학부모로부터 꾸준히 좋은 평가를 받아왔다는 증거이기도 하다. 따라서 단순한 경력 연차보다는 해당 학원에서 몇 년간 강의를 해왔는지를 살펴보는 것이 더 의미 있다.

 ② 인지도가 높은 이유는 무엇인가?

특정 지역이나 과목에서 이름만 들어도 알 정도로 유명한 강사는 대체로 수업 만족도가 높고 성적 향상 사례도 많다. 그러나 그 인지도의 이유를 확실히 확인하는 것이 중요하다. 단순히 외모나 말솜씨로 인기를 얻었는지, 아니면 실제로 성적 향상에 도움이 되는 교수법과 체계적인 관리가 뒷받침되는지를 살펴봐야 한다.

중·고등학교 시절, 나는 학원에서 최상위권 반에 있었지만, 그 안에서도 인지도가 높은 강사의 수업을 고집했다. 중학교 때는 목동 씨앤씨의 P선생님, 고등학교 때는 하이씨앤씨의 J선생님 영어 수업을 들었는데, 두 분 모두 지역에서 이름이 널리 알려져 있었고, 실제 수업도 뛰어났다. 특히 학생 한 명 한 명에게 보여주시는 관심이 남달랐다. 수업 시간에는 땀을 흘리며 열정을 쏟으셨고, 새벽에 보낸 질문 문자에도 바로 답장을 주셨다. 덕분에 영어 성적은 눈에 띄게 향상될 수 있었다. 좋은 팀이 좋은 선수를 만든다는 말처럼, 훌륭한 학원은 뛰어난 강사가 만들어가고, 좋은 수업은 결국 성적 향상으로 이어진다는 것을 몸소 경험했다.

실제 성적 향상 사례가 많다　　학원을 선택할 때, "여기 다니고 성적 오른 학생이 정말 많다"는 말을 자주 들어보았을 것이다. 물론 이 말이 사실일 수도 있지만, 단순한 마케팅 문구일 가능성도 있다. 따라서 누가, 어느 수준에서, 얼마나 올랐는지와 같은 구체적인 사례와 맥락까지 함께 살펴보는 것이 중요하다.

① 성적 향상이 골고루 이루어지는가?

어떤 학원은 상위권 학생들의 성적 향상 사례만 강조하기도 한다. 하지만 더 중요한 것은 전체 학생들의 평균 실력 향상이다. 최상위권뿐 아니라 중위권, 하위권 학생들도 성적이 올랐는지, 그리고 성적이 한두 달만 반짝 오른 것이 아니라 꾸준히 향상되는 구조인지 확인해야 한다. 이러한 흐름을 살펴야만, 그 학원이 시스템적으로 성적 향상을 이끌어내는 곳인지 판단할 수 있다.

② 성적 향상 데이터의 진짜 이유는?

학원에서 "수학 전교 1등 3명 배출!"이라고 홍보할 때, 그 학생들이 원래 전교 1등이었는지, 성적이 올랐다면 그 이유가 무엇인지 파악하는 것이 중요하다. 수업 시스템 덕분인지, 강사가 성적 관리와 오답 피드백을 잘 해주었는지 등 구체적인 이유를 살펴야 한다. 이러한 정보를 알아야 그 학원이 우리 아이에게 부족한 부분을 채워줄 수 있는 곳인지 판단할 수 있다.

상위권 학생들은 원래 스스로 공부를 잘하는 경우가 많아, 꼭 학원을 옮기지 않아도 좋은 성적을 유지할 수 있다. 따라서 단순히 '전교 1등이 다닌다'는 이유만으로 학원의 수준을 판단하는 것은 위험하다. 중요한 것은 그 학원이 실제로 성적 향상에 기여했는지, 아니면 이미 잘하는 학생이 다닌 것뿐인지를 냉정하게 살펴보는 것이다.

2. 학습 분위기 및 관리

아이가 집중해서 공부할 수 있는 환경과 체계가 갖춰진 학원인지 확인하는 것이 중요하다. 아무리 수업이 좋아도 학원의 분위기나 관리가 제대로 뒷받침되지 않으면 학습 효과는 떨어질 수 있기 때문이다. 따라서 학원의 분위기가 아이에게 적합한지, 수업 규모와 인원은 적절한지, 출결과 숙제 관리는 체계적으로 이루어지는지, 나아가 고등학교 진학에도 도움을 줄 수 있는지 꼼꼼히 살펴봐야 한다.

학원 분위기가 학구적이다　학원에 들어서면 가장 먼저 느껴지는 것이 바로 공부 분위기다. 수업 시간에 잡담이 많거나 쉬는 시간마다 소란스럽고 산만하다면 집중력이 떨어지고 수업 효과도 반감될 수밖에 없다. 반대로 모두가 진지하게 공부하는 분위기에서는 우리 아이도 자연스럽게 긴장감을 가지고 수업에 임하게 된다. 마찬가지로 공부 습관도 더 빨리 자리 잡게 된다.

나는 학원을 선택할 때 무엇보다 학습 분위기가 나와 잘 맞는지를 가장 중요하게 생각했다. 수업 전이나 쉬는 시간에 학원을 직접 방문해 분위기를 살펴보고, 이미 다니고 있는 친구들에게 수업 분위기와 학생들의 태도에 대해 구체적으로 물어보기도 했다. 학원에 등록한 뒤에도 마음을 놓을 수는 없었다. 수업 분위기를 흐트리는 학생이나 쉬는 시간에 지나치게 소란스러운 학생이 새로 들어오면, 바로 선생님께 말씀드리곤 했다. 그때마다 선생님께서 신속하게 조치해주서서 학습 환경을 지킬 수 있었다. 이런 작은 노력과 꾸준한 피드백이 쌓여야 비로소 우리 아이에게 맞는 집중 환경을 만들어갈 수 있다.

수업 규모와 인원이 적절하다　　학원마다 수업 규모와 인원은 천차만별이다. 어떤 아이는 소수정예 수업에서 1:1에 가까운 피드백을 받는 것을 선호하는 반면, 또 어떤 아이는 30~40명 규모의 큰 반에서 경쟁하며 공부하는 것을 더 좋아한다. 따라서 아이가 어떤 환경에서 더 잘 집중하고 학습 효율이 높아지는지를 고려해, 아이에게 맞는 수업 규모와 인원을 선택하는 것이 중요하다.

　나는 학습 목적에 따라 수업 규모와 인원을 달리 선택했다. 내신 대비 수업은 시험 범위에 맞춘 세밀한 피드백과 개별 관리가 무엇보다 중요했기 때문에, 소수정예 수업을 선호했다. 선생님께서 나의 약점을 빠르게 파악하고 숙제와 오답까지 꼼꼼히 챙겨주신 덕분에 내신 성적 향상에 큰 도움이 되었다. 반면, 모의고사 대비 수업은 실제 시험과 비슷한 긴장감 속에서 다양한 풀이법을 익히는 것이 중요했다. 그래서 규모가 크고 경쟁이 치열한 반을 선택했다. 친구들과 실력 차이를 느끼며 자연스럽게 집중할 수 있었고, 덕분에 실전 감각도 키울 수 있었다.

출결 및 숙제 관리가 철저하다　　학원 수업은 듣는 것만큼이나, 수업 전후의 관리가 성적에 큰 영향을 미친다. 결석했을 때 보강이 가능한지, 숙제를 제대로 하지 않았을 때 선생님이 부모님께 직접 연락하는지, 따로 숙제를 봐주는 시간이나 수업 후 남아 보충할 기회를 제공하는지 등을 꼼꼼히 확인하는 것이 중요하다. 이러한 관리가 있어야 아이 스스로 긴장감을 유지하고 규칙을 지킬 수 있다.

　나는 대부분 최상위권 반에서 수업을 들었는데, 진도가 빠르고 숙제도 많아 처음에는 따라가기 쉽지 않았다. 단순히 수업만 듣는 것으로는 내용을 충분히 소화하기 어려운 순간도 있었다. 한때는 '이 반에서 계속 버틸 수 있을까' 하는 생각이 들었고, 집에 돌아오는 길에는 눈물이 나기도 했다. 하지만 담당 선생님은 수업 후 별도의 수강료 없이 보충 설명을 해주시거나, 주말 시간을 내어 부족한 부분을 채워주셨다. 선생님의 세심한 배려와 관리 덕분에 점차 수업에 적응할 수 있었고, 마침내 반 분위기도 자연스럽게 따라갈 수 있었다.

고교 진학 상담이 가능하다　　중학생 때는 내신과 수행평가를 챙기는 것도 중요하지만, 고등학교 진학을 염두에 두고 조금 더 긴 계획을 세우는 것이 필요하다. 학생부 관리, 중3 여름방학부터 시작할 선행학습,

고등학교 선택을 위한 상담 등 준비해야 할 일이 많기 때문이다. 이때 진학 경험이 풍부한 선생님이나 전문 컨설턴트의 도움을 받을 수 있다면, 그 학원은 단순한 수업 공간을 넘어 진정한 교육 파트너가 될 수 있다. 특히 특목고, 자사고, 일반고 등 진로에 따라 공부 방향이 달라지기 때문에, 이를 잘 지원해주는 학원이라면 큰 장점이 있다.

나는 중1 때 학원 선생님의 추천으로 고입 전문 컨설팅 상담을 받았다. 당시 선행반에서 꾸준히 월반하며 남은 건 KMO(한국수학올림피아드) 준비반뿐이어서, 자연스럽게 KMO 준비반에 들어가 영재학교나 과학고 진학을 목표로 수업을 들었다. 수학뿐 아니라 물리 I · II, 화학 I · II 수업도 병행했다. 하지만 학교 내신에 집중해야 할 시기가 오면서 학원 수업을 중단하고 학교 공부에 전념하게 되었다. 중3 때 다시 학원 선생님의 권유로 고입 컨설팅 상담을 받았고, 민족사관고등학교 진학을 목표로 본격적인 준비를 시작했다. 중3 2학기부터는 학교와 학원을 오가며 입시 준비에 몰두했다. 결과적으로 고입에는 실패했지만, 준비 과정에서 많은 것을 배우고 성장할 수 있었다. 이 경험은 이후 학업과 진로 선택에도 큰 도움이 되었다.

3. 시험 대비

아이가 시험 대비에서 실질적인 도움을 받을 수 있는 학원인지 반드시 확인해야 한다. 아무리 좋은 학원이라도 우리 아이에게 맞지 않으면 효과가 크지 않기 때문이다. 중간 · 기말고사와 수행평가를 개별적으로 지도하는지, 복습과 테스트, 오답 관리 시스템이 잘 갖춰져 있는지, 꾸준한 관심과 피드백이 이루어지는지 꼼꼼히 살펴보는 것이 중요하다.

지필고사와 수행평가 대비가 철저하다 학원 수업은 단순히 개념을 배우는 데 그치지 않고, 내신과 수행평가에 초점을 맞춰야 한다. 하지만 일부 학원은 개념 위주의 진도나 모의고사 대비 수업만 진행하는 경우도 있다. 따라서 학원을 선택할 때 중간·기말고사 직전에 학교 범위에 맞춘 집중 수업이 이루어지는지, 학교별 기출문제나 예상 문제가 제공되는지, 수행평가에 필요한 작문, 발표, 실험 보고서 등을 지도해주는지 꼼꼼히 확인하는 것이 중요하다.

나는 시험 한 달 전부터 학원에서 학교별 시험 대비 자료를 체계적으로 받았다. 같은 학교 최상위권 학생들이 많아 특정 교사의 출제 경향까지 분석할 수 있었고, 덕분에 철저히 준비해 시험에서 좋은 성적을 얻을 수 있었다. 수행평가 준비가 필요할 때는 평가에 맞는 자료를 함께 찾아보고, 작성한 내용을 첨삭받았다. 발표나 보고서도 더 완성도 있게 준비할 수 있었고, 실제 수행평가와 대회에서도 좋은 결과를 얻을 수 있었다. 이 경험을 통해, 학원이 내신을 위한 전략적 수업인지, 단순히 진도만 나가는 수업인지 구분하는 것이 얼마나 중요한지 깨닫게 되었다.

복습/테스트/오답관리 시스템이 체계적이다 수업을 듣고 복습한 뒤, 틀린 문제를 어떻게 정리하느냐에 따라 실력이 달라진다. 하지만 많은 아이들은 틀린 문제를 정확히 이해하기보다는 새로운 문제를 푸는 데에만 집중한다. 좋은 학원은 단순히 수업으로 끝나지 않는다. 매시간 소단원 테스트, 정기적인 누적 테스트, 오답 정리와 재풀이 시스템을 제공한다. 특히 매주 테스트 결과에 따라 선생님이 오답노트를 확인하고 문제풀이 습관이나 약점을 짚어주어야 한다. 이렇게 체계적인 관리가 이루어질 때, 우리 아이의 성적은 눈에 띄게 향상될 수 있다.

나는 고2 때까지 수학의 최고난도 문제를 마주하면 늘 두려웠다. '1등급은 맞을 수 있어도, 모의고사 30번 문제는 절대 풀 수 없어'라는 생각이 머릿속을 지배했다. 그래서 당장 그 순간을 피하려고 풀이 과정을 외워버렸고, 시간이 지나면 금세 잊어버리곤 했다. 그럴 때마다 수학 학원 선생님은 내가 틀린 문제들을 모아 다시 풀어보도록 이끌어주었다. 그렇게 최고난도 문제에 계속 도전하면서, 이해할 수 있는 풀이 과정의 비중이 점점 커졌고, 두려움도 서서히 사라졌다. 학원 선생님은 아이가 자신의 약점과 끊임없이 마주하고, 실패를 경험하며, 다시 일어설 수 있도록 곁에서 지켜보고 도와주는 존재여야 한다.

개별적인 관심과 피드백이 있다　　시험 대비의 핵심은 결국 학원 선생님이 우리 아이의 약점을 파악하고 체계적으로 관리해주는 데 있다. 같은 시험 범위라도 A학생은 서술형에 약할 수 있고, B학생은 사소한 개념을 외우는 데 어려움을 겪을 수 있다. 좋은 학원은 이러한 차이를 무시하지 않고, 각 학생에게 필요한 맞춤형 피드백을 제공한다. 특히 시험 전 상담 시간에 아이가 본인의 약점을 선생님과 함께 진단하고, 그에 맞는 문제집이나 학습 전략을 추천받는다면 큰 도움이 된다.

나는 다른 학생들보다 문제집을 2~3권 더 풀고, 문제 수도 평균보다 400~500문제 이상 더 많이 풀었다. 이렇게 학원 커리큘럼을 넘어서는 학습량은 선생님께 부담이 될 수도 있었지만, 선생님은 기꺼이 도와주셨다. 문제집을 추천해주시거나 문제은행에서 별도로 문제를 뽑아주시며, 자기주도학습을 적극적으로 지원해주셨다. 덕분에 단순히 진도를 따라가는 수준을 넘어 심화학습까지 진행할 수 있었다.

4. 위치 및 시간

아이가 공부하는 데 있어 학원의 위치와 수업 시간이 적절한지 반드시 확인해야 한다. 아무리 좋은 학원이라도 통학이 어렵거나 수업 시간이 아이의 일상과 맞지 않으면 학습 효과가 떨어질 수 있기 때문이다. 따라서 집과 가까워 통학이 편리한지, 수업 시간이 아이 일정과 잘 맞는지 세심하게 살펴보는 것이 중요하다.

통학이 편리하다　　가장 좋은 학원은 집에서 가까운 학원이다. 통학 시간이 짧을수록 아이의 에너지 소모가 줄고, 학원에 대한 거부감도 적어진다. 특히 부모님이 직접 픽업할 수 있다면 아이에게 큰 도움이 된다. 대중교통을 이용해야 할 경우에는 버스나 지하철이 자주 다니는지, 도보 이동 시 안전한지도 꼼꼼히 확인하는 것이 중요하다.

초·중·고등학교 시절, 동네 학원과 목동 학원을 다녔다. 목동 학원까지는 부모님이 차로 데려다주시면 약 20분, 버스로는 40분 정도 걸렸다. 버스 안에서 단어를 외우거나 복습을 하기도 했지만, 왕복 1시간 20분의 통학도 결코 가벼운 피로는 아니었다. 학업은 마라톤처럼 체력과 집중력이 중요한 만큼, 통학 시간이 짧을수록 장기적으로 유리하다고 느꼈다. 친구들 중 일부는 대치동 학원을 선택해 더 좋은 환경에서 유명하고 실력 있는 강사의 수업을 들었다. 그러나 먼 길을 오가며 얻는 이점이 크지 않다고 생각했다. 오히려 목동에서 원하는 수준의 수업과 성과를 충분히 얻을 수 있었다. 결국 중요한 것은 이름값 높은 학원이 아니라, 아이에게 맞는 학습 환경과 꾸준한 학습이다. 친구를 따라 학원을 옮기기보다는, 아이에게 맞는 곳에서 꾸준히 실력을 쌓는 것이 훨씬 현명한 선택이다.

수업 시간이 일정과 맞다　　학원 수업 시간도 매우 중요하다. 하교 후 학원 수업까지의 공백이 너무 길면 그만큼 시간 낭비와 집중력 저하가 발생할 수 있다. 적당한 휴식과 저녁식사 후에 학원 수업에 참여할 수 있다면 더할 나위 없이 좋다. 특히 주말 아침 시간을 잘 활용하면 의외로 높은 학습 효율을 얻을 수 있다. 많은 아이들이 아직 잠들어 있는 시간에 먼저 공부를 시작하면, 자연스럽게 앞서나갈 수 있기 때문이다.

중·고등학교 때 나는 학교 수업이 끝나면 1시간 정도 쉬었다가 학원 수업을 들으러 갔다. 그 시간 동안 학원으로 이동하며 저녁을 먹고, 차 안에서 잠깐 눈을 붙이는 것이 일상이었다. 주말 아침도 누구보다 알차게 보냈다. 초등학교 때는 토요일 아침마다 목동 와이즈만 영재교육 센터에서 창의력 수업을 들었고, 일요일 아침에는 목동 하이스트 학원에서 중·고등 선행 수업을 들었다. 어린 나이에 매주 주말마다 일찍 일어나는 것은 쉽지 않았지만, 그만큼 보람 있고 의미 있는 시간이었다. 특히 지금도 잊히지 않는 학원 선생님의 말씀이 있다. "남들이 놀 때 혼자 공부하는 게, 그렇게 짜릿하지 않니?" 이 말은 내 마음속에 깊이 남아, 공부에 대한 태도를 다잡는 계기가 되었다.

5. 비용 대비 효율

학원비가 아이의 학습 효과와 비례하는지 반드시 확인해야 한다. 단순히 비용이 높다고 해서 좋은 학원은 아니기 때문이다. 지나치게 비싼 학원은 아이에게 경제관념을 혼동시킬 수 있으므로, 다른 학원과 비교해 수강료가 적절한지, 장학금이나 할인 혜택이 충분히 마련되어 있는지도 꼼꼼히 살펴보는 것이 좋다.

수강료가 적절하다　수강료가 적절한지 판단할 때는 단순히 가격만 비교해서는 안 된다. 강의의 질과 함께 추가로 드는 비용도 함께 고려해야 한다. 강사 1인당 학생 수, 1시간당 수강료, 교재비나 특강비가 추가로 발생하는지 등을 기준으로 비교해보면 된다. 이 학원의 수강료가 다른 학원과 비교했을 때 합리적인지 꼼꼼히 확인하는 것이 좋다.

① 강사 1인당 학생 수: 한 강사가 너무 많은 학생을 담당하면 개인적인 피드백이 어렵고, 수업 밀착도가 떨어질 수 있다.

② 1시간당 수강료: 월 단위 가격을 비교하지 말고, 수업 총시간 대비 가격을 비교해봐야 한다.

③ 교재 비용: 학원비와는 별도로 교재를 따로 구입해야 하는 경우가 많기 때문에, 이를 포함한 총비용을 계산해야 한다

④ 시험 대비 추가 비용: 중간·기말고사 기간에 별도의 특강이나 집중반이 개설되는 경우, 추가 수강료가 부과되는지 여부도 확인이 필요하다.

장학제도나 할인 혜택　　아이는 학원이 부모님의 노력과 희생으로 얻은 기회임을 이해해야 한다. "전기세 내러 학원 왔니?"라는 말처럼, 책임감 없는 태도는 가볍게 볼 일이 아니다. 아이는 주어진 기회에 감사하며 최선을 다해 공부하고, 성취를 통해 가정의 부담을 덜 수 있어야 한다. 이러한 이유로 장학 제도나 할인 혜택을 적극 활용하는 것도 좋다. 많은 학원에서는 과목별 성적 기준(예: 상위 10%, 특정 등급 이상)에 따라 수강료를 최대 100%까지 지원하는 장학 제도를 운영하고 있다. 나는 중학교 시절부터 영어학원 수강료를 정가로 낸 적이 거의 없다. 학원에서는 학교 내신 성적에 따라 수강료를 깎아주는 장학 제도를 운영했

는데, 중학교 때는 매번 100점을 받아 수강료를 전액 환불받았고, 고등학교 때도 꾸준히 상위 1% 성적을 유지해 절반을 감면받을 수 있었다. 성적이 좋다는 만족감도 있었지만, 무엇보다 나의 노력으로 집의 경제적 부담을 조금이라도 덜 수 있다는 점이 더 뿌듯했다. 이 경험은 공부에 대한 책임감과 동기를 한층 더 키워주는 계기가 되었다.

우리 아이에게 이상적인 학원이란?

"국어, 영어, 수학 다 보내긴 하는데… 이게 맞는 걸까?" 많은 부모님이 학원 선택을 두고 이렇게 고민한다. 남들이 다 보내니까 보내긴 했지만, 아이가 잘 따라가고 있는지, 정말 효과가 있는지 확신이 서지 않는 경우가 많다. 성적이 오르는지만 보기보다는, 아이가 공부에 대한 태도와 습관, 학습 방향을 제대로 잡아가고 있는지도 함께 살펴보는 게 좋다. 이것이 오히려 더 중요한 판단 기준이 된다.

1. 아이를 학원에 맡기지 마라

학원은 아이 공부를 돕는 곳이지, 대신 책임져주는 곳이 아니다. 그런데 요즘 부모님들은 학원에 의존하는 경향이 커지고 있다. 집에서 공부를 안 하니 학원이라도 보내야 한다는 생각, 또 요즘 아이들이 다 학원에서 배우니까 우리 아이도 학원에서 해결해야 한다는 생각이 지배

적이다. 이런 태도는 오히려 아이의 공부 자율성을 떨어뜨릴 수 있다. 부모님은 아이가 '학원이 모든 걸 해결해줄 거다'라는 착각에서 벗어나도록 도와야 한다.

학원은 공부의 전부가 아니라, 도움을 받기 위한 하나의 수단일 뿐이다. 좋은 성적을 얻으려면, 아이 스스로 학원 수업을 어떻게 활용할지 고민하고, 그에 맞춰 공부 계획을 조정하는 능력이 필요하다. 시키는 대로만 하는 수동적인 태도에서 벗어나, 학원에서 배운 내용을 집에서 어떻게 소화하고 연결할지 주도적으로 설계할 수 있어야 한다. 학원이 공부의 중심이 되면, 학원 없이 공부를 이어가기 어렵다. 진짜 실력은 학원 밖에서 만들어진다는 사실을 아이가 자연스럽게 느낄 수 있도록 해줘야 한다.

2. 공부 습관과 방향을 설계하기

공부는 단순히 앉아서 문제만 푸는 것이 아니라, 습관과 방향을 가지고 꾸준히 이어가는 과정이다. 그런데 요즘 학원들은 문제 푸는 스킬이나 정답 맞히는 방법 등 실전 지식에만 초점을 맞추는 경우가 많다. 더군다나 아이가 스스로 공부 습관을 잡고 방향을 정하는 것은 부담이 될 수 있다. 공부 습관이 없는 아이는 금세 실력이 무너진다. 반면, 공부를 잘하는 아이들은 모두 자신만의 루틴을 가지고 있고, 이 루틴을 만들려면 좋은 가이드가 필요하다.

단순히 숙제만 내주는 학원보다는, 아이가 스스로 계획을 세우고 공부 시간을 꾸준히 확보하며, 작은 성취를 반복할 수 있도록 돕는 시스템이 있는 학원을 선택한다. 또한 방향 없이 공부하면 아무리 열심히 해도 제자리걸음을 하게 된다. 과목을 왜 배우는지, 어떤 순서로 공부해야 하는지, 지금 무엇을 놓치고 있는지 알려주는 학원이 필요하다. 그래야 아이가 공부를 스스로 생각하며, '공부를 시켜야 하는 아이'에서 '공부를 설계하는 아이'로 성장할 수 있다.

3. 빠르고 구체적인 피드백은 필수

학원에서 전하는 피드백이 "숙제를 안 해왔어요", "시험 점수가 올랐어요" 수준이라면, 학원과의 소통이 단편적일 수 있다. 좋은 학원은 아이의 공부 과정을 전체적으로 피드백한다. 어떤 단원에 약한지, 집중력이 언제 떨어지는지, 태도 변화나 이번 주 공부 습관에서 좋아진 점 등 구체적이고 분석적인 피드백이 있어야 부모도 아이의 공부를 함께 관리할 수 있다.

부모는 아이에게 꾸준히 관심을 가지고 학원 선생님과 계속 소통하는 것이 중요하다. 학원의 피드백은 단순한 정보 전달이 아니라, 아이의 학습 방향을 함께 조율하는 도구가 되어야 한다. 부모도 학원에 모든 걸 맡기기보다, 피드백을 바탕으로 아이의 강점과 약점을 점검하면 좋다. 그래야 집에서도 어떤 부분을 보완할지 구체적인 계획을 세울 수 있다. 학원, 아이, 부모가 같은 방향을 바라볼 때 공부 효과는 훨씬 커진다. 아이 공부는 함께 관리한다는 인식을 갖는 것이 중요하다.

4. 아이의 꿈을 키워주기

"우리 애는 원래 언어 감각이 없어요.", "수학은 계속 못해요." 이런 말
은 아이의 가능성을 막는다. 일부 학원은 이런 생각을 더 키우기도 한
다. 잘하는 아이에게만 집중하고, 그렇지 않은 아이는 소외되기 쉽다.
하지만 좋은 학원은 아이에게 '지금 부족해도 노력하면 달라질 수 있
다'는 믿음, 즉 성장 마인드셋을 심어준다. 공부 잘하는 아이만 더 잘하
게 만드는 곳이 아니라, 지금 부족한 아이도 변화시킬 수 있는 학원을
선택하는 게 좋다.

학원을 고를 때 중요한 건 단순히 과목이나 성적이 아니다. 더 중요
한 것은 '우리 아이가 어떻게 성장하고 있는가'이다. 자기주도학습 능
력, 공부 태도, 꾸준함과 집중력, 그리고 스스로 공부 계획을 세우는 힘
까지 함께 키워주는 학원이 진짜 공부 파트너가 된다. 아이를 채워주
는 학원보다, 변화를 만들어주는 학원을 선택한다.

나는 항상 다니는 학원, 만나는 선생님, 사용하는 교재가 최고의 환
경이라고 믿고 공부에 집중했다. 물론 세상에는 더 좋은 학원, 더 유명
한 선생님, 더 잘 만든 교재가 항상 존재할 수 있다. 하지만 그런 것들
을 찾아 여기저기 옮기기보다는, 지금 내가 있는 자리에서 최선을 다
하는 것이 훨씬 중요하다. '여기가 나에게 가장 좋은 환경이다', '이 선
생님에게서 최대한 많이 배우겠다', '이 교재를 완벽하게 내 것으로 만
들겠다'는 마음가짐으로 공부하면, 어떤 환경에서도 실력은 반드시 쌓
인다. 남과 비교하며 지금 가진 것에 만족하지 못하면 집중력이 떨어

지고, 공부 효율도 낮아질 수밖에 없다. 결국 중요한 것은 '무엇을 가지고 있느냐'가 아니라 '어떻게 잘 활용하느냐'이다. 자신이 가진 환경을 믿고 몰입할 때, 그 차이가 실력으로 이어진다.

{ 사춘기를
함께
넘어서자 }

처음인 우리, 함께 배우는 여정

사춘기는 아이에게도, 부모에게도 모두 처음이다. 아이는 학생으로서 처음 겪는 혼란 속에 있고, 부모는 학부모로서 그 혼란을 처음 마주한다. 이 시기에는 "내 말이 무조건 맞다"는 생각을 내려놓고, 부모 또한 배우며 성장하는 존재임을 인정해야 한다. 아이의 성장을 돕기 위해서는 부모가 먼저 열린 마음으로 변화를 받아들이고, 함께 성장하려는 자세를 갖는 것이 중요하다.

나의 부모님은 교육열이 아주 높은 편은 아니었다. 내가 첫째였기에, 부모님도 모든 것이 처음이었다. 부모님께서는 나에게 공부를 강요하기보다, 스스로 어떻게 행동하고 성장하는지 지켜보는 쪽을 선택하셨다. 물론 젓가락질이나 식사 예절, 글씨체와 정리 습관처럼 사회생활과 연결되는 기본적인 예절만큼은 엄격히 지도하셨다. 하지만 학업이나 진로 선택에 있어서는 내 생각을 존중해주셨다. 덕분에 교육청 수학 영재교육원, 육상부, 방송부, 학생회장 활동 등 내가 해온 모든 경험은 부모님의 뜻이 아닌, 내 의지로 시작된 소중한 기회들이었다. 학원도 마찬가지였다. 한 번도 부모님께 권유받은 적 없이, 내가 다니고 싶다고 결정해 등록했다. 이런 과정을 거치며 '스스로 선택하고 책임지는 법'을 배웠다. 또한 주어진 환경 속에서 기회를 찾아 도전하는 즐거움도 알게 되었다. 돌이켜보면, 부모님이 주신 자유와 신뢰가 결국 내 성장을 이끌어준 가장 큰 힘이었다. 그리고 그 시간 속에서, 나의 부모님 또한 조금씩 더 좋은 부모로 성장하셨을 것이라 생각한다.

동시에 사춘기는 기다림의 시간이다. 부모가 한자리에서 아이를 믿고 기다려줄수록, 아이가 다시 부모 곁으로 돌아올 가능성은 커진다. 아이 역시 부모의 마음을 느끼고 있기 때문에, 잠시 거리를 두더라도 시간이 지나면 자연스럽게 돌아오게 된다. 학교를 마치고 집에 돌아오면 거실에서 환하게 반겨주시던 어머니, 학원을 마치고 나오면 차에서 기다리고 계시던 아버지는 나에게 큰 힘이 되었다. 나를 믿고 기다려주는 사람들이 곁에 있다면, 언제나 마음의 중심을 잃지 않을 수 있다. 사춘기는 마치 부메랑과 같다. 겉으로는 멀어지는 것처럼 보여도, 믿

음과 기다림이 있다면 결국 다시 부모에게 돌아오는 시기다. 이 점을
꼭 기억해주길 바란다.

내 편이 있다는 믿음

부모는 아이의 적이 아니다. 사춘기에는 아이가 '내 편이 있다'는 믿음
을 느끼도록 해주는 것이 무엇보다 중요하다. 이 시기 아이에게 가장
필요한 것은, 부모가 세상에서 단 하나뿐인 친구가 되어주는 것이다.
부모가 먼저 열린 마음으로 다가가 진심 어린 관심과 공감을 보여줄
때, 아이는 부모를 '잔소리꾼'이 아닌 '내 편'으로 받아들이게 된다. 취
미를 함께 즐기거나 소소한 관심사를 공유하며 일상을 이야기하다 보
면, 부모와 아이는 어느새 세상에 둘도 없는 친구가 되어 있다.

　주말이면 나는 아버지와 함께 운동장에서 땀을 흘리며 스트레스를
풀었고, 일요일 오전에는 목욕탕에 가 서로의 등을 밀어주었다. 저녁
이 되면 온 가족이 둘러앉아 식사를 하며 하루를 정리했다. 이렇게 차
곡차곡 쌓인 시간들 덕분에 부모님은 단순한 보호자를 넘어, 인생에서
가장 가까운 친구가 되어주셨다.

　그리고 학업에 대한 관심은 균형이 필요하다. 부모가 동시에 압박을
주기 시작하면, 아이는 마음 둘 곳을 잃고 도망치고 싶은 마음만 커지
게 된다. 반대로, 부모의 관심이 '통제'가 아니라 진심 어린 '지지'로 느

껴질 때, 아이는 마음의 안정 속에서 스스로 노력할 힘을 얻는다. 비로소 부모 곁에서 다시 성장할 수 있게 된다.

어머니는 학교 준비물부터 학원 스케줄, 작은 시험 일정까지 학업 전반을 섬세하게 챙겨주셨고, 아버지는 금전적인 지원과 더불어 밤늦은 시간까지 학원 픽업을 도맡으며 든든한 버팀목이 되어주셨다. 어머니와 다툴 때면 아버지는 서둘러 갈등을 중재하기보다 한발 물러서서 내가 어머니와 직접 부딪히고 스스로 조율할 수 있도록 조용히 기다려주셨다. 그렇게 부모님은 각자의 방식으로 자연스럽게 역할을 나누며 나를 지지해주셨다.

잔소리 말고 대화, 명령 말고 방법

아이들은 부모의 말을 쉽게 잔소리로 받아들인다. "뭐라도 해봐" 같은 막연한 말이나 일방적인 지시는 오히려 아이를 혼란스럽게 만들고, 방황하게 한다. 특히 부모가 잘 알지 못하는 내용을 억지로 강요하면, 아이는 부모를 신뢰하기 어렵다. 예를 들어 "유튜브 보니까 그렇게 공부하면 안 된대"처럼 근거 없는 말을 반복하면, 오히려 아이의 마음은 멀어진다. 이럴 때는 "내가 잘 모르니 함께 알아보자"는 태도로 대화를 시작하는 것이 좋다. 명령하기보다 함께 방법을 찾고, 문제를 해결하는 과정을 같이 경험하려는 자세가 중요하다. 부모의 진심 어린 관심과 노력이 느껴질 때, 그 마음은 결국 아이에게 그대로 전달된다.

나에게 아버지의 학원 픽업은 단순한 이동 시간이 아니었다. 차 안에서 둘만의 대화가 이어졌고, 학교생활부터 친구, 진로 이야기까지 자연스럽게 흘러나왔다. 그 시간은 하루를 정리하고, 스스로를 돌아보는 소중한 시간이었다. 돌이켜보면, 아버지가 '집안의 권력자'가 아니라 삶의 선배로서 권위를 지닌 존재로 남아주신 것이 참 고맙다. 어머니가 친구처럼 감정을 보듬어주셨다면, 아버지는 경험과 통찰로 미래의 방향을 제시해주셨다. 부모에게 권력은 필요 없지만, 존중 속에서 세워진 권위는 아이가 인생의 나침반을 세우는 데 꼭 필요한 힘이 된다.

마지막으로, 무조건적인 지적이나 비교는 아이를 벼랑 끝으로 몰 수 있다. 다른 아이와 비교하기보다, 우리 아이의 어제와 오늘을 비교하며 작은 변화에도 따뜻하게 반응해주면 좋다. 이런 대화가 쌓이면, 아이는 부모를 잔소리꾼이 아니라 함께 방법을 찾는 동반자로 받아들이게 된다.

4장

고등:
이제 효율과
속도 싸움이다

하루 24시간, 최상위권의 시간표는 다르다

모든 아이에게 하루 24시간은 똑같이 주어진다. 그런데 어떤 아이는 그 시간을 점수로 바꾸고, 어떤 아이는 그냥 흘려보낸다. 차이는 단순히 공부량이 아니라, 시간을 어떻게 쓰느냐에 달려 있다. 여기서 꼭 기억해야 할 점이 있다.

1. 공부 시간을 충분히 확보하기
2. 규칙적인 시간표로 생활 리듬을 잡아주기
3. 확보한 시간을 알차게 활용하도록 지도하기

이 세 가지가 갖춰져야 비로소 공부가 효율을 발휘한다. 그 출발점은 부모가 먼저 시간의 본질을 이해하는 데 있다. 아이의 시간은 부모의 질문과 관심에 따라 달라질 수 있다는 사실을 꼭 기억해야 한다.

최상위권 아이들은 공부의 흐름을 설계한다

최상위권 아이들은 단순히 오래 앉아 있는 공부보다, 무엇을 언제 어떻게 공부할지 명확히 계획하고 학습한다. 따라서 부모님께서는 "얼마나 공부했니?"처럼 시간이나 분량 중심의 질문보다는, "오늘 어떤 단원을 공부했니?"와 같이 학습 목표와 계획 중심의 질문을 하는 것이 바람직하다. 시간이나 페이지 수를 묻는 질문은 아이에게 성과 압박으로 느껴질 수 있다. 반면, 단원이나 학습 목표를 기준으로 질문하면 아이가 스스로 공부의 흐름을 점검하고 계획을 관리하는 능력을 키우는 데 도움이 된다. 부모가 이 질문 방식을 조금 바꾸는 것만으로도, 아이는 양보다 방향과 내용에 더 집중할 수 있다.

최상위권 아이들은 공부 외 시간도 관리한다

최상위권 학생들은 공부 시간뿐 아니라 식사, 휴식, 수면까지 계획적으로 관리한다. 이는 공부만큼이나 에너지를 회복하는 시간이 중요하다는 것을 잘 알기 때문이다. 따라서 "오늘은 언제쯤 쉴 계획이니?"라고 물어보며, 휴식도 학습의 일부로 계획할 수 있도록 이끌어준다. 단순히 마음대로 노는 시간이 아니라, 집중을 회복하기 위한 의미 있는 시간임을 알려주고, 아이가 스스로 휴식 계획을 세워보도록 지도하는 것이 좋다. 이렇게 공부와 휴식을 균형 있게 관리하는 습관은 장기적으로 학습을 오래 지속할 수 있는 중요한 열쇠가 된다.

공부를 잘하려면 단순히 오래 앉아 있는 것보다, 공부와 휴식을 적절히 나누는 습관이 더 중요하다고 생각한다. 공부한 만큼 반드시 휴식도 함께 가져야 한다. 나는 개인적으로 공부와 휴식 시간을 대략 1:1 비율로 정했다. 예를 들어 평일에는 학원 시간을 제외하고 공부 3시간 30분, 수면 7시간, 주말에는 공부 10시간, 수면 8시간, 방학에는 공부 12시간, 수면 8시간 정도로 시간을 배분했다. 충분한 휴식은 단순한 놀이가 아니라, 다음 공부를 잘하기 위한 재충전 시간이다. 어머니께서는 항상 "공부할 때 집중하고, 쉬는 시간도 충분히 가져라"라고 말씀하셨다. 이렇게 하면 아이가 건강한 공부 습관을 만들 수 있고, 공부한 만큼 쉴 수 있다는 보상을 체감하며 스스로 공부에 더 집중하는 태도를 키울 수 있다.

최상위권 아이들은 양보다 몰입에 집중한다

최상위권 아이들은 같은 2시간을 공부하더라도 훨씬 집중력 있게, 밀도 높게 학습한다. 중요한 것은 단순히 공부한 시간의 길이가 아니라, 그 시간이 얼마나 집중된 시간인가다. 사람마다 하루 중 집중력이 가장 높은 시간대는 다르다. 어떤 시간에는 머리가 맑고 아이디어가 잘 떠오르지만, 또 어떤 시간에는 졸리거나 멍해지기 쉽다. 부모는 아이의 집중력 흐름을 살펴 이해하고, 가장 집중이 잘되는 시간대에 맞춰 공부 과목을 배치하도록 도와주는 것이 좋다. 예를 들어, 아침이나 식사 직후에는 수학 문제로 뇌를 깨우고, 머리가 맑을 때는 개념 이해와 암기 위주로 공부하며, 자기 전에는 하루 공부를 정리하며 복습하는 식이다. 이렇게 시간대별 공부 리듬을 맞춰주면, 아이는 자연스럽게 효율적인 학습 습관을 익히게 된다.

포모도로 기법은 집중력을 높이는 데 매우 효과적이다. 기본적으로 25분 집중 후 5분 휴식을 반복하는 방식으로, 짧게 몰입하기 때문에 부담이 적다. 중간중간 쉬는 시간을 가지면서 정신적 피로와 스트레스도 줄일 수 있다. 특히 "25분 집중, 5분 휴식"이라는 보상 구조 덕분에 집중이 흐트러질 때도 다시 책상에 앉을 힘을 얻을 수 있다. 다만, 이 시간은 어디까지나 가이드라인일 뿐이다. 나는 학교 수업과 동일한 방식으로 50분 집중 후 10분 휴식을 반복했다. 아이마다 집중할 수 있는 시간은 다르므로, 아이의 상태를 살펴 시간 간격을 유연하게 조절하도록 도와준다. 중요한 것은 기법을 기계적으로 따르는 것이 아니라, 아이의 생활 패턴과 집중 스타일에 맞게 조정하는 것이다. 이렇게 해야 공부가 자연스럽게 이어지고, 장기적으로도 꾸준히 유지될 수 있다.

최상위권 아이들은 시간표에 반복을 넣는다

좋은 시간표는 단순히 하루 공부를 끝내는 구조가 아니다. 복습과 반복이 자연스럽게 포함될 때 비로소 학습 효과가 제대로 나타난다. 특히 수학이나 영어처럼 반복 학습이 중요한 과목은, 복습 없이 실력을 쌓기 어렵다. 그날 배운 내용을 며칠 뒤 다시 확인하고, 틀렸던 문제를 다시 풀어보는 시간까지 시간표에 포함되어야 한다. 아이에게 "복습은 언제 할 계획이니?" 또는 "예전에 틀렸던 문제 다시 풀어봤니?"와 같이 자연스럽게 복습을 유도하는 질문을 해주면 좋다. 이런 질문을 통해 아이는 복습의 중요성을 깨닫고, 스스로 복습 계획을 시간표에 넣도록 점검할 수 있다. 학습의 완성은 복습에서 시작된다는 사실을 아이가 체감하도록 꾸준히 도와주는 것이 좋다.

공부 체력과 멘탈관리법

전교 1등의 체력관리법

공부는 단순히 앉아 시간을 보내는 것이 아니라, 집중하고 이해하며 암기하는 등 뇌를 강하게 사용하는 활동이다. 뇌는 몸무게의 2%에 불과하지만, 전체 에너지의 약 20%를 소모한다. 특히 어려운 문제를 풀거나 새로운 내용을 배울 때는 운동할 때처럼 에너지가 빠르게 소모된다. 따라서 아이가 쉽게 피곤해 보이거나 집중이 잘되지 않는다면, 의지가 부족해서가 아니라 체력이 부족해서일 수도 있다.

기초 체력이 약한 아이는 쉽게 피곤해지고, 그만큼 집중력이 떨어지거나 기억력이 잘 유지되지 않을 수 있다. 심한 경우에는 두통이나 무기력함을 호소하기도 한다. 따라서 오래 집중하며 공부하려면 몸과 마음의 힘, 즉 기초 체력이 꼭 필요하다. 아이의 체력을 지키는 가장 좋은 방법은 규칙적인 수면, 균형 잡힌 식사, 그리고 꾸준한 운동이다. 부모가 이러한 생활 습관을 잘 관리해주면, 아이는 안정된 몸 상태를 유지할 수 있고, 이는 자연스럽게 학습 효율을 높이는 가장 기본적이고 확실한 비결이 된다.

1. 수면

① 자기 전에는 스마트폰이나 태블릿 같은 전자기기 사용을 줄여준다.

② 암막커튼으로 방을 어둡게 만들어 숙면 환경을 조성해준다.

③ 알람이 울리면 바로 일어나는 습관을 들이도록 도와준다.

중요한 것은 수면의 질과 뇌가 회복되는 리듬을 지키는 것이다. 뇌는 약 90분마다 깊은 잠과 얕은 잠을 오가는데, 이 주기에 맞춰 자야 깊은 잠을 충분히 확보하고 개운하게 일어날 수 있다. 예를 들어 90분 × 5회, 즉 7시간 30분 정도가 이상적인 수면 시간 중 하나로 알려져 있다. 반대로 이보다 짧거나 애매한 시간에 깨면 오히려 더 피곤할 수 있다. 아이가 일정한 시간에 잠자리에 들고 일어나는 습관을 유지하도록 도와준다면, 아이는 맑은 정신으로 하루를 시작할 수 있고, 공부에도 훨씬 집중할 수 있다.

나는 새벽에 가장 집중이 잘되는 편이라, 한 번에 길게 자는 대신 수면을 여러 구간으로 나누어 총 7시간 정도를 확보했다. 새벽 2시 반부터 아침 7시까지 4시간 30분을 자고, 등교하는 버스 안에서 약 30분 눈을 붙였다. 학교에서 돌아온 후에는 2시간 정도 낮잠을 잤다. 이렇게 하루의 잠을 나누어 총 7시간 정도를 확보한 것이다. 이 방법이 꼭 정답은 아니지만, 나에게 맞는 시간대에 맞춰 수면 패턴을 유연하게 조절한 경험이다. 따라서 아이가 하루 7시간 이상 잠을 규칙적으로 잘 수 있도록 도와주는 것이 중요하다. 단순히 '얼마나 오래 자느냐'가 아니라, 아이에게 맞는 시간대와 규칙적인 패턴을 유지하는 것이 공부 효율에 훨씬 큰 영향을 준다는 사실을 기억하길 바란다.

2. 식사

빈속으로 학교에 가 머리를 쓰는 것은, 시동도 켜지 않은 자동차를 몰겠다는 것과 다르지 않다. 아침 식사는 거창할 필요 없다. 따뜻한 밥에 김을 몇 장 싸서 간단히 먹기만 해도 충분한 에너지를 낼 수 있다. 실제로 아침을 챙겨 먹은 날은 그렇지 않은 날보다 오전 집중력이 훨씬 좋아진다. 또 점심과 저녁에는 과식을 피하는 것이 좋다. 너무 배부르면 식곤증이 찾아와 학습에 방해가 되기 때문이다. 야식도 꼭 필요할 때만 챙기되, 라면이나 매운 떡볶이처럼 자극적이고 소화 시간이 오래 걸리는 음식은 피하는 것이 좋다. 이런 음식은 다음 날 아침 컨디션을 떨어뜨려 공부 리듬을 무너뜨릴 수 있다. 아이의 식습관을 잘 챙겨준다면, 아이는 하루 공부를 버틸 수 있는 안정적인 에너지를 확보할 수 있다.

3. 운동

운동은 단순히 체력을 키우는 데 그치지 않고, 아이의 뇌 기능에도 직접적인 도움을 준다. 뇌과학 연구에 따르면 유산소 운동은 기억력과 학습 능력에 중요한 역할을 하는 해마의 활동을 활발하게 만들어 공부 효율을 높여준다. 실제로 하루 20분 정도의 가벼운 운동만으로도 집중력과 사고력이 개선된다는 연구 결과도 있다. 또한 규칙적인 운동은 스트레스를 줄이고 수면의 질을 높여, 아이가 안정된 컨디션에서 공부할 수 있도록 도와준다. 특히 시험 기간처럼 오랜 시간 책상에 앉아 있어야 할 때는, 짧게라도 몸을 움직이면 뇌의 피로가 훨씬 빠르게 회복된다. 공부 체력은 책상 앞에서만 만들어지지 않는다. 아이가 꾸준히 몸을 움직일 수 있는 습관을 챙겨준다면, 아이의 머리도 더 잘 돌아가고 학습 효과 역시 크게 높아진다.

체육 시간도 수업의 일부　체육 시간은 아이의 학습 능력을 높이는 데 중요한 역할을 한다. 준비운동만으로도 굳어 있던 근육이 풀리고 혈액 순환이 활발해져, 뇌에 산소와 영양분이 충분히 공급된다. 이렇게 되면 아이의 집중력이 높아지고 수업 태도도 달라진다. 땀을 흘리거나 숨이 차면 다음 수업에 방해가 되지 않을까 걱정될 수 있다. 그러나 운동 후에는 몸에 활력이 돌면서 두뇌 회전이 빨라지고, 졸음이나 지루함이 줄어들어 수업 집중도가 오히려 높아진다.

따라서 아이가 체육 시간에 적극적으로 참여할 수 있도록 격려해준다. 운동이 곧 공부에도 도움이 된다는 사실을 자연스럽게 느껴야 한다. 다만, 도전적이거나 경쟁적인 활동에서는 흥분한 마음에 무리하다가 부상을 입을 수 있다. 부상은 회복 과정에서 불필요한 시간과 에너지를 소모하게 되므로, 평소에도 안전수칙을 지키고 부상 예방의 중요성을 알려주는 것이 필요하다. 부모의 작은 관심이 아이가 건강하게 공부할 수 있는 큰 밑바탕이 된다.

자투리 시간을 활용하기　쉬는 시간이나 점심시간에 학교 주변을 가볍게 산책하는 것은 좋은 방법이다. 계속 앉아 있기만 하면 답답해지는데, 잠깐이라도 바깥 공기를 쐬며 걸으면 머리가 맑아지고 몸도 훨씬 가벼워진다. 특히 친한 친구와 함께 걸으며 소소한 이야기를 나누는 것은 스트레스 해소와 정서적 안정에 큰 도움이 된다. 평소에 털어놓지 못했던 고민을 공유하거나 서로 응원하며 공감하는 대화는 아이에게 긍정적인 에너지를 주고, 공부에 대한 동기부여로도 이어진다.

짧은 산책이지만 효과는 결코 작지 않다. 공부는 단거리 달리기가 아니라 마라톤처럼 긴 호흡이 필요한 일이다. 아이가 자투리 시간에 잠깐씩 리듬을 바꾸고 몸과 마음을 환기할 수 있도록 격려해준다. 아이는 더 오래, 더 집중해서 공부할 수 있는 힘을 기르게 된다.

주말에는 밖에 나가 뛰어놀아도 괜찮다　　주말에는 집에만 있기보다 운동장이나 근처 공원에서 1~2시간 정도 가볍게 뛰어노는 것이 좋다. 축구, 농구, 배드민턴, 피구 등 어떤 활동이든 상관없다. 중요한 것은 아이가 스스로 즐겁게 몸을 움직이는 경험을 하는 것이다. 운동은 피로를 더하는 시간이 아니라, 오히려 피로를 풀고 에너지를 회복하는 시간임을 아이가 느낄 수 있도록 해준다. 만약 아이가 기초 체력이 부족하거나 운동 습관이 없다면, 지금부터라도 가볍게 즐길 수 있는 운동 하나를 정해 꾸준히 하도록 권해준다. 격한 운동일 필요는 없다. 하루 20분 빠르게 걷기, 스트레칭, 줄넘기, 홈트레이닝 등 부담 없이 시작할 수 있는 것만으로 충분하다. 꾸준히 몸을 움직이면 아이에게 성취감이 쌓이고, 자기효능감도 자연스럽게 커진다.

나는 초등학교 시절 4년간 육상부 활동을 하면서 매주 축구도 즐겼다. 덕분에 기초 체력이 또래보다 튼튼했고, 고등학교 시절 체중이 늘었을 때도 장시간 공부를 하는 데 큰 어려움이 없었다. 체력이 뒷받침되니 오랫동안 공부해도 쉽게 지치지 않고, 안정감을 유지할 수 있었다. 그 덕분에 3년 동안 큰 어려움 없이 공부에 몰입할 수 있었고, 성과를 이루는 데 큰 도움이 되었다.

전교 1등의 멘탈 관리법

공부는 체력과 멘탈의 싸움이기도 하다. 아무리 머리가 좋아도 마음이 지치면 공부를 오래 지속하기 어렵고, 목표가 분명하더라도 정신적으로 흔들리면 끝까지 해내기 힘들다. 따라서 아이가 공부를 잘하기 위해서는 체력 관리와 멘탈 관리가 함께 이루어져야 한다. 아래의 네 가지 원칙은 내가 직접 실천하며 멘탈을 지켜온 방법으로, 아이를 지도하고 도와줄 때 참고하면 좋겠다.

1. 다른 아이와 비교하지 말기

아이가 공부하면서 다른 아이와 자신을 비교할 때, 이렇게 안내해주면 좋다. 비교의 대상은 남이 아니라 '어제의 나'가 되어야 한다. 어떤 친구는 어려운 과목도 금방 이해하고, 어려운 문제도 쉽게 풀 수 있다. 아이가 그런 친구를 보며 위축되거나 열등감을 느낄 수 있지만, 이때 "남과 비교하지 말고, 너 자신과 비교하자"라고 부드럽게 말해준다. 이렇게 말해주면 아이는 스스로를 탓하기보다 자신의 성장에 집중하게 되고, 위축되지 않으면서 자기 속도에 맞춰 꾸준히 노력하는 힘을 키울 수 있다.

나는 어릴 때부터 승부욕이 강한 아이였다. 초등학교 2학년 때부터 반과 전교 1등을 지키기 위해 늘 최선을 다했고, 6학년 기말고사 때 수학 서술형 한 문제를 틀려 짝꿍에게 처음으로 졌던 기억이 아직도 생생하다. 만점인 친구와 고작 한 문제 차이였지만, 그 앞에서 눈물이 왈칵 쏟아졌다. 남에게 지는 것이 싫어서 스트레스를 받기도 했지만, 그 감정이 오히려 강한 원동력이 되어주었다. 하지만 시간이 지나면서 진짜 중요한 경쟁의 대상은 '남'이 아니라 '어제의 나'라는 걸 깨달았다. 남과의 경쟁은 순간의 결과를 가를 뿐이지만, 자신과의 경쟁은 꾸준한 성장을 이끌어준다. 그래서 단순히 2등을 이기려는 데 그치지 않고, 매일 조금씩 어제의 나보다 나아지려고 노력했다. 하루를 마칠 때면 늘 스스로에게 물었다. "오늘의 나는 어제보다 나아졌나?" 그 질문에 '그렇다'고 대답할 수 있는 날이 많아질수록, 공부에 대한 자신감과 확신도 함께 자라났다.

2. 스스로를 칭찬하게 한다

아이가 스스로를 칭찬할 수 있는 환경을 만들어주면 좋다. 문제를 하나 맞혔을 때나 오늘 계획한 공부를 끝냈을 때처럼, 작은 성취에도 아이가 스스로 기뻐하고 자신을 인정할 수 있도록 도와주어야 한다. "이 정도는 누구나 하는 거야"라고 스스로를 몰아세우는 아이는 공부를 단순히 버티는 마음으로 하게 되며, 그 과정에서 즐거움이나 성취감을 느끼기 어렵다. 반면, 작은 성취에도 기뻐하고 자신을 인정할 줄 아는 아이는 공부를 성장의 기회로 받아들이게 된다. 결국 공부는 '나를 믿는 힘'이 있어야 오래 지속될 수 있다. 다른 사람에게 인정받지 못해도, 아이가 스스로를 인정하면 그것만으로 충분하다는 것을 부모님이 알려준다.

3. 쓸데없는 걱정을 덜어주기

아직 오지 않은 미래를 걱정하며 불안해하는 아이들이 있다. "이번 시험 망하면 어떡하지?", "그 과목 공부를 제대로 못 했는데 큰일이야"와 같은 생각들이 대표적이다. 하지만 이런 걱정은 아이에게 아무런 도움이 되지 않으며, 오히려 불안만 키울 뿐이다. 특히 부모가 "이번 공부하는 거 보니까 영 아닌 것 같아"라고 말하면, 아이는 쉽게 흐름을 잃고 자신감을 상실할 수 있다. 부모로서 가장 좋은 방법은 걱정이 아니라, 지금 아이가 할 수 있는 일에 집중하도록 격려하는 것이다. 단 한 문제라도 더 풀고, 한 줄이라도 더 공부하는 경험이 진짜 해결책이다. 현재에 집중할 수 있도록 도와주면, 미래는 자연스럽게 따라올 것이다.

4. 무조건 좋게 상상하게 해준다

공부가 힘들고 지루해서 아이가 포기하고 싶어 할 때가 있을 수 있다. 그럴 때, 아이에게 가장 큰 힘이 되는 것은 바로 선명한 미래의 모습이다. 오늘 공부를 끝내고 만족스럽게 잠드는 모습, 시험에서 원하는 점수를 받고 웃는 모습, 수능 날 자신 있게 시험지를 마주하는 모습, 원하는 대학에 합격해 친구들과 축제를 즐기는 모습 등 구체적인 장면을 상상하게 도와준다. 책상 앞에 원하는 대학의 마크나 꿈꾸는 자동차 사진을 붙여두는 것도 좋은 방법이다. 아이의 뇌는 그 미래를 점점 현실처럼 느끼게 되고, 그것이 오늘 공부를 이어가도록 하는 강력한 원동력이 된다. 부모의 격려만으로도 아이의 동기와 집중력이 크게 달라진다.

고등학교 3학년 때, 나는 스스로를 서울대 의대생이라고 상상하며 1년을 살아갔다. 정말로 그렇게 믿고, 그렇게 행동했다. "나는 어차피 서울대 의대생이 될 거니까, 오늘 하루도 즐기자." 이런 마음으로 하루하루를 버텼다. 복도를 걸을 때도, 수업을 들을 때도, 자습을 할 때도 내 안에는 항상 '미래의 니'기 함께 있었디. 이 상상이 주는 힘은 정말 컸다. 공부가 두렵지 않았고, 목표가 멀게 느껴지지 않았다. 지금 다니고 있는 학교도 만족스럽지만, 그 시절만큼 공부하며 행복했던 때는 드물다. 아이가 꿈꾸는 최고의 미래를 상상하고, 그 안에서 오늘을 살아가도록 격려해준다. 그렇게 꿈을 품고, 오늘을 살아가는 힘은 결국 큰 변화를 만들어낼 수 있다.

{ 전교 1등을 만드는 공부 루틴 }

전교 1등의 예습·복습법

1. 예습

예습은 단순히 앞으로 배울 내용을 가볍게 훑어보는 것이 아니다. 아이 스스로 내용을 익히고 이해하는 과정이다. '익히다'라는 말에는 여러 번 경험해 능숙해진다는 뜻이 담겨 있다. 따라서 예습할 때는 아이가 내용을 제대로 이해했는지, 또 스스로 설명할 수 있을 만큼 익숙해졌는지를 확인해준다.

 **전교 1등의 예습 방법**

① 학습목표를 형광펜으로 밑줄 치며, 큰 소리로 읽는다.

② 교과서를 꼼꼼히 읽고, 학습활동의 빈칸을 채운다. 작성한 내용과 모범답안을 비교한 뒤, 빈칸 아래에 모범답안을 적는다.

③ 자습서를 꼼꼼히 읽고, 문제를 푼다. 채점한 뒤 해설을 꼼꼼히 읽고, 특이사항은 포스트잇에 적어 자습서에 붙인다. 이때, 특이사항은 교과서에 없는 내용에 해당한다.

④ 평가문제집도 자습서와 동일한 방식으로 진행한다. 특이사항은 포스트잇에 적어 평가문제집에 붙인다. 이때, 특이사항은 교과서, 자습서에 없는 내용에 해당한다.

⑤ 자습서와 평가문제집에서 작성한 특이사항을 교과서에 전부 옮겨 적는다.

⑥ 예습한 내용을 바탕으로 수업 시간에 질문할 내용을 따로 메모한다.

이렇게 준비된 상태에서 수업에 참여하면 훨씬 적극적으로 임할 수 있고, 학습 효과도 크게 높아진다. 제대로 된 예습은 수업 시간에 이해하는 데 쓰는 힘을 줄여준다. 덕분에 복습이나 심화 학습에 더 많은 시간적 여유를 가질 수 있다. 결국 예습은 시간을 벌어주고, 학습 성과를 앞당겨주는 가장 현실적인 방법이다. 예습은 단순한 '미리 보기'가 아니라, 수업을 위한 탄탄한 준비 과정임을 기억해야 한다.

나는 이 과정을 방학 동안 미리 끝내두었다. 특히 수업 전날에는 정리해둔 교과서를 꼼꼼히 읽으며, 그 과정에서 떠오른 질문들을 따로 메모하곤 했다. 예습은 단순한 습관이 아니라 하나의 기술이다. 그리고 이 기술은 대충 해서는 결코 익힐 수 없다. 공부에는 사실상 '같은 출발선'이 존재하지 않는다. 아이가 얼마나 미리, 그리고 얼마나 철저히 준비했느냐에 따라 출발선은 언제든 앞당겨질 수 있다. 뇌가 생존을 위해 에너지를 효율적으로 사용하듯, 공부에서도 효율적으로 '살아남기' 위한 전략이 필요하다. 그 핵심이 바로 예습이다. 따라서 예습은 단순한 '공부 루틴'이 아니라, 스스로 익혀야 할 하나의 기술로 받아들여야 한다.

2. 복습

복습 또한 단순히 배운 내용을 다시 훑어보는 것이 아니다. 아이 스스로 배운 내용을 다시 익히는 과정이다. 여기서도 '익히다'라는 말에는 한두 번 보는 것이 아니라, 여러 번 반복해 능숙해진다는 의미가 담겨 있다. 수업 직후 복습을 하지 않으면 기억은 금세 희미해지고, 배운 내용을 실제로 활용하는 힘도 떨어지게 마련이다. 따라서 아이가 복습을 단순히 시험 직전에만 하는 활동이 아니라, 수업 직후부터 시험 전까지 이어지는 반복 과정으로 받아들이도록 지도해준다.

전교 1등의 복습 방법

① 수업 시간에 필기한 내용은 그날 바로 외운다.

② 문제집을 꼼꼼히 읽고, 문제를 푼다. 채점한 뒤 해설 역시 꼼꼼히 읽고, 특이사항은 포스트잇에 적어 문제집에 붙인다. 이때, 특이사항은 교과서, 자습서, 평가문제집에 없는 내용에 해당한다.

③ 교과서, 자습서, 평가문제집, 문제집을 주기적으로 복습한다.

④ 문제집을 점차 늘려가며 회독을 진행한다

⑤ 회독 중 생긴 질문은 선생님께 직접 확인한다.

⑥ 시험 일주일 전에는 교과서를 중심으로 단권화를 마친다.

⑦ 시험 전날 새벽에는 단권화한 교과서 내용을 전부 암기한다.

⑧ 시험 당일 아침에는 모든 내용을 훑어보며 최종 점검한다.

이렇게 복습의 리듬을 만들어주면, 아이는 배운 내용을 오래 기억할 뿐 아니라, 단순히 '아는 수준'을 넘어 실제로 '쓸 수 있는 실력'으로 발전시킬 수 있다. 복습은 처음 어렵던 개념을 자연스럽게 연결해주고, 문제 풀이도 점점 익숙하게 만든다. 이 반복이 쌓일수록 실력은 물론 자신감도 함께 자란다. 아이가 복습을 꾸준히 할 수 있도록 작은 습관부터 챙겨주면 좋다.

나는 수업 직후부터 시험 전날까지 배운 내용을 꾸준히 반복했다. 특히 시험 직전에는 단권화한 교과서를 꼼꼼히 읽으며 점검했다. 복습은 단순히 '한 번 더 보는 것'이 아니다. 익숙해질 때까지 반복하며, 시험장에서 실력을 자연스럽게 꺼낼 수 있도록 사전 연습하는 과정이다. 제대로 복습이 되어 있다면 시험은 낯선 싸움이 아니라, 익숙한 내용을 재현하는 무대가 된다. 공부는 결국 얼마나 자주, 얼마나 깊게 반복했느냐에 달려 있다. 수업만 듣고 복습을 건너뛰면 배운 내용을 '자기 것'으로 만들기 어렵다. 복습은 당장은 번거롭더라도, 시험 당일 아이가 여유를 가지고 실력을 발휘할 수 있도록 도와주는 가장 확실한 투자다.

99점과 100점의 차이는?

공부를 하다 보면 아이가 처음 보는 개념이나 새로운 문장, 낯선 문제 보기와 마주하게 되는 일이 많다. 이럴 때 그냥 넘어가지 않고, '특이사항'을 따로 기록하도록 지도해준다. 방법은 간단하다. 포스트잇에 적어 교재에 붙이거나, 필기노트에 모아두는 거다. 이렇게 하면 복습할 때나 시험 전에도 다시 확인할 수 있고, 중요한 내용을 놓치지 않고 반복 학습할 수 있다. 모르는 것을 표시하는 습관은 결국 아이가 아는 것을 늘려가는 가장 빠른 길이라는 점을 강조해준다.

많은 아이들이 해설지를 단순히 정답을 확인하는 용도로만 사용한다. 하지만 해설지는 훌륭한 공부 자료이자, 때로는 선생님의 역할까지 대신해줄 수 있는 소중한 도구다. 해설지에는 정답뿐 아니라 문제에 접근하는 방식, 선지를 분석하는 논리, 자주 등장하는 함정, 그리고 연계 개념이나 심화 내용까지 담겨 있다. 제대로만 활용한다면, 혼자서도 깊이 있는 학습이 충분히 가능하다. 그래서 나는 해설지를 대충 넘기지 않았다. 맞힌 문제든 틀린 문제든 꼼꼼히 읽고, 중요한 부분은 따로 메모하거나 오답노트에 정리했다. 마치 누군가에게 설명하듯 스스로 정리하고 반복해서 확인하다 보면, 해설지를 한 번이 아니라 두세 번 더 배우는 마음으로 공부하게 된다. 이런 방식으로 공부하면, 선생님에게 배우는 것만큼의 효과를 얻을 수 있다. 나는 그 과정에서 '혼자 공부하는 힘'이 자란다는 것을 몸소 느꼈다.

추가로 아이는 '특이사항'을 적을 때 반드시 사실 여부를 정확히 판단해야 한다. 처음 보는 개념이라고 해서 막연히 기억하거나, 대충 이해한 채 적으면 오히려 독이 될 수 있다. 실제로 많은 아이들이 특이사항을 반대로 정리하거나, 잘못 이해한 채 암기해서 시험에서 틀리는 경우가 종종 있다. 특이사항은 낯선 정보이기 때문에, 가장 정확한 자료를 기준으로 기록하는 것이 핵심이다. 교과서, 프린트, 해설지, 선생님의 설명 등을 반드시 확인한 후에 단권화에 포함시키도록 지도하면 좋다.

나에게 특이사항은 시험에서 큰 점수 차이를 만드는 강력한 무기가 되었다. 그러나 부정확하게 적힌 특이사항은 오히려 시험장에서 발목을 잡는 함정이 되기도 했다. 이 습관의 목적은 가능한 한 많은 정보를 쌓는 것이다. 시험은 결국 '얼마나 많이 알고 있느냐'의 싸움이라고 생각한다. 작은 정보 하나도 놓치지 않고 확인하며 기록하도록 해야 한다. 사소한 한 줄의 차이가 점수에 큰 영향을 미치는 경우가 많다. 특이 사항을 정확하게 모으는 습관을 들이면, 공부 효율과 시험 점수 모두 큰 도움을 받을 수 있다.

질문이 중요한 진짜 이유

공부를 하다 보면 아이는 반드시 모르는 내용이나 이해하기 어려운 부분을 만나게 된다. 많은 아이가 이런 순간에 "일단 넘어가자"거나 "나중에 보자"고 말하며 미루곤 한다. 하지만 이렇게 계속 미루면 그 개념은 끝까지 불완전하게 남아, 결국 자기 것으로 만들 기회를 잃게 된다. 부모는 아이가 공부하면서 생긴 의문을 바로 질문하고, 스스로 해결하려는 습관을 잡아준다. 질문은 선택이 아니라 필수다. 모르는 것을 하나씩 해결해나가는 과정이야말로, 지식을 진짜 '내 것'으로 만드는 첫 걸음이 된다.

나는 공부를 하다가 궁금한 점이 생기면 바로 선생님께 질문하는 습관이 있었다. 고등학교 2학년 때 지구과학 I 을 공부하면서는, 한 학기 동안 카톡으로만 100개가 넘는 질문을 드리기도 했다. 그 덕분에 내신 시험에서는 네 번 모두 100점을 받았고, 과학경시대회에서도 금상을 받을 수 있었다. 질문은 단순히 모르는 것을 채우는 행위가 아니다. 이미 알고 있는 내용을 더 깊이 이해하고, '왜 그런지', '어떻게 연결되는지', '어디까지 확장될 수 있는지'를 스스로 탐색하게 해준다. 때로는 수업을 듣는 것보다 좋은 질문 하나가 훨씬 더 큰 배움으로 이어지기도 한다. 질문은 아이를 수동적인 학습자에서 능동적인 탐구자로 성장시킨다. 결국 질문하는 습관이야말로 지식을 진짜 자기 것으로 만드는 가장 확실한 방법이다.

이때 아이가 모르는 것을 질문하는 모습을 자연스럽게 받아들이고 따뜻하게 격려해준다. 단순히 공부와 관련된 질문뿐 아니라 일상생활 속에서 아이가 궁금한 것을 물을 때도 관심을 가지고 성의 있게 답해주는 것이 중요하다. 아이에게 '모른다'는 것은 결코 부끄러운 일이 아니라, 오히려 시험이 코앞에 닥칠 때까지 질문을 미루고 혼자 고민하게 두는 것이 더 안타까운 일임을 꼭 알려주어야 한다. 아이가 자유롭게 묻고 배우는 분위기 속에서 진정한 배움의 힘이 자라난다.

실수는 만점의 어머니

"실패는 성공의 어머니"라는 말이 있듯, 실패는 성공으로 가는 중요한 경험이 된다. 이를 공부에 적용하면 "실수는 만점의 어머니"라고 할 수 있다. 실수는 단순한 잘못이 아니라, 만점에 가까워지기 위한 필수 과정이기 때문이다. 부모는 아이에게 실수를 시험 전에 미리 겪어야 한다는 점을 반드시 알려주는 게 좋다. 시험 후 "실수로 하나 틀렸어, 다 맞을 수 있었는데"라는 말은 준비가 부족했다는 신호일 뿐이다.

공부 과정에서 아이가 실수를 경험하고, 원인을 분석하며, 반복 학습으로 바로잡는 훈련은 매우 중요하다. 실수는 결코 실패가 아니라, 아이가 자신의 공부에서 빈틈을 찾아내는 소중한 기회다. 부모는 아이가 실수를 두려워하거나 피하지 않고, 오히려 미리 경험하며 보완하는 태도를 자연스럽게 익히도록 도와준다. 최상위권 학생일수록 실수를 더 빨리, 더 자주, 그리고 철저하게 해결했다는 사실을 아이가 깨닫는 것이 중요하다.

1. 아이는 이렇게 '실수'한다

실수에는 크게 두 가지 유형이 있다. 하나는 문제를 제대로 읽지 않아 생기는 경우고, 다른 하나는 문제를 제대로 읽었음에도 틀리는 경우다.

문제를 제대로 읽지 않은 경우(읽기 실수)　문제를 제대로 읽지 않아 생기는 실수는 대부분 집중력이 흐트러지거나 잘못된 습관에서 비롯된다. 그러나 아이가 끝까지 집중할 수 있도록 습관을 잘 잡아주면 충분히 예방할 수 있다. 아래에는 상위권에서 최상위권으로 도약하기 위해, 꼭 짚어줘야 할 '읽기 실수'의 대표 사례들을 정리했다.

[1] 문제 읽기 실수

① '옳은 것을 고르시오'와 '틀린 것을 고르시오'를 혼동하는 경우

② '모두 고르시오'인데 답을 하나만 고르는 경우

③ 어떤 값을 구해야 하는지 착각한 경우

→ '최솟값', '최댓값', 'n번째로 작은 값', 'n번째로 큰 값', '모든 경우'

④ 조건을 빠뜨리고 답을 구한 경우

'단, 조건 X는 제외한다'를 빠뜨리고 답을 구함

⑤ 요구하는 조건이나 범위를 부분적으로만 반영한 경우

→ A의 값을 구하고, 그 결과를 바탕으로 B의 값을 구해야 하는데, A의 값만 구함

[2] 선지 읽기 실수

⑥ 끝까지 읽지 않고, 앞부분만 보고 답을 고르는 경우

→ '질소는 공기 중 가장 많은 성분이며, 반응성이 높다.'의 앞부분만 보고 정답으로 선택함

⑦ 절대 표현('항상', '절대', '전부', '모두')을 놓치는 경우

→ '모든 사람들은 자신의 이익을 위해 환경을 훼손한다.'의 '모든'을 놓침

⑧ 문장 부호(,)나 부정어의 범위를 고려하지 않는 경우

→ '일부 학생은 이해하지만 모두 이해하지 못한다.'와 '일부 학생은 이해하지만, 모두 이해하지 못한다.'는 의미에 약간의 차이가 있음.

⑨ 의미가 밀접하거나 반대인 단어를 혼동하는 경우

→ 의미가 밀접한 '항체'와 '항원', 또는 반대인 '억제'와 '촉진'을 혼동함

(3) 정보 처리·수치·데이터 읽기 실수

⑩ 단위를 혼동하는 경우

→ 길이, 면적, 부피, 무게·질량, 시간, 속도, 압력, 힘, 온도, 전기 관련 단위를 혼동함

⑪ 그래프·도표에서 X축과 Y축을 혼동하는 경우

⑫ 숫자나 연도를 잘못 옮겨 적거나 혼동하는 경우

⑬ 과정은 맞았지만, 계산하거나 단위를 바꾸는 과정에서 틀리는 경우

→ 길이, 면적, 부피, 무게·질량, 시간, 속도, 압력, 힘, 온도, 전기 관련 단위를 잘못 환산함

문제를 제대로 읽은 경우(이해·적용 실수) 다음으로 아이가 문제를 제대로 읽었음에도 불구하고 실수를 할 수 있다. 이런 경우는 단순한 집중력 문제라기보다, 개념 이해가 충분하지 않거나 사고력이 부족할 때 나타난다. 즉, 실력 자체의 부족에서 오는 실수인 셈이다. 따라서 아이는 개념을 꼼꼼히 이해하고, 문제를 다양하게 풀며 생각하는 힘을 길러야 한다. 아래에는 상위권에서 최상위권으로 도약하기 위해 꼭 짚어야 할 '이해·적용 실수'의 대표 사례들을 정리했다.

(1) 개념을 잘못 이해하거나 헷갈리는 경우

(2) 여러 조건을 동시에 고려하지 못하는 경우

(3) 선택지를 지나치게 주관적으로 해석하는 경우

2. 아이는 이렇게 '극복'한다

문제를 제대로 읽지 않은 경우(읽기 실수) | ① 문제 읽기 실수 | 문제를 읽을 때는 지시문과 조건을 끝까지 꼼꼼히 살펴보는 습관이 필요하다. '몇 개를 선택해야 하는지', '무엇을 구하라고 했는지', '특별한 조건이 있는지'를 반드시 확인하고, 문제에서 요구하는 답의 형태를 정확히 파악해야 한다. 또한 답을 내기 전에 문제의 모든 조건을 빠짐없이 반영했는지 다시 한번 점검하는 자세도 중요하다.

| ② 선지 읽기 실수 | 선지를 읽을 때는 끝까지 꼼꼼히 읽는 습관을 들이는 것이 중요하다. 특히 '항상', '절대', '전부', '모두' 같은 절대 표현이나 '아니다', '없다'와 같은 부정어에 주의해야 한다. 의미가 밀접하거나 반대 뜻을 가진 단어는 정확히 구분해 기억하고, 문장 전체의 의미를 잘 이해하려는 노력도 필요하다.

| ③ 정보 처리·수치·데이터 읽기 실수 | 정보를 처리하거나 수치와 데이터를 다룰 때는 단위를 항상 꼼꼼히 확인하고, 그래프나 도표를 볼 때는 축이 무엇을 의미하는지 정확히 파악하는 습관이 필요하다. 또한 숫자

나 연도를 정확히 체크하고, 계산할 때는 한 단계씩 차근차근 검토하여 실수를 방지해야 한다.

문제를 제대로 읽은 경우(이해 · 적용 실수) | ① 개념을 잘못 이해하거나 헷갈리는 경우 | '비교'와 '대조'처럼 비슷한 개념을 헷갈리지 않으려면, 그 차이를 분명히 아는 것이 가장 중요하다. 선생님들은 시험에서 등급을 가르기 위해, 단순히 외운 것이 아니라 개념을 깊이 이해했는지를 평가하는 문제를 자주 출제한다. 따라서 평소에 개념을 정확히 구분하고 정리하려면 사전을 활용하는 습관이 도움이 된다. 사전에서 개념의 뜻과 차이를 자세히 살펴보면 헷갈림이 줄고, 문제에 맞게 올바르게 적용하는 능력이 자연스럽게 생긴다. 특히 비슷한말이나 반대말까지 함께 찾아보면 더 효과적이다.

나는 평소에 사전을 자주 활용했다. 국어를 공부할 때는 국어사전을, 영어를 공부할 때는 영어사전을 옆에 두고, 단어의 뜻이나 개념이 조금이라도 모호하면 바로 찾아보고 간단히 메모했다. 덕분에 모르는 개념을 그냥 넘기지 않고, 정확히 이해하려는 습관이 자연스럽게 생겼다. 이 모습을 보신 어머니께서 "어떻게 그런 생각을 했냐"며 신기해하시고 기특해하셨던 기억이 난다. 실제로, 헷갈리는 부분을 바로 확인하는 작은 습관이 쌓이면, 실력 향상에 훨씬 큰 영향을 준다. 공부하다 막히는 순간을 그냥 지나치지 않고, 사전을 펼쳐서 정확히 짚고 넘어가도록 해야 한다.

| ② 여러 조건을 동시에 고려하지 못하는 경우 | 여러 조건이 있는 문제에서 일부만 보고 나머지를 놓치는 실수는, 생각을 단순하게 하려는 잘못된 습관 때문에 생긴다. 이런 실수를 줄이려면, 문제를 읽을 때 조건 하나하나를 체크리스트처럼 생각하고 직접 적어보는 것이 좋다. 답을 고르기 전에 모든 조건을 제대로 적용했는지 다시 확인하는 연습도 반드시 필요하다. 특히 조건이 복잡할수록 머릿속으로만 생각하지 말고, 간단히 메모하며 문제를 풀면 실수가 크게 줄어든다. '조건을 빼먹으면 답이 틀린다'는 생각을 항상 가지고 접근하는 것이 중요하다.

| ③ 선택지를 지나치게 주관적으로 해석하는 경우 | 간혹 자기 방식대로 선지를 해석하다 정답을 놓치는 실수가 생긴다. 이럴 때는 단순히 문장을 외우는 것이 아니라 뜻을 제대로 이해하는 연습이 필요하다. 가장 좋은 방법은 여러 번 반복해서 읽는 '회독'이다. 처음에는 익숙하게만 느껴지고, 몇 번 더 읽어도 크게 다르게 보이지 않을 수 있다. 그러나 다섯 번 이상 반복하면 "아, 이런 뜻이었구나!" 하고 새롭게 깨닫게 된다. 시험 전에 이런 경험을 해두면, 낯선 표현을 만나도 당황하지 않고 정답을 정확히 고를 수 있다. 반복해서 읽는 것은 단순 암기가 아니라, 같은 내용을 여러 각도에서 이해하고 받아들이는 힘을 키우는 과정이다. 시험 당일, 낯선 표현이 '처음 보는 것'이 아니라 '익숙한 것'이 되도록 미리 여러 번 읽고 곱씹는 과정이 필요하다.

무엇을, 얼마나 알아야 할까?

공부는 단순히 오래 앉아 있는 것만으로 결정되지 않는다. 상위권 학생들 사이에서 최상위권으로 올라가려면 '시간의 양'만으로는 부족하다. 중요한 것은 '무엇을, 얼마나 잘 이해했는가'다. 최상위권 학생들은 공부 시간보다 공부의 깊이와 효율에 집중한다. 아이가 올바른 방법으로 충분한 시간을 투자할 수 있도록 지도하는 것이 중요하다.

1. '무엇을' 알아야 할까?

많이 안다고 해서 무조건 좋은 것은 아니다. 최상위권 학생들은 단순히 많은 내용을 외우는 데 시간을 쓰지 않는다. 대신, 공부할 내용 중에서 '우선순위'와 '범위'를 명확히 파악하고, 그에 맞춰 전략적으로 공부한다. 어떤 개념이 반드시 이해되어야 하는지, 어떤 문제 유형이 시험에 자주 출제되는지를 정확히 아는 것이다. 이런 기준을 바탕으로 공부하면, 아이는 양을 채우는 것에 그치지 않고 중요한 부분을 깊이 이해하고 기억할 수 있다. 아이가 '무엇을 공부해야 하는지' 명확히 인지하고 공부하는지 잘 살펴보며, 필요할 때 방향을 잡아주는 것이 큰 도움이 된다.

교과서·프린트·자습서·평가문제집　　교과서, 프린트, 자습서, 평가문제집은 공부의 기본이자 핵심 자료다. 학교 수업에서 다루는 내용이 시험 문제의 90% 이상을 차지하기 때문에, 교과서 내용을 충분히 이해하고, 프린트물에 밑줄을 그으며 복습하도록 하는 것이 중요하다. 또 교과서 출판사에서 나온 자습서와 평가문제집을 풀며 기본기를 튼튼히 다지도록 지도해준다. 이 과정을 소홀히 하면 쉬운 문제를 푸는 데도 어려움을 겪을 수 있다.

EBS 교재·기타 문제집　　다음으로 개념을 처음부터 다시 읽어보면서 폭넓게 이해해야 한다. 문제집마다 개념을 설명하는 방식이 조금씩 다르기 때문에, 같은 내용이라도 비판적인 시각으로 바라보는 것이 중요하다. 이때 아이가 문장을 있는 그대로 외우지 말고, 문장의 의미를 제대로 학습하도록 지도해주는 게 좋다. 이런 차이를 경험하는 것만으로도 아이가 개념을 보다 정확하게 잡는 데 큰 도움이 된다.

또 여러 가지 문제집을 풀면서 다양한 풀이법을 경험하는 것도 중요하다. 같은 문제라도 문제집마다 접근 방법이 다를 수 있으므로, 여러 가지 방법으로 문제를 푸는 연습이 아이의 사고력을 크게 키워준다.

나는 시험 기간마다 국어와 영어는 약 2,500~3,000문제를 풀었고, 수학은 난도별 문제집 10권 이상으로 실력을 쌓았다. 암기 과목은 최소 5권 이상, 과학탐구 과목은 개념서와 문제집을 합쳐 8권 이상 공부했다. 중요한 점은, 단순히 양을 채우는 것이 아니라 개념이 헷갈리거나 실전 감각이 부족하다고 느낄 때마다 망설이지 않고 문제집 1권을 더 풀어 완전히 이해하려고 노력했다는 것이다. 새로운 문제 하나를 찾기 위해 문제집을 푼다는 생각으로 임했다. 이런 과정을 반복하면서, 단순히 암기하거나 반복하는 공부를 넘어 '문제를 통해 개념을 확인하고 보완하는' 진짜 공부가 가능해졌다.

이때 과목별로 문제집을 선택하는 방법이 조금 다르다. 국어, 영어는 학교마다 출판사와 진도, 출제 범위가 완전히 다르기 때문에 학원 자료를 적극 활용하는 것이 좋다. 수학은 다음과 같은 순서에 따라 난도를 점차 높여가면 된다. 특히 마플 시너지와 자이스토리는 감을 유지하기 위해 빠르게 복습하는 용도로 활용한다.

RPM → 수력충전 → 내신고쟁이 → 수능특강/완성 → 쎈 → 일품 →
일등급 수학 → 올림포스 고난도 → 수학의 정석(실력편) → 블랙라벨

통합사회, 통합과학, 한국사 등의 암기 과목은 완자, 내공의힘, 일등급만들기를 활용하면 큰 어려움 없이 1등급을 받을 수 있다. 부족한 개념을 채우고, 새로운 문제 유형을 접하는 데 유용하다.

마지막으로 과학은 아래 순서에 따라 학습하는 것을 추천한다. 학교 시험은 물론 수능까지 대비할 수 있는 실력을 키울 수 있다. 특히 하이탑은 개념을 더 깊이 이해하는 데 도움이 되어, 헷갈리는 단원에서는 보충 교재로 활용하면 된다.

완자 → 내공의힘 → 일등급만들기 → 우공비 → 오투 → 수능특강/
완성 → 체크체크 → 하이탑

학교 기출문제　　학교 시험에서 높은 점수를 받으려면, 기출문제를 꼼꼼히 분석하는 습관을 기르는 것이 중요하다. 한 문제를 풀고 끝내지 말고, '이 문제에 어떤 개념이 숨어 있는지'와 '다음 시험에서는 어떻게 응용될 수 있을지'를 함께 고민하도록 지도해준다. 쉽게 말해, 출제자의 의도를 파악하는 것이다. 기출문제를 반복적으로 분석하는 과정은 시험에서 사용하는 '언어'를 배우는 것과 같다.

대부분의 내신 전문 학원은 해당 학교의 기출문제 수년 치를 보유하고 있으며, 자체 편집한 해설 자료까지 제공하는 경우가 많다. 만약 학원에서 기출문제를 구하기 어렵다면, 학교 홈페이지에서 다운로드하거나 도서관에서 시험 문제와 해설을 복사해 활용할 수 있다. 이때 중요한 점은 최소한 최근 3년 이상의 기출문제를 풀도록 하는 것이다. 이는 아이가 시험 유형에 익숙해지고, 자주 출제되는 문제 유형과 경향을 파악하는 데 큰 도움이 된다.

정답이나 해설이 불분명할 경우, 그냥 넘어가서는 안 된다. 이럴 때는 반드시 학교 선생님과 학원 선생님, 모두에게 질문하여 정확한 풀이와 이유를 확인해야 한다. 특히 서술형이나 논술형 문제는 채점 기준이 다소 모호하기 때문에, 한 번의 피드백으로 만족하지 말고 여러 선생님에게 의견을 들어보며 정리해야 한다. 이런 과정을 거치면 문제를 깊이 이해하고, 비슷한 유형이 나왔을 때 스스로 대응할 수 있는 능력을 키울 수 있다.

나는 매 시험마다 학교 기출문제를 직접 풀어보고, 선생님께 질문하는 시간을 반드시 가졌다. 기출문제를 분석하고 정확히 이해하는 과정은 예상치 못한 고난도 문제에 효과적으로 대비하는 데 큰 도움이 되었다. 고등학교 2학년 물리학 I 시험에서는 변별력 문항을 수능 특강에 수록된 최고 난도 문제를 변형해 출제한다는 점을 사전에 분석할 수 있었다. 덕분에 시험에서 당황하지 않고 문제를 해결할 수 있었다. 이 사례에서 알 수 있듯 기출문제 분석은 단순한 추가 학습이 아니라, 출제자의 의도와 문제 스타일을 이해하는 훈련으로 이어져야 한다. 아이가 이런 과정을 꾸준히 실천할 수 있도록, 이해하지 못한 부분이나 헷갈리는 부분을 선생님에게 질문하고 피드백을 받도록 지도해주면 좋다. 이런 습관은 결국 실전에서 안정적인 고득점으로 이어진다.

문제은행 마지막으로 실전 감각과 정보 처리 능력을 함께 높이는 단계가 필요하다. 학교별, 출판사별, 지역별로 다양한 문제은행 자료를 접하고 풀어보는 것이 중요하다. 같은 개념이라도 문제마다 접근 방식이나 출제 유형이 달라 다양한 방식으로 사고하는 연습이 자연스럽게 이루어진다. 이 시기에는 단순히 문제를 맞히는 것뿐만 아니라, 정확성과 속도를 동시에 갖추고 예상치 못한 문제 상황에서도 유연하게 생각을 전환할 수 있는 능력을 길러주는 것이 핵심이다.

하지만 문제은행 자료를 사용할 때는 주의가 필요하다. 온라인에서 쉽게 찾을 수 있는 자료는 검색 능력과 자료 선별에 따라 퀄리티 차이가 크고, 정답이 틀리거나 해설이 부족한 경우도 많다. 또한, 오래된 교육과정에 맞춘 자료가 섞여 있을 때도 있다. 이런 자료를 직접 확인하고 정리하는 데 시간이 많이 소요되면 비효율적인 공부가 될 수 있다. 따라서 아이가 검증된 자료를 활용하도록 도와준다. 혹은 학원 선생님의 도움을 받아 신뢰할 수 있는 자료로 공부하면 실전 감각과 정보 밀도를 효율적으로 높일 수 있다.

2. '얼마나' 알아야 할까?

아이가 문제를 풀 때 단순히 정답만 찾는 데 집중하지 말고, 개념과 배경지식, 예외사항, 출제 의도까지 함께 생각하도록 지도해준다. 최상위권 학생들은 겉보기에는 똑같이 문제를 풀지만, 머릿속에서 처리하는 정보의 깊이와 양이 다르다. 시험에서는 더 많이 알고, 더 잘 연결할 수 있는 사람이 유리하다는 점을 아이가 이해해야 한다. 예를 들어, 개념서를 볼 때는 예제뿐 아니라 옆의 보충 설명도 꼼꼼히 읽게 하고, 기출문제를 풀 때는 정답뿐 아니라 틀린 선지 속 개념도 함께 살피는 습관을 들여야 한다. 공부 시간만큼이나 정보의 질과 연결 능력이 성적 차이를 만든다. 부모의 이런 지도와 생각 변화가 아이의 공부 실력을 한 단계 높이는 큰 힘이 된다.

나는 공부할 때 종종 다른 문제집을 펼쳐 관련 내용을 찾아보곤 했다. 그래서 책상 위에는 여러 권의 책이 동시에 펼쳐져 있는 경우가 흔했다. 개념이 헷갈리거나, 전에 배운 내용과 연결되는 느낌이 들 때마다 자연스럽게 이렇게 공부했다. 물론 그 과정에서 공부 흐름이 끊기고 시간이 더 걸리기도 했다. 하지만 이런 경험 덕분에 오히려 큰 깨달음을 얻을 수 있었다. 헷갈렸던 개념을 바로잡을 수 있었고, 이전에 배운 내용과 새로 배운 내용을 연결하는 데 큰 도움이 되었다. 이런 과정을 반복하면서 나는 누구보다 많은 지식을 쌓을 수 있었고, 그 지식을 서로 연결하고 활용할 수 있는 힘을 키울 수 있었다. 단순한 암기를 넘어, 깊이 있는 이해와 응용력을 갖추는 데 큰 도움이 되었던 이 경험은 나의 공부에 중요한 전환점을 만들어주었다.

절대 안 까먹는 미친 암기법

아무리 열심히 외워도 금방 잊어버리거나, 시험지를 보면 머릿속이 하얘지는 경험을 해본 적이 있을 것이다. 이런 경우는 노력 부족이 아니라, 암기 방법이 잘못된 경우가 많다. 단순히 무작정 반복해서 외우는 방식은 비효율적일 뿐만 아니라 아이를 쉽게 지치게 만든다. 따라서 아이가 뇌가 오래 기억하는 원리를 이해하고, 전략적인 암기 방법을 익힐 수 있도록 지도해준다. 사실 많은 아이들이 충분히 노력하고 있음에도 잘못된 방식 때문에 원하는 결과를 얻지 못하고 좌절하곤 한다. 암기가 뇌가 잘 기억하도록 돕는 활동임을 알게 된다면 우리 아이에게도 암기는 훨씬 더 쉬워지고 오래 기억에 남는 과정이 된다.

기본에 충실한 정석 암기법

아이의 암기를 도와줄 때는 무작정 반복하게 하는 대신 체계적인 방법을 알려주는 게 중요하다. 사실 암기에도 누구나 따라 할 수 있는 나름의 공식이 있다. 예를 들어, 여러 감각을 동시에 자극해 암기하거나, 자기 언어로 직접 설명해보거나, 암기할 내용을 구조화하는 방법이다. 다음은 내가 실제로 사용했던 세 가지 암기법인데, 아이가 단순히 외우는 데 그치지 않고 오래 기억하며 활용할 수 있도록 도와줄 것이다. 이 방법을 이해하고 아이에게 자연스럽게 적용해준다면, 암기 효율은 확실히 달라질 수 있다.

1. 감각 자극 암기법

머리로만 외우는 것이 답답하고 잘 기억하지 못하는 아이에게는 효과적인 방법이 있다. 단순히 눈으로만 읽다 보면 머릿속이 하얘지는 경우가 많다. 이럴 때는 눈으로 보고, 귀로 듣고, 손으로 쓰고, 입으로 말하는 등 여러 감각을 동시에 자극하는 것이 좋다. 이를 '감각 자극 암기법'이라고 부르며, 뇌는 하나의 자극보다 복합적인 자극에 더 강하게 반응해 정보를 오래 저장한다. 특히 단어 암기나 개념 반복 학습에 효과적이다. 아이가 쓰기와 말하기를 함께 활용하면, 뇌가 이를 중요한 정보로 인식해 오래 기억하게 된다. 아이가 공부할 때 온몸을 활용해 기억하도록 유도해주는 게 좋다. 입과 손을 함께 움직이며 학습할 때,

이해와 기억이 강화된다.

2. 자기 설명 암기법

단순히 외우는 것을 넘어 깊이 이해하고 오래 기억하도록 하고 싶다면, '자기 설명 암기법'이 매우 효과적이다. 이는 아이가 배운 내용을 입으로 소리 내어 자신의 언어로 설명하는 방법이다. 특히 과학처럼 복잡한 원리나 과정을 다룰 때 유용하다. 설명하는 순간, 뇌는 단순 암기 모드에서 벗어나 왜 그렇지?, 어떻게 연결되지?라는 질문을 던지며 이해하려는 모드로 전환된다. 이렇게 이해한 내용은 오래 기억에 남는다. 이 방법은 마치 내 안의 또 다른 나에게 가르치는 과정과 같으며, 설명이 막히는 부분은 스스로 이해가 부족한 지점을 알게 되어 그 부분을 다시 복습하면서 학습의 빈틈을 메울 수 있다. 혼자서도 가능하지만, 친구에게 가르쳐주면서 내용을 말로 정리하면 기억 효과가 훨씬 커진다.

나는 설거지 중인 어머니나 TV를 시청하는 아버지 옆에서 혼잣말처럼 소리 내어 설명하곤 했다. 부모님께 따로 피드백을 받지 않더라도, 이렇게 혼자서 설명하는 과정에서 암기가 부족한 부분을 스스로 채우고, 이해가 덜 된 부분을 점검하며 학습의 빈틈을 확인할 수 있었다. 이 과정 자체가 자연스러운 복습이었고, 기억을 오래 남기는 효과적인 방법이었다.

3. 체계화 암기법

아이에게 단순히 외우는 것만 시키기보다는, 정보를 정리하고 연결해 머릿속에 큰 그림을 만들도록 도와주는 것이 좋다. 외울 내용이 많고 복잡할수록 이 방법의 효과는 더욱 강력하다. 이를 '체계화 암기법'이라고 부른다. 정보를 하나씩 따로 외우면 금방 잊어버리지만, 관련 내용끼리 묶고 흐름이나 단계별 구조로 연결하면 오래 기억할 수 있다. 특히 시간 순서, 인과 관계, 개념 간 연결이 중요한 과목에서 기억력을 크게 향상시킬 수 있다. 핵심은 '암기 전에 정리하고, 외우기 전에 구조화'하는 것이다. 아이가 정보를 체계적으로 정리하고, 구조화된 노트를 적극 활용하도록 도와준다. 단순 암기보다 훨씬 더 효과적으로 기억할 수 있다.

나는 한국사를 공부할 때, 모든 사건을 한 장의 종이에 구조화해 정리했다. 연도별 사건을 처음부터 끝까지 나열하고, 정치·경제·사회·개혁 등으로 범주를 나누어 사건을 각각 정리했다. 이렇게 하면 전체 사건의 흐름과 범주별 흐름을 비교하면서 맥락을 이해하고, 키워드를 한눈에 정리할 수 있다. 나는 빈칸 학습지를 만들어 학습에 어려움을 느끼는 친구들에게 나눠주었다. 복습할 때는 빈칸 학습지를 채우며 머릿속 흐름을 다시 정리했다. 이를 통해 흐름을 계속 확인하고, 이해하지 못한 부분을 점검할 수 있었다.

두뇌 회전형 실전 암기법

아이가 열심히 외웠는데, 시험장에서 하나도 기억나지 않아 당황한 경험이 있을 것이다. 이럴 때 암기의 핵심이 단순히 외우는 것이 아니라, 필요할 때 꺼내 쓸 수 있는 능력에 있다는 점을 알려줘야 한다. 머릿속에 정보를 넣는 것만으로는 부족하고, 실제로 필요한 순간에 떠올릴 수 있어야 진짜 암기다. 이를 위해 단순 반복보다 시험과 비슷한 상황에서 기억을 떠올리는 연습을 시켜주는 것이 좋다. 예를 들어, 아이가 직접 퀴즈 형식으로 문제를 만들고 풀어보거나, 암기 내용을 장소나 장면과 연결하는 장소 기억법을 활용하는 방법이다. 이런 훈련은 뇌의 반응 속도와 회상력을 높이는 데 큰 도움이 된다. 아이가 시험장에서 실제로 기억을 꺼내 활용할 수 있도록 격려해준다.

4. 장소 복원 암기법

이 방법은 학습 내용을 '어디에 있었는지'와 함께 기억하는 암기법이다. 뇌는 단어 자체보다 그 단어가 있던 장면이나 위치를 더 잘 기억한다. 그래서 시험장에서 내용이 생각나지 않다가도, '23페이지 중간쯤에 있었는데…' 하며 기억이 되살아나는 경우가 있다. 이를 활용한 것이 '장소 복원 암기법'이다. 몇 페이지였는지, 상·중·하단, 왼쪽·오른쪽 열, 박스 안 등 위치까지 함께 기억해두면, 머릿속에서 책장을 넘기듯 장면이 복원된다. 또, 익숙한 현실 공간에 정보를 배치하는 방법도 효과적이다. 예를 들어 1단원은 책상, 2단원은 침대, 3단원은 문 앞처럼 장소를 정하고, 시험 전 그 공간을 따라 걸으며 회상하는 방식이다. 이 방법은 특히 시각 기억력이 강한 아이에게 효과적이며, 막연히 외우는 것보다 '어디에 있었는지'를 기준으로 기억을 떠올리면 더 빠르고 정확하게 정보를 회상할 수 있다.

나는 노트를 정리할 때, 중요한 내용을 항상 같은 위치에 배치하거나, 특정 색깔이나 도형으로 구역을 나누어 정리했다. 이렇게 하면 시각 기억과 위치 기억이 결합되어 암기 효과가 훨씬 높아진다. 단순히 내용을 암기하는 것보다 그 내용이 놓여 있던 '노트의 풍경'까지 함께 기억하게 되면, 뇌는 해당 정보를 더 오래, 강하게 저장한다.

5. 퀴즈 반복 암기법

이 방법은 기억을 꺼내는 연습을 통해 오래 기억하도록 돕는 방식이다. 이를 '퀴즈 반복 암기법'이라고 부른다. 공부할 때 아이들은 '이건 아는 내용이지'라고 착각하기 쉽지만, 막상 시험장에서 머릿속이 하얘지는 경우가 많다. 이는 외운 것이 아니라 그저 본 것에 불과하기 때문이다. 퀴즈 반복 암기법은 이 문제를 해결해준다. 정보를 단순히 넣는 것보다, 꺼내는 연습을 반복하면 기억이 훨씬 단단해진다. 따라서 아이가 Quizlet, Kahoot!, Anki 같은 앱을 활용해 출력 중심 학습을 하도록 지도해준다. 시험에서 필요한 능력은 출력 능력이다. 꾸준히 출력 훈련을 하면 단기 기억이 장기 기억으로 바뀌고, 어떤 부분을 놓쳤는지도 쉽게 확인할 수 있어 복습 효율도 높아진다. 결국 핵심은 시험 장에서 자연스럽게 꺼낼 수 있어야 진짜 외운 것이라는 점을 아이에게 이해시키는 것이다.

나는 단순히 외워야 하는 부분이 나올 때마다, 그냥 읽고 반복하는 대신 Quizlet 앱을 활용해 출력 중심 학습을 했다. 스스로 문제를 만들고 답을 떠올리는 과정을 거치니, 처음에는 시간이 조금 더 걸리는 것 같았지만 나중에는 훨씬 오래 기억에 남았다. 특히 짧은 시간에도 집중해서 복습할 수 있어, 이동 시간이나 자투리 시간에도 큰 도움이 됐다.

기억에 꽂히는 병맛 암기법

공부를 잘하는 아이들의 방법이 항상 정답은 아니다. 외워야 할 내용은 많고, 시간은 부족할 때 재미있고 오래 기억에 남는 암기법이 필요하다. 그 대표적인 방법이 '스토리텔링'이나 '약자 만들기'다. 예를 들어 내용을 하나의 이야기로 엮거나, 단어의 앞 글자를 따서 암호처럼 외우는 방식이다. 겉보기엔 장난스럽고 유치해 보일 수 있지만 뇌는 감정과 맥락이 있는 정보를 훨씬 더 잘 기억한다. 아이에게 이런 방법을 알려주면 아이는 공부를 부담스럽게 여기지 않고 즐겁게 접근할 수 있다. 때로는 엉뚱하고 황당해 보이는 방식이 더 오래 기억에 남는다.

6. 스토리텔링 암기법

시험 직전에 외운 단어는 금세 잊어버리지만, 몇 달 전에 본 영화나 웹툰의 내용은 아직도 생생하게 기억난다. 이는 뇌가 '연결된 정보'와 '감정이 담긴 경험'을 더 오래 기억하는 원리 때문이다. 이를 활용한 것이 바로 '스토리텔링 암기법'이다. 외워야 할 단어나 개념을 하나의 이야기로 엮고, 그 안에 웃음이나 감정, 엉뚱한 상황을 추가하는 것이다. 방법도 어렵지 않다. 아이가 암기할 내용을 차례대로 연결해 작은 상황극처럼 이야기를 만들어보게 한다. 이야기는 웃기거나 이상하거나 감정을 자극할수록 더 효과적이다. 뇌가 '말도 안 되는 장면'이나 '감정이 담긴 순간'을 더 중요하게 여기고 강하게 기억하기 때문이다. 가끔 "그럼 외울 게 더 많아지는 거 아닌가요?"라고 묻기도 하는데, 이야기를 따로 외우는 것이 아니라 이야기가 정보를 연결해주는 고리 역할을 한다. 이 덕분에 아이는 훨씬 빠르고 쉽게, 그리고 오래 기억할 수 있다.

물리학에서 굴절률이 커지는 순서를 외워야 한다고 가정해보자. 정답은 공기 → 물 → 유리 순서인데, 아이가 단순히 나열해서 외우려고 하면 금방 헷갈리기 쉽다. 이때 스토리텔링 암기법을 활용하면 된다. 예를 들어, "겨울 산속 공기는 무척 차갑고, 물은 유리처럼 꽝꽝 얼어 있었어." 이렇게 짧은 문장 속에 공기, 물, 유리를 자연스럽게 연결하는 방법이다. 단어를 단순히 나열한 것보다 이야기를 통해 연결하면, 그 장면이 머릿속에 그림처럼 떠오르고 훨씬 오래 기억에 남는다. 그저 외우는 것이 아니라 재미있고 기억에 남는 방법으로 공부를 하게 된

다. 이처럼 스토리텔링은 학습에 대한 접근 방식을 즐겁고 창의적으로
바꿔 줄 수 있는 유용한 도구가 된다.

7. 약자 암기법

외워야 할 양이 많고 시간이 부족하다면, '약자 암기법'이 큰 도움이 된
다. 모든 내용을 다 외우려 하기보다는 핵심 단어의 앞 글자만 따서 줄
이는 것이 훨씬 효율적이다. 마치 정보를 압축해두었다가 시험장에서
다시 풀어내는 것과 같다. 특히 개념의 순서나 몇 가지 성질, 여러 선택
지를 한꺼번에 외워야 할 때 아주 효과적이다. 다만, 약자만 달달 외우
면 헷갈리기 쉽다. 이때 약자에 의미를 부여하거나 문장처럼 연결해
외우면 된다. 예를 들어 단어 첫 글자를 엮어 재미있는 문장이나 노래,
박자에 맞춘 랩으로 만들면 기억이 훨씬 오래간다. 이때 엉뚱하거나
유치할수록 더 잘 기억된다. 말도 안 되는 문장, 유치한 말장난, 심지어
친구 이름을 넣는 방식도 좋다. 뇌는 웃거나 감정을 느끼는 순간, 그 내
용을 강하게 기억하기 때문이다. 딱딱한 문장보다 웃기고 감정이 담긴
장면이 훨씬 오래 남는다.

과학 시간에 광합성에 필요한 재료를 외워야 한다고 가정하자. 물,
이산화탄소, 햇빛, 엽록체, 산소, 포도당처럼 꼭 기억해야 할 단어들이
많을 때 하나하나 다 외우려 하면 금세 머리가 복잡해진다. 이때 약자
암기법을 활용하면 된다. 예를 들어 단어의 첫 글자만 따서 "물이햇엽
산포"라고 외우게 하거나, 조금 변형해서 "물이 해줬다, 엽산 포도당!"

처럼 재미있는 문장을 만들어보는 거다. 단순히 단어를 나열하는 것보다 말장난처럼 재미있고 유치한 문장으로 바꾸면, 뇌가 그 기억을 훨씬 오래 붙잡아둔다. 웃기거나 엉뚱해 보일지라도 그 기억은 시험장에서 오래 살아남는 힘이 된다. 이 방식은 단순히 암기하는 것 이상의 효과를 가져온다. 아이는 재미있고 감정이 담긴 방식으로 학습을 진행하며 뇌는 그 순간을 강하게 기억한다.

우리 아이에게 맞는 암기법은?

아이가 암기를 어려워할 때는, 먼저 사람마다 잘 맞는 암기 방법이 다르다는 점을 알려준다. 어떤 아이는 체계적으로 정리해야 잘 외우고, 어떤 아이는 웃긴 문장이나 노래처럼 재미있게 외울 때 더 효과적일 수 있다. 앞서 소개한 7가지 암기법은 각각 다른 기억 원리를 활용한 방법들이다. 아이가 이 중에서 자신에게 맞는 방법을 선택해 시도해볼 수 있도록 격려해주길 바란다. 암기는 단순히 노력만으로 되는 것이 아니라, 올바른 방법과 기술을 활용할 때 비로소 효과를 발휘한다. 이제는 '무조건 많이 외우기'보다 '외우는 방식을 바꾸기'가 먼저라는 점을 아이가 스스로 깨달을 수 있도록 도와주는 것이 좋다. 이 과정에서 아이가 자신만의 효과적인 방법을 찾을 수 있도록 지지해주면 좋다.

수시 준비
(학생부, 면접)

전교 1등 맘이 말하는 학생부 준비 방법

아이의 수시 준비를 도와줄 때 가장 먼저 '성적'이 떠오를 거다. 그래서 놓치기 쉬운 것이 학생부(학교생활기록부)다. 학생부는 아이의 관심사와 탐구 과정, 그리고 성장 스토리를 보여주는 종합 기록이기 때문에 꾸준한 준비와 관리가 필요하다. 이때 부모의 역할은 단순히 "공부 열심히 해라"라는 말에 그치지 않는다. 아이가 어떤 방향으로 활동을 쌓아가야 하는지 함께 고민하고 그 과정을 점검하며 지속적으로 관심을 가지고 지원해주는 것이 중요하다. 지금부터 전교 1등 맘이 강조하는 학생부 준비 방법을 소개하겠다.

1. 아이의 시야를 넓히기

고등학교 1학년은 아이에게 정말 정신없는 시기다. 중간·기말고사와 수행평가에 쫓기다 보면 하루하루가 과제와 마감으로 가득 차게 마련이다. 아이의 시선은 자연스럽게 학교 등수나 내신 등급에만 머물고, 수시 준비의 큰 그림을 바라볼 여유를 가지기 어려워진다. 하지만 수시 전형은 내신 성적만으로 승부가 나지 않는다. 학생부종합전형에서는 성적뿐 아니라 자기주도적인 활동과 관심 분야에 대한 꾸준한 탐색 과정이 함께 평가된다. 그래서 이 시기 부모의 역할이 무엇보다 중요하다.

아이에게 "학생부가 중요하다"라는 말만 반복하기보다는, 실제 사례를 보여주는 것이 훨씬 효과적이다. 예를 들어, '서울대학교 입학본부 웹진 아로리'의 [학생부종합전형 안내]-[나도 입학사정관] 탭에 들어가보면, 실제 합격생들의 데이터가 공개되어 있다. 교과 성취도, 의미 있는 활동, 독서 활동, 주제 탐구 등이 어떻게 기록되어 있는지 직접 확인할 수 있다. 또 같은 학교 선배의 학생부를 구체적으로 보여주면 아이는 "아, 나도 이렇게 준비해야겠다"라는 감을 잡게 된다.

결국 아이와 함께 학생부를 3년간 어떤 활동과 흐름으로 채워갈지 고민하고 대화를 나눠야 한다. 내신과 활동을 아이 혼자 동시에 챙기기란 쉽지 않기 때문이다. 이때 부모가 한 발짝 떨어진 자리에서 방향을 제시해준다면, 아이는 지금보다 훨씬 전략적으로 움직일 수 있다. 아이에게 필요한 건 "더 열심히 해!"라는 추상적인 말이 아니라, "이 방향으로 해보면 어떨까?"라는 구체적인 안내다. 아이가 내신 성적에만 갇혀 있던 시야에서 벗어나 학생부 전체를 바라볼 수 있게 된다면, 그 순간부터 학생부는 단순한 기록이 아니라 아이만의 이야기를 담은 성장의 발자취가 될 것이다.

2. 아이와 함께 점검하기

학생부는 한 번에 완성되는 서류가 아니다. 꾸준히 점검하고 조금씩 다듬어야 비로소 하나의 스토리로 완성된다. 그런데 이 과정은 아이 혼자 감당하기에는 낯설고 벅차다. 부모님의 꾸준한 동행과 세심한 점검이 반드시 필요하다. 학기 초에는 과목별로 1~2개 정도의 탐구 주제를 정하도록 지도해준다. 시간이 날 때마다 자료를 모으고 개선해나가야 한다. 이때 부모가 함께 방향을 제시해주면 아이는 막막함 대신 자신감을 얻는다.

학기 말에는 아이와 함께 학생부를 차분히 읽어보며 오타, 띄어쓰기, 사실과 다른 부분이 없는지 꼼꼼히 확인해준다. 필요한 수정 사항이 있다면, 아이가 주저하지 않고 선생님에게 정중히 말씀드릴 수 있도록 용기를 북돋아주는 것도 부모의 중요한 역할이다. 특히 아이의 실제 의도와 선생님의 기록 간에 차이가 있는지도 세심하게 살펴보아야 한다. 이런 과정을 거치면 학생부의 완성도가 높아질 뿐만 아니라,

사실과 다른 부분이 없는지 확인		아이의 의도와 선생님의 기록 간 차이 확인	
기록	"학교 신문 기자로 활발히 활동함"	기록	"봉사활동에 열심히 참여함"
사실	기사 작성보다는 사진 촬영 위주였음	의도	소외계층 아동과 소통하는 과정에서 리더십과 협동심을 배웠다는 점을 강조하고 싶음
해결	아이가 선생님께 "활동 내용을 구체적으로 반영해주실 수 있을까요?"라고 요청함	해결	아이가 선생님께 "활동 중 배운 리더십과 협동심 부분도 포함해주실 수 있을까요?"라고 요청

아이가 자신의 활동을 스스로 계획하고 관리하는 힘을 키우게 된다.

학년 말에는 학생부 전체를 점검해보는 시간이 필요하다. 1학년은 관심 분야, 2학년은 희망 학과, 3학년은 목표 직업으로 이어지듯 해마다 키워드가 구체화되는 것이 이상적이다. 교내 활동이나 탐구 주제도 이 흐름에 맞춰 나아가야 학생부 전체가 하나의 스토리를 이루게 된다. 이렇게 해마다 선택과 경험이 진로로 이어지는 과정을 함께 돌아보면, 아이는 자신이 걸어온 길을 자각하게 되고 앞으로 어떤 부분을 보완해야 할지도 스스로 판단할 수 있게 된다. 결국 부모님의 꾸준한

1학년		2학년		3학년
관심 분야	→	희망 학과	→	목표 직업
생명과학		의예과		정형외과 전문의

동행과 점검은 단순히 학생부를 잘 관리하는 차원을 넘어, 아이가 자기 진로를 주도적으로 설계할 수 있는 힘을 길러주는 과정이 된다.

3. 아이에게 관심을 가져준다

아이의 생활을 가장 가까이에서 지켜보는 사람은 부모다. 그렇기에 부모의 관심과 시선은 담임 선생님에게도 분명하게 전달될 필요가 있다. 학부모 상담은 그 출발점이 된다. "우리 아이 잘 부탁드립니다"라는 인사에 그치지 말고, "우리 아이가 이런 활동에 관심이 많고, 이런 방향으로 키워보고 싶습니다"처럼 구체적인 의도를 공유해준다. 부모가 진지하게 관심을 표현할수록 선생님도 아이를 한 번 더 눈여겨보고, 더 깊이 이해하려 노력하게 된다. 직접 방문이 어렵다면 짧게라도 전화 상담을 시도해보아야 한다. 부모의 관심은 교사의 관심을 이끌어내는 힘이 된다.

　이러한 관심은 상담 시간에만 그쳐서는 안 된다. 학교에서 보내오는 가정통신문도 꼼꼼히 확인해야 한다. 그 안에는 교내 대회, 봉사활동, 진로 프로그램 등 수시 준비에 도움이 될 만한 다양한 기회들이 담겨 있다. 아이 혼자서는 이런 정보를 놓치기 쉽지만, 부모가 함께 챙겨주는 것만으로도 아이의 활동 폭이 크게 넓어질 수 있다. 특히 학기 초나 방학 직전에는 새로운 프로그램이 자주 안내되므로, 이 시기를 놓치지 않고 살펴보는 것이 중요하다. 작은 관심이지만 이런 꾸준한 관심이 결국 아이의 학생부를 풍성하게 만드는 밑거름이 된다.

1. 진로 및 학업 관련

① 의대 지망

② 생명과학 과목이 다소 약함

→ 수업 참여, 추가 학습, 탐구 활동으로 보완 필요

③ 수학과 물리에 흥미와 자신감 있음

→ 문제 풀이·심화 탐구 활동에 강점 활용

2. 성향 및 활동 관련

① 발표, 토론 등 남들 앞에서 말하기를 좋아함

→ 발표 기회·교내 대회 참여 추천

② 운동 경험 있음(어릴 때 육상선수)

→ 체육 활동, 봉사활동 등에서 자신감 활용 가능

③ 고집이 셈

→ 자기주장이 강해서 때로는 조율 필요

3. 가정과의 소통

① 부모와 학교생활을 거의 전부 공유

→ 가정에서 피드백 가능, 부모와 연계해 지도 가능

4. 건강 및 생활 습관

① 새벽까지 공부하는 습관

→ 피로 누적 가능, 수업 시간 집중 상태 모니터링 필요

5. 요청 사항

① 아이의 강점과 보완점을 고려한 지도

② 학생부 기록 반영 시 강점 살리기

③ 피로 누적이나 집중력 저하 시 부모에게 알림

6. 기타

① 부모가 적극적으로 관심을 가지고 있으며, 학교와 가정 간 소통 원활

② 질문이나 추가 안내 필요 시 전화 / 메시지로 연락 가능

주변 학부모 커뮤니티나 정보 공유 단톡방을 적극 활용해보는 것도 좋은 방법이다. 실제로 이런 곳에서는 학교 공지보다 빠르게 대회 일정이나 진로 프로그램 소식이 공유되기도 한다. 서로의 경험을 나누다 보면 아이에게 맞는 활동을 더 쉽게 찾을 수 있다. 어떤 부모는 직접 동아리를 만들어 아이들의 활동을 주도하기도 한다. 결국 입시는 '정보전'이다. 부모의 정보력은 곧 아이의 기회를 넓히는 든든한 발판이 된다. 작은 정보 하나가 아이의 학생부를 특별하게 만들 수 있다는 사실을 꼭 기억해두길 바란다.

전교 1등 맘이 말하는 면접 준비 방법

수시 전형에서 학생부만큼이나 중요한 마지막 관문이 바로 면접이다. 면접은 단순히 지식을 묻는 시험이 아니라, 아이가 지금까지 쌓아온 경험과 생각을 자기 언어로 풀어내는 무대다. 그런데 막상 면접을 준비하다 보면, 아이 혼자 연습하기는 쉽지 않다. 부모가 어떤 방식으로 질문하고, 기록하며, 분위기를 만들어주느냐에 따라 아이의 자신감과 표현력이 크게 달라질 수 있다. 전교1등 맘이 강조하는 면접 준비의 비밀을 함께 나누고자 한다.

1. 질문하는 부모가 되어준다

면접은 하루아침에 준비되는 것이 아니다. 질문과 답변의 반복 속에서 아이는 점차 말에 힘을 얻고, 사고의 폭을 넓혀간다. 이때 가장 효과적인 방법은 바로 일상 속에서 끊임없이 질문해주는 것이다. 밥을 먹을 때, TV를 보다가, 학원 데려다주는 길에, 자연스럽게 아이와 대화를 이어가며 질문을 던져본다. 질문은 미리 준비된 예상 질문이어도 좋고, 즉석에서 떠올린 질문이어도 좋다. 이때 아이가 어떤 과목을 배우는지, 어떤 활동을 했는지, 어떤 경험을 쌓고 있는지를 부모가 알고 있다면 아이에게 질문하는 데 큰 도움이 될 것이다.

질문이 막연하게 느껴진다면 아이의 학생부에 적힌 내용, 교과 심화 주제, 최근 시사 이슈, 혹은 인성과 관련된 상황 질문을 활용해본다. 예를 들어 "네가 참여했던 봉사활동에서 어떤 것을 얻었어?", "어떤 책이 너에게 가장 의미 있었지?", "네가 선택한 전공을 다른 사람에게 설득력 있게 설명해볼래?"가 있다. 이런 질문은 아이가 스스로 생각을 정리하고 표현하는 힘을 길러준다.

이제는 아이가 직접 문장을 만들어보고, 자기만의 언어로 답변하도록 이끌어주어야 한다. 미사여구로 꾸미는 답변보다는, 아이의 생각이 얼마나 구체적이고 진솔하게 담겨 있는지를 살펴보는 것이 중요하다. 이때 부모는 아이의 답변을 조금 이해하지 못하더라도 괜찮다. 아이는 질문에 답하는 과정에서 자신이 알고 있는 내용을 정리하고, 부족한

학생부에 적힌 내용	1. 생명과학 동아리에서 진행했던 실험 중 가장 의미 있었다고 기록된 실험이 있던데, 그 경험이 너의 '의사'라는 진로와 어떻게 연결된다고 생각하니? 2. 네가 학생부에 기록한 독서 활동 중 《의학의 역사》가 있던데, 그 책을 통해 배운 점이 지금 네가 되고 싶은 의사상과 어떻게 연결된다고 생각하니?
교과 심화 주제	1. 혈액의 산소 운반과 관련해 헤모글로빈의 구조적 특징을 설명할 수 있겠니? 2. 화학 시간에 배운 '단백질 변성' 개념을 실제 질병 사례와 연결해서 설명해볼래?
최근 시사 이슈	1. 최근에 의사 인력 확충 정책이 사회적으로 큰 논란이 되었는데, 넌 의대 지망생으로서 이 문제를 어떻게 바라보고 있니? 2. 의료 인공지능(AI) 도입이 확대되면서 의사의 역할이 바뀔 수 있다는 얘기가 있어. 너는 앞으로 의사가 어떤 부분에 더 집중해야 한다고 생각하니?
인성 관련 상황 질문	1. 만약 너와 의견이 완전히 다른 동아리 친구가 있다고 했을 때, 어떻게 설득하거나 협력할 수 있을까? 2. 환자를 치료하는 과정에서 환자가 너의 의견을 거부한다면, 어떻게 대처할 수 있을까?

부분을 채워 나가는 기회를 얻게 되기 때문이다. 결국 부모의 꾸준한 질문이 아이에게는 최고의 면접 연습이자, 자신감을 심어주는 든든한 밑거름이 된다.

2. 기록은 객관성을 만든다

모의면접은 횟수와 실력이 비례하지 않는다. 그렇기 때문에 아이가 어떻게 답변했는지 매번 기록하고 꼼꼼히 피드백하는 과정이 꼭 필요하다. 따라서 '모의 면접 지도 기록지'를 만들어서 매 회차마다 기록을 쌓아본다. 이때 피드백은 가능한 한 구체적이고 다양하게 해주는 게 좋다. 예를 들어, 말의 내용뿐 아니라 말투, 표정, 눈빛, 답변의 구조까지 관찰하며 알려주면, 아이가 스스로 부족한 부분을 인식하고 다듬어갈 수 있다. 부모가 함께 기록하고 피드백을 확인하면서, "이번에는 이런 부분이 좋았고, 여기는 조금 더 신경 쓰면 좋겠다"처럼 긍정적인 톤과 조언을 섞어 말해주면, 아이도 부담 없이 배우고 발전할 수 있다. 꾸준

모의 면접 기록 일지

No.	일시 (날짜/시간)	장소
1		
2		
3		
4		
5		
6		
7		
8		
9		
10		
11		
12		
13		
14		
15		

모의 면접 지도 기록지

일시	0000년 00월 00일 (00:00~00:00)
장소	00000
인적사항	이름: 000
지원정보	대학: 00대학교 학과: 00과

질문	

지도영역	지도내용
태도 및 표현력	
논리적 사고력	
추가 보완사항	

히 기록하며 발전 과정을 눈으로 확인하는 것만으로도 큰 힘이 된다.

기본 정보　　모의 면접 일시, 장소, 면접 대상자의 이름, 대학 및 지원 학과를 적는다. 같은 계열의 학과라고 해도, 대학마다 지향하는 인재 상이 조금씩 다르고 강조하는 가치나 교육 방향이 다를 수 있다. 그래서 나는 각 대학의 홈페이지에 자주 들어가서 해당 학과의 비전, 핵심 가치, 교육목표, 교육과정, 선발인재상, 졸업인재상 등을 구체적으로 암기했다. 이 내용은 면접 답변에서 매우 중요한 기준이 되기 때문에 아이와 함께 꼼꼼히 읽고 이해하는 것이 반드시 필요하다. 단순히 학과 이름만 보고 준비하기보다는 그 학과에서 어떤 인재를 키우고자 하는지, 그리고 아이가 그 방향성과 얼마나 잘 맞는지를 확인하는 과정이 우선되어야 한다.

질문과 답변　　| ① 학생부에 적힌 내용 | 아이는 학생부에 적힌 활동을 완벽하게 숙지하고 있어야 한다. 나 역시 학생부에 적힌 내용을 100페이지가 넘는 한글 파일로 정리했고, 반복해서 보고 암기하며 준비했다. 이렇게 준비가 되어 있어야 어떤 질문이 나오더라도 당황하지 않고 자신 있게 답할 수 있다. 이 과정에서 학생부 속에 나타나는 빈틈이나 부족한 부분은 매번 다른 과목, 활동, 경험에 대한 질문을 던지면서 점차 채워나가야 한다. 특히 직전 모의 면접에서 답변이 부족했던 질문이 있다면, 꼭 다시 한번 확인하고 보완할 수 있도록 지도해준다. 아이가

스스로 부족한 부분을 느끼고 채워나갈 수 있도록 부모가 세심하게 챙겨주는 것이 중요하다.

| ② 교과별 심화 주제 | 교과별로 심화 주제는 과목마다 2~3개 정도만 선정하고, 그 주제에 대한 대본은 꼭 아이가 직접 작성하도록 지도해준다. 단순히 외우기 위한 것이 아니라, 자신의 말로 설명하는 연습을 통해 사고력을 키우는 것이 목적이다. 서류 기반 면접에서는 면접관이 특정 활동을 바로 묻기보다는 "가장 기억에 남는 활동이 무엇인가요?" 처럼 열린 질문으로 시작해 꼬리 질문으로 이어가는 경우가 많다. 그래서 아이가 지원 학과와 관련된 활동 중에서 세 가지 정도를 골라, 그 활동에 대한 대본도 미리 준비하도록 하면 좋다. 이렇게 준비하면 질문이 어떤 방향으로 흘러가더라도 아이가 중심을 잃지 않고, 자신 있게 대답할 수 있는 힘이 생긴다. 한 단계씩 차근차근 준비하도록 옆에서 격려해준다.

| ③ 시사적 배경 | 시사적 배경은 지원 학과, 교육과정, 그리고 졸업 후 진로와 연결된 최신 뉴스나 이슈를 중심으로 살펴보면 좋다. 평소 아이가 관심 있는 분야라면 자연스럽게 자신의 생각을 이야기할 수 있겠지만, 관심이 적은 경우라면 미리 준비가 필요하다. 이럴 때는 관련 뉴스를 함께 스크랩해서 아이가 직접 읽고 정리하도록 유도해준다. 그러면 단순히 정보를 아는 것에 그치지 않고, 관심을 키우면서 사고의 깊

이도 함께 길러진다. 면접에서는 시사 이슈를 단순히 정보 목적으로 전달하는 것이 아니라, 아이만의 시선으로 해석하고 지원 분야와 연결 지어 이야기하는 것이 중요하다는 점도 꼭 알려주면 좋다.

| ④ 인성과 관련된 상황 질문 | 인성과 관련된 상황 질문이 나올 때는 조금 더 세심하게, 그리고 집요하게 물어봐준다. 이런 질문들은 정해진 답이 있는 게 아니고 도덕적 딜레마나 갈등 상황처럼 아이의 생각을 요구하는 경우가 많다. 중요한 건 아이가 자신의 생각을 끝까지 굽히지 않고 논리적으로, 또 당당하게 표현할 수 있는 자세다. 면접관이 일부러 반박하거나 다른 시각을 제시할 때도 있을 텐데, 그럴 때 흔들리지 않고 자신의 주장을 또렷하게 설명할 수 있어야 한다. 결국 답변 내용보다도 태도, 설득력, 자기 확신이 면접에서 더 큰 인상을 남긴다. 아이가 이런 연습을 충분히 하고 자신감을 가질 수 있도록 격려해준다.

지도 영역　　| ① 태도 및 표현력 | 아이가 면접에 자신 있게 임하고 있는지는 태도에서 가장 먼저 드러난다. 말을 할 때 눈을 정확히 마주치는지, 고개를 숙이거나 시선을 아래로 떨구지는 않는지, 자세가 흐트러지지는 않는지 꼼꼼히 살핀다. 마찬가지로 표현력도 중요하다. 목소리 크기와 속도, 말투가 또렷하고 안정감 있는지 확인해준다. 특히 지나치게 굳어 있거나 무표정하면, 답변 내용이 아무리 좋아도 상대방에게 잘 전달되지 않을 수 있다. 부모로서 자연스럽게 격려하고, 아이가 편

안하게 자신의 생각을 보여줄 수 있도록 도와주는 것이 좋다.

| ② 논리적 사고력 | 답변을 할 때는 되도록 핵심을 먼저 말하는 두괄식 구조로 연습하도록 도와준다. 주제를 먼저 말하고, 그 뒤에 이유나 근거를 덧붙이면 듣는 사람이 이해하기 훨씬 수월하다. 이 과정에서 아이가 사용하는 단어나 개념을 정확히 이해하고 있는지도 함께 확인한다. 어려운 말을 쓴다고 깊이 있는 답변이 되는 것은 아니다. 오히려 길고 모호한 문장은 전달력을 떨어뜨릴 수 있다. 아이가 답변하는 동안 이해가 부족한 부분이 어디인지, 또 어떤 개념을 더 공부하면 좋을지 부모가 함께 짚어주면 큰 도움이 된다.

| ③ 추가 보완 사항 | 보완해야 할 점이나 강점도 함께 짚어준다. 면접관은 몇 가지 질문만으로도 아이의 성격, 태도, 강점 등을 금세 파악한다. 결국 아이는 "어떤 학생인가?", "무엇을 잘하는가?"라는 질문에 또렷하게 답할 수 있어야 한다. 아이의 진로에 대한 구체적인 방향성, 스스로 가진 문제의식과 고민, 그리고 그 고민을 해결하기 위해 실제로 해본 경험이 자연스럽게 연결될 때, 면접 답변은 훨씬 진정성 있게 느껴진다. 부모로서 아이와 함께 이야기하며 이런 흐름을 만들어주고, 작은 부분이라도 칭찬과 피드백을 놓치지 않는 것이 중요하다.

3. 면접도 무대다

면접은 말로 평가받는 시험이면서 동시에 겉으로 드러나는 외모와 태도도 중요하다. 아이의 복장, 표정, 자세, 목소리, 눈빛 등은 대답 내용만큼이나 큰 영향을 준다. 면접 전에는 아이의 외모와 복장을 꼼꼼히 챙겨준다. 헤어스타일, 손톱, 눈썹, 피부 등을 깔끔하게 정리하면 아이의 성실함과 태도가 자연스럽게 드러나 좋은 인상을 줄 수 있다. 복장은 학생부와 전공 콘셉트에 맞춰 차분하고 단정한 스타일로 입되, 무채색이나 톤이 다운된 색상을 선택하는 것이 좋다. 추가로 장소 답사는 아이의 긴장을 완화하는 데 큰 도움이 된다. 면접장 위치, 동선, 대기 공간을 미리 확인하면 낯선 환경에서 오는 긴장을 줄일 수 있으니, 가능하면 미리 현장을 방문해보는 것을 추천한다.

모의면접 시에는 아이의 모습을 영상으로 찍고 함께 보는 과정이 필요하다. 아이 스스로는 표정, 말투, 자세를 체크하기 어렵기 때문에 영상을 보면서 고칠 점을 스스로 찾아보도록 지도해준다. 부모도 답변 내용에만 집중하다 보면 눈 깜빡임, 고개 숙임, 손동작, 말버릇 같은 사소한 부분을 놓치기 쉽다. 아이가 눈을 마주치고 말하는지, 고개를 너무 숙이지 않았는지, 목소리 높낮이가 단조롭지 않은지 꼼꼼히 확인한다. 이런 부분을 영상으로 직접 보고 반복해서 피드백하면, 아이의 면접 태도와 표현력이 훨씬 자연스러워진다.

전교 1등의 정시 준비법

1. EBS 교재

정시를 준비할 때 EBS 교재는 선택이 아닌 필수다. 수능에서 EBS 연계 비율이 유지되는 한, 교재를 완벽히 소화하는 것이 곧 점수 확보와 직결된다. 수능 연계 교재로 《수능특강》과 《수능완성》을 추천하고, 기출이나 모의고사 연습용으로는 《만점마무리 봉투모의고사》, 《FINAL 실전 모의고사》를 풀어볼 것을 추천한다. 중요한 건, 한 번 풀고 끝내는 게 아니라 문제를 외울 정도로 반복해서 보는 것이다. 과목마다 회독

횟수를 조절하되, 개념과 유형이 제한적인 과목일수록 반복 학습의 효과가 훨씬 크다는 점을 염두에 두어야 한다.

국어와 영어는 실력을 점검하고 감을 유지하는 것이 중요하기 때문에, 나는 풀이와 오답 정리를 한 뒤 따로 회독을 진행하지는 않았다. 사설 인터넷 강의를 활용해 자연스럽게 복습을 이어갔다. 수학은 교재가 나왔을 때, 6·9월 모의고사 직전, 그리고 수능 직전에 맞춰 3회독 이상 반복했다. 과학탐구 과목은 교재 출시 시점부터 수능 직전까지 일정한 간격으로 7회독 이상 반복하면서 이해와 기억을 탄탄하게 만들었다.

이때 EBS 자체 강의를 적극적으로 활용하도록 지도해준다. 많은 아이들이 EBS 강의를 가볍게 여기거나 소홀히 하는 경향이 있지만, EBS 강의는 교과서 중심으로 설명하기 때문에 개념 이해에 큰 도움이 된다. 사설 강의와 함께 활용하면 서로 보완되어 학습 효과가 더 커지며, 교재 제작 의도와 핵심 포인트를 직접 확인할 수 있다는 점도 놓치지 말아야 한다. 결국, EBS 교재는 단순 문제집이 아니라 아이의 점수를 보장하는 기본 토대다. 부모가 옆에서 회독 목표를 세우고, 강의까지 병행하도록 지도하는 것이 필요하다.

나는 내신이든 수능이든, EBS 자체 강의를 적극적으로 활용했다. 개념 설명 부분에는 교과서나 사설 인터넷 강의 교재에서 다루지 않는 세세한 내용들이 있어서 이해에 큰 도움이 되었다. 비용이 부담될 때는 EBSi 홈페이지에서 해당 부분의 PDF 인쇄본을 출력해 활용하기도 했다. 또한 1등급을 가르는 킬러 문항 해설 강의도 적극적으로 활용했다. 내가 풀이한 방법, EBS 강의, 사설 인터넷 강사의 풀이를 비교하며 부족한 부분을 보완하고 수정해나갔다. 덕분에 다양한 풀이 방법을 시도하면서 문제 해결 능력을 키울 수 있었다.

2. 인터넷 강의

인터넷 강의는 원하는 강의를 전부 수강하기에는 비용 부담이 크기 때문에 필요한 강의를 전략적으로 선택하는 것이 중요하다. 대부분의 경우 한 회사의 '패스'를 구매하게 되므로, 먼저 과목별로 여러 선생님의 맛보기 강의를 들어보고 아이에게 잘 맞는 강사를 찾도록 지도한다. 이때 아이가 5분만 듣고 성급하게 결정하지 않고, 최소 30분 이상 들어본 후 판단해야 한다. 강의 내용뿐 아니라 글씨체, 말하기 속도, 말투, 판서 습관 등 세세한 부분까지 살펴서 장시간 들어도 불편함이 없는지 확인하는 것이 좋다.

강사를 중간에 바꾸는 것은 학습 흐름에 큰 차질을 줄 수 있다. 만약 과목별로 원하는 강사의 소속 회사가 다르다면, 아이가 가장 약한 과목의 강사를 기준으로 회사를 선택하는 것을 권한다. 약한 과목에서 자신감과 흥미를 잃으면 전체 학습 의욕에도 영향을 주기 때문에, 약한 과목에서 '잘 맞는 강사'가 아이 학습의 핵심 버팀목이 된다.

나는 고등학교 2학년 때부터 내신 대비와 학력평가 복습을 위해 사설 인터넷 강의를 적극 활용했다. 판서를 빠짐없이 받아 적고 추가 설명까지 정리하는 것을 선호했기 때문에, 판서가 깔끔하고 체계적인 선생님을 선택했다. 또한 강의를 2배속으로 들어도 발음이 뭉개지지 않고 전달력이 좋은 선생님을 골랐다. 그래서 수학은 현우진 선생님, 영어는 조정식 선생님, 지구과학 I 은 오지훈 선생님을 선택해 학습에 큰 도움을 받았다.

강사와 학원을 확정한 이후에는 강좌 커리큘럼을 처음부터 끝까지 충실히 따라가도록 지도해준다. 중간에 다른 강사의 강의를 섞거나 일부 파트를 건너뛰면 학습의 흐름이 깨지고, 강사가 설계한 체계적인 학습 구조가 무너질 수 있다. 아이가 스스로 선택한다고 해도, 부모가 옆에서 잡아주면서 '이 강의는 끝까지 들어야 한다'는 습관을 심어주는 것이 좋다. 무엇보다 중요한 것은, 시작한 강의는 반드시 100% 완강하도록 하는 것이다. 완강하는 경험 자체가 아이에게 성취감과 자신감을 심어주고, 자기주도학습 능력을 키우는 강력한 훈련이 된다. 처음에는 힘들어도 끝까지 해냈다는 경험이 쌓이면 점점 스스로 계획하고 꾸준히 공부하는 아이로 성장하게 된다.

나는 메가스터디 오지훈 선생님의 지구과학 I 커리큘럼을 처음부터 끝까지 충실히 따라갔다. 덕분에 모든 학력평가와 수능에서 꾸준히 1등급을 유지할 수 있었다. 강의를 들을 때는 중간에 대충 듣거나 넘어가지 않고, 성취율 100%에 도달할 때까지 한 마디도 놓치지 않겠다는 마음으로 끝까지 집중했다. 이런 꾸준한 태도 덕분에 매 강좌를 마칠 때마다 성취감을 느낄 수 있었고, 계획을 세워 끝까지 완수하는 자기주도학습 능력도 크게 성장했다.

3. 실전 모의고사

모의고사는 아이의 현재 실력을 점검하고 실전 감각을 기르는 중요한 훈련이다. 시험에서 실력을 얼마나 발휘할 수 있는지를 확인하는 과정이라고 생각하면 된다. 처음에는 충분한 시간을 주고 문제를 처음부터 끝까지 풀어보도록 지도해준다. 이렇게 하면 아이가 중도에 포기하지 않고, '풀 수 있는 문제'를 최대한 맞히는 습관이 생긴다. 정확도를 확보한 이후에 시간을 제한해 실제 시험처럼 임하는 훈련을 꾸준히 이어가면 된다.

과목별 학습전략도 반드시 필요하다. 과목마다 주어지는 시간과 아이가 체감하는 난도가 다르다. 따라서 아이가 시험장에서 당황하지 않고 자신의 실력을 최대한 발휘하려면, 자신만의 행동요령과 풀이 순서를 정해두는 연습이 필요하다. 이렇게 사전에 전략을 세워두면 실제 시험에서도 안정적으로 시간 관리를 하고, 마지막까지 집중력을 유지할 수 있다.

국어는 타임어택이 강하고 흐름이 한번 무너지면 회복이 어렵기 때문에 초반에 기세를 잡는 것이 중요하다. 그래서 나는 국어는 자신 있는 영역부터 풀었다. 언어와 매체, 문학, 비문학 순서로 푸는 것에 적응했다. 수학은 난도별로 풀지, 순서대로 풀지 미리 정해두었다. 기본은 순서대로 풀되, 고난도 문항(21·22·30번)을 뒤로 미루는 방식을 선택했다. 영어는 듣기 영역을 푸는 동안 동시에 독해 문제를 푸는 훈련을 했다. 처음에는 비교적 쉬운 문제(예: 18·19·20·25~29번)부터 시작해서 점차 중간 난도(예: 22 · 23 · 30번)로 문제 수를 늘려나갔다.

채점과 복습 단계에서는 단순히 정답만 확인하는 데 그치지 않아야 한다. 해설지를 꼼꼼히 읽으며 문제 출제 의도와 풀이 과정을 완전히 이해하는 것이 중요하다. 가능하다면 해설 강의도 처음부터 끝까지 시청하도록 지도해준다. 또한 틀린 문제뿐 아니라 전반적인 문제 풀이 과정을 함께 점검하면서, '어디서 시간을 줄일 수 있었는지', '다른 접근법은 없었는지'를 분석하면 학습 효율이 훨씬 높아진다. 이런 과정을 반복하면 실전 감각은 물론 문제 해결력까지 크게 향상된다.

마지막으로 학력평가와 수능 기출문제부터 철저히 분석하고, 이후에 사설 모의고사로 범위를 넓혀가는 것이 좋다. EBS 교재나 사설 인터넷 강의로 기출문제를 반복 학습하기 전에, 실제 시험처럼 기출문제를 직접 인쇄해 풀어보는 과정이 꼭 필요하다. 문제집이나 강의로 익숙해지기 전에, 처음 보는 상태에서 스스로 풀어보는 경험이 있어야 자신의 진짜 실력을 객관적으로 점검할 수 있고, 이후 복습 효과도 훨씬 커진다. 부모가 옆에서 아이가 이 과정을 꾸준히 따라가도록 체크한다면, 아이에게 자신감과 실전 감각, 두 가지를 모두 키워주는 최고의 학습 루틴이 될 것이다.

전교 1등의 1등급 유지법

1. 목표가 학습의 수준을 결정한다

수능 1등급을 얻기 위해 특별한 비법이 있는 것은 아니다. 가장 중요한 것은 아이의 마음가짐과 목표 설정이다. 학창 시절을 돌아보면, 나와 주변 친구들 간의 차이는 공부 방법보다는 목표를 설정하는 방식에서 나타났던 것 같다. 나는 늘 '100점'을 목표로 삼았고, 덕분에 꾸준히 안정적인 성적을 유지할 수 있었다. 반면 일부 친구들은 목표를 조금 더 낮게 설정하면서, 조금의 실수에도 등락이 생기는 모습을 보이곤 했다.

나도 한때 비슷한 시행착오를 겪었다. 1~2학년 동안 수학에서 계속 92점을 넘지 못했는데 이유는 생각보다 단순했다. 내가 했던 공부가 철저히 '92점에 맞춰진 공부'였던 것이다. 쉬운 문제만 반복하고 최고 난도 문제, 특히 30번 문제는 아예 손을 대지 않았다. 스스로 '나는 이 문제를 못 풀어'라고 단정 지어버린 셈이다. 그때 깨달은 중요한 교훈이 있다. 공부를 할 때는 어려워서 도저히 못 풀 것처럼 느껴지는 문제에도 꾸준히 도전해야 한다는 것이다. 실패를 두려워하지 않고 반복해서 시도하는 과정에서 비로소 실력이 확장되고, 점수의 벽도 자연스럽게 넘어설 수 있다. 지금 생각해보면, 그동안 스스로 제한을 두고 있었던 것이 가장 큰 걸림돌이었다. 어려운 문제에 맞서는 경험을 통해 자신감을 얻고, 조금씩 한계를 넓혀가는 과정이야말로 진짜 성장의 시작이었던 셈이다.

여기서 주목할 점은 한 문제라도 허투루 넘기지 않고 끝까지 이해하려는 태도다. 풀리지 않는 문제라도 해설을 따라가며 끝까지 사고하는 경험이 쌓이면, 언젠가는 고난도 문제에도 도전할 용기가 생긴다. 비록 틀리더라도 끝까지 풀어본 경험은 다음 도전으로 이어진다. 따라서 아이가 스스로 한계를 정하지 않도록 지도해준다. 아이가 "이건 못 해"라고 선을 긋는 순간, 학습도 그 수준에 머무르게 된다. 반대로 "더 잘할 수 있다"는 믿음을 심어주면 아이는 지금의 한계를 넘어 더 큰 성장을 이뤄낼 수 있다. 부모의 믿음과 격려가 아이의 도전 정신과 자신감을 키우는 가장 강력한 힘이 된다.

2. 출제자의 의도를 파악하기

수능 공부를 하면서 아이들이 가장 어려워하는 것 중 하나가 바로 '출제자의 의도를 파악하라'는 표현이다. 이는 문제에서 요구하는 것이 무엇인지 정확히 이해하라는 뜻이지만 처음에는 막연하게 느껴질 수 있다. 경험해보니, 이 말은 단순히 문제 풀이에만 해당되는 것이 아니다. 어떤 공부든 어떤 일이든 전체적인 목적과 방향성을 아는 것이 가장 중요하다. 예를 들어 아이가 교과서를 공부할 때 학습 목표를 확인하지 않고 단순히 문제만 풀거나 학습 활동만 수행하는 경우가 있다. 이는 마치 '대의를 놓친 공부'와 같다. 출제자의 의도를 모른 채 문제를 풀다 보면 아무리 시간을 들여도 원하는 결과를 얻기 어렵다.

나 역시 이런 한계를 뼈저리게 경험한 적이 있다. 2022학년도 수능 영어에서는 직접 연계가 사라지면서, 내 점수는 80점대 후반과 90점대 초반을 오가곤 했다. 그때 나는 6월, 9월 기출문제를 10번 이상 반복하며 철저히 분석했다. 그 과정에서 비로소 '출제자의 의도를 파악하라'는 말의 의미를 이해할 수 있었다. 킬러 문항으로 불리는 31~34번, 36~39번 문제는 지문 전체를 이해하는 것보다, 답이 될 수 있는 것과 그렇지 않은 것을 가려내는 논리적 추론 능력이 핵심이었다. 결국 이런 반복과 분석을 통해 출제자의 의도를 파악하는 힘을 기를 수 있었고, 이것이 안정적으로 1등급을 확보하는 가장 확실한 길이었다. 지금 생각해보면, 그 시기의 시행착오와 집중적인 분석 경험이야말로 실력을 한 단계 끌어올린 결정적 계기였다.

결국 핵심은, 왜 이 문제를 푸는지, 무엇을 배워야 하는지를 고민하는 습관을 갖는 데 있다. 단순히 문제를 맞히는 것을 목표로 삼는 것이 아니라, 아이가 문제의 '핵심 의도'를 읽는 연습을 꾸준히 할 수 있도록 지도해주는 것이 중요하다. 처음에는 어렵고 막막하게 느껴질 수 있지만 조금씩 출제자의 시선을 따라가며 문제를 분석하다 보면, 자연스럽게 아이의 사고력과 문제 해결 능력이 크게 향상된다. 이러한 습관은 단기적인 점수 향상을 넘어 장기적으로 학습 태도와 이해력까지 함께 성장시키는 밑거름이 된다.

5장

최상위 합격으로 가는 학종 공략

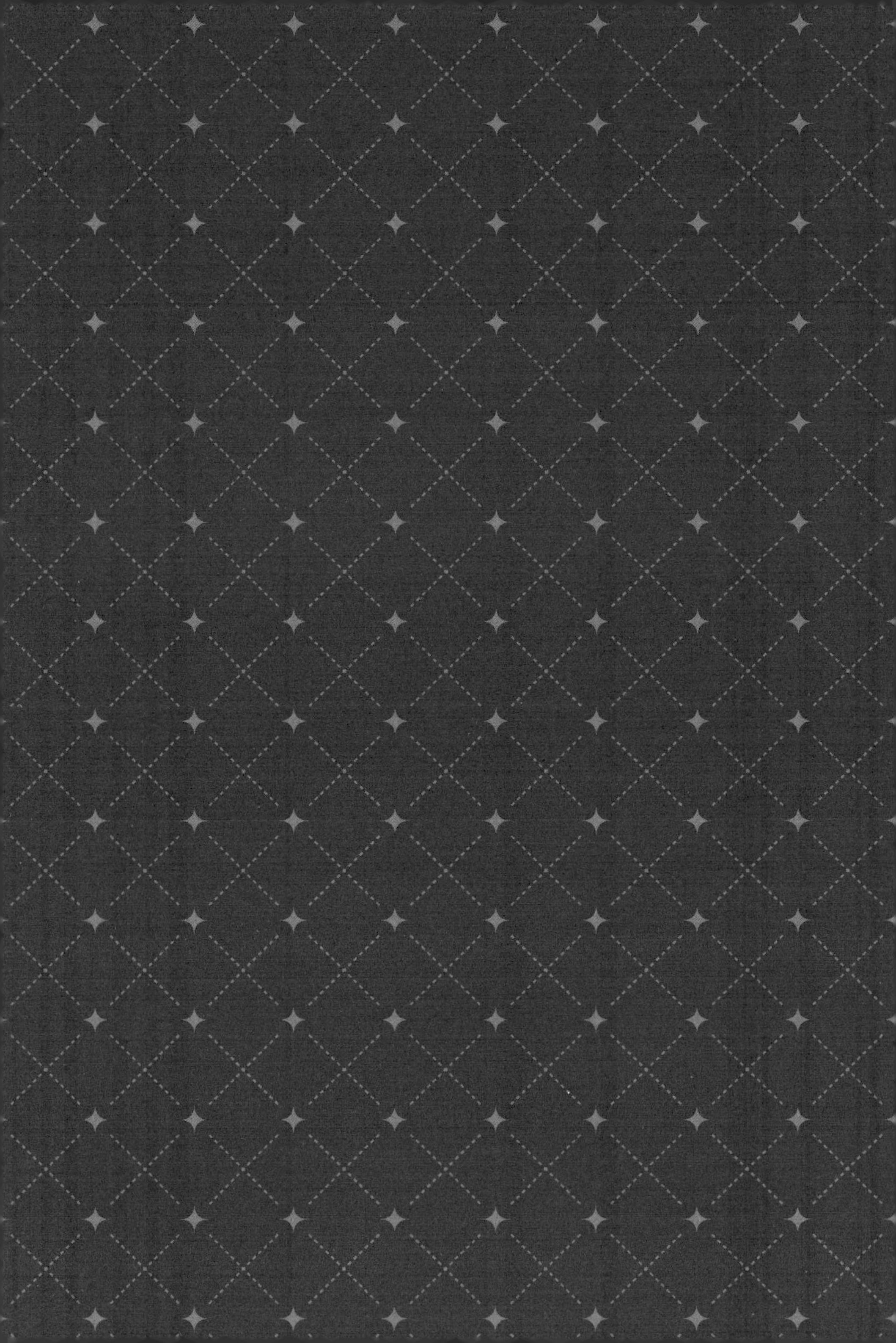

학생부종합전형
(입문편)

학종은, 아이를 이렇게 평가한다

학생부종합전형은 단순히 시험 점수만 평가하는 것이 아니라, 학교생활 전반과 학업에 대한 진정성까지 함께 살펴보는 전형이다. 특히 인성과 같이 수치로 표현하기 어려운 부분도 평가에 반영된다. 그래서 일부 사람들은 농담처럼 "이건 로또 전형 아니냐"고 말하기도 한다. 하지만 이는 학생부종합전형의 본질을 제대로 이해하지 못한 말이다. 나는 오히려 이 전형이 한 학생의 가치와 가능성을 가장 정확하게 평가할 수 있는 방식이라고 생각한다. 학생부종합전형에서는 크게 학업역량, 진로역량, 사회역량이 핵심 평가 요소로 꼽힌다.

1. 학업역량

학업역량에는 아이의 열정, 노력, 성실함, 탐구력 등의 가치들이 포함된다. 기본적으로 내신 등급을 바탕으로 정성 평가가 이루어진다. 학기마다 치르는 두 번의 시험과 수행평가 점수를 종합해서 등수와 등급이 산출된다. 추가적으로 아이의 성적이 어떻게 변화했는지, 과목의 표준편차는 어떠한지, 전공에서 필요로 하는 심화 과목을 이수했는지 등 종합적인 평가가 이루어지고 있다. 특히 등급이 산출되지 않는 선택과목의 경우에는 절대평가로 성적을 반영하고 있다.

다음으로 아이가 직접 작성한 탐구보고서 또한 중요한 평가 요소다. 단순히 보고서를 제출하는 데 그치지 않고 어떤 목적을 가지고 어떤 주제를 선택했으며, 그 과정을 통해 무엇을 탐구하고 어떤 결론에 도달했는지를 종합적으로 평가한다. 나아가 이를 바탕으로 발표나 토론, 심화학습 등으로 발전시킨다면, 아이의 탐구력과 성장 가능성을 더욱 높게 평가받을 수 있다. 결국, 아이가 얼마나 높은 점수를 받았고 얼마나 훌륭한 탐구보고서를 작성했는지 보는 것이다.

학업역량을 키우기 위해서는 먼저 생각하는 힘을 길러야 한다. 생각하는 힘이 자라날수록 아이는 이미 알고 있는 개념들을 결합해 새로운 아이디어를 떠올리거나, 전혀 다른 관점에서 문제를 바라볼 수 있게 된다. 예를 들어 수업 시간에 배운 내용을 스스로 연결하고 확장하여,

처음 접하는 문제를 해결하거나 새로운 과제를 수행하는 것이 그 예다. 결국 학업역량은 끊임없이 고민하고 스스로 부딪히는 과정 속에서 자란다.

2. 진로역량

진로역량에는 아이의 사고력, 창의력, 잠재력 등의 가치들이 포함된다. 아이는 전공에 대한 관심과 이해를 바탕으로 전공 관련 교과목을 이수 및 성취하고, 전공 관련 활동을 통해 꾸준히 경험을 쌓아야 한다. 이때 교과목 이수 인원이 적거나 시험 난도가 악명 높다는 등의 이유로 전공 관련 교과목을 피하는 행동은 하지 않길 바란다. 학생부종합전형에서는 내신 등급이 조금 내려가는 것보다 해당 과목을 통해 아이의 진로역량을 보여주는 것이 훨씬 중요하기 때문이다.

다음으로 학교에서 제공하는 프로그램에 참여해 전공에 대한 관심을 드러내고 관련 활동을 이어갈 수 있다. 교내 행사를 선별하는 방법은 뒤에서 알려줄 것이다. 그런데 간혹 진로역량의 의미를 잘못 해석해서 전공명에 집착하는 경우가 있다. 예를 들어 아이가 '화학생명공학부'를 희망한다고 해보자. 이때 많은 아이들이 '화학'이나 '생명'이라는 단어가 포함된 활동에만 참여하려고 한다. 하지만 화학생명공학부에 진학하면 화학과 생명뿐 아니라, 수학과 물리학도 함께 배우게 된다. 따라서 활동명에 너무 얽매이지 말고, 해당 활동을 통해 전공과 관련된 역량을 어떻게 보여줄 수 있을지에 집중하는 것이 중요하다.

진로역량을 키우기 위해서는 먼저 전공을 구체적으로 정하는 과정이 필요하다. 전공이 명확해질수록 아이가 그 분야에 대해 얼마나 관심을 가지고 이해하고 있는지를 객관적으로 파악할 수 있기 때문이다. 예를 들어 지원하고자 하는 대학의 학과 홈페이지에서 선발 인재상, 교육목표, 교육과정, 필수역량 등을 살펴보면 전공에 대한 이해도와 흥미를 더욱 높일 수 있다. 또한 전공적합성을 강화하려면 자신이 추구하는 전공 관련 핵심 키워드를 직접 찾아 정리해보는 것이 좋다.

3. 사회역량

사회역량에는 아이의 인성, 성격 등의 가치들이 포함된다. 그런데 많은 아이들이 인성과 성격을 학교생활기록부에 유의미하게 드러내지 못한다. 인성과 성격의 차이를 구분하지 못하고, 단순히 '착한 학생'이라는 이미지만 강조하는 경우가 많다. 구체적인 실천이나 태도를 설명하지 않고, 성격만 간단히 묘사하는 실수를 하기 때문이다. 그래서 아이는 먼저 인성과 성격이 각각 무엇을 의미하는지 정확히 이해해야 한다.

인성	성격
사람이 지닌 도덕적 품성, 가치관, 태도	개인의 심리적 특성, 감정 반응, 행동 패턴
예: 지석이는 배려심이 많다.	예: 지석이는 외향적인 성격이다.
정직함, 배려 등 도덕적 특성	외향적, 꼼꼼함 등 개인적 특성

아이는 자신의 도덕적 품성, 가치관, 태도를 통해 인성을, 심리적 특성, 감정 반응, 행동 패턴을 통해 성격을 드러낼 수 있다. 이때 '문제 설정과 해결' 방식을 활용하면 이를 어렵지 않게 표현할 수 있다. 문제 설정 과정에서는 인성을, 문제 해결 과정에서는 성격을 보여주면 된다. 아래 내용은 3학년 1학기 자율활동에서 발췌한 내용이다.

1인 1역 '건강지킴이'로서 환기, 소독 등 방역지침 준수에 최선을 다함. (ㄱ) 반복되는 방역에 피로감이 높은 친구들과 잡음이 있었지만 (ㄴ) 잘 설득하고 조율하여 임무를 완수함.

예를 들어, 나는 (ㄱ) 상황을 문제로 설정했다. 문제 설정 과정에서는 타인의 어려움을 포착하고 공감하며, 그 안에서도 조화를 이루려는 태도를 보여준다. 이후에 (ㄴ) 방법을 활용해 문제를 해결했다. 문제 해결 과정에서는 감정적으로 대응하지 않고 침착하게 대처하며, 사람들과 원활히 소통하는 감정 반응과 행동 패턴이 드러난다. 이렇게 학교생활 속 작은 문제를 통해서도 아이의 인성과 성격을 충분히 표현할 수 있다. 이때 아이를 나타낼 수 있는 인성과 성격 키워드를 미리 정해두면 '문제 설정과 해결' 과정이 훨씬 수월해진다. 나는 인성 키워드로 '배려심', '봉사심', '애정'을, 성격 키워드로 '꼼꼼함', '성실함', '외향적임'을 선택했다.

사회역량을 키우기 위해서는 학교생활 속에서 마주하는 크고 작은 문제들을 스스로 해결해나가는 경험이 필요하다. 이러한 과정 속에서 아이는 자신의 도덕성과 개인적 특성을 자연스럽게 드러낼 수 있다. 예를 들어, 1인 1역 건강지킴이 활동을 통해 '책임감'과 '사명감' 같은 인성 요소뿐 아니라, '꼼꼼함'과 '성실함' 같은 성격적 강점도 보여줄 수 있다. 결국 사회역량은 주변에서 일어나는 다양한 문제를 발견하고, 그것을 창의적이고 주도적으로 해결하려는 노력 속에서 자라난다.

결국 아이는 학업역량, 진로역량, 사회역량을 기준으로 하나의 인격체로 평가받게 된다. 이제 학생부종합전형이 어떤 전형인지 어느 정도 감을 잡았을 것이라 생각한다. 여기까지가 학생부종합전형에 대한 간단한 소개이며, 이제부터는 아이가 이 전형에서 어떻게 경쟁력을 갖추고 성장할 수 있는지 구체적으로 살펴보겠다.

학종은, 아이에게 이렇게 요구한다

1. 아이의 캐릭터를 설정하기

학생부종합전형은 아이가 어떤 유형인지, 어떤 강점과 약점을 가지고 있는지를 정확히 알아야 그에 맞는 전략을 세울 수 있다. 여기서 두 가지 질문을 하겠다.

'아이는 어떤 학생인가요?', '아이는 무엇을 잘하나요?'

이쯤에서 "이게 무슨 뜬구름 잡는 이야기야?"라며 책을 덮고 싶을 수도 있다. 하지만 바로 이것이 학생부종합전형의 핵심이다. "나는 어떤 학생이지?", "나는 무엇을 잘하지?" 대부분의 아이들은 이 두 가지 질문에 제대로 답하지 못한 채 12년간의 입시를 마치게 된다. 여기서 말하는 것은 단순히 성격이 활발하다거나 수학을 잘한다는 수준의 이야기가 아니다. 나는 '아픈 이에게 다가갈 수 있는 따뜻한 학생', 그리고 '지식 전달 능력이 뛰어난 학생'이었다. 무슨 뜻인지 조금 감이 오는가? 중요한 것은 이런 특징들이 학교생활기록부에 구체적으로 드러나야 한다는 점이다. 아이가 학교에서 어떤 활동에 참여했다면 그 활동 속에서 어떤 학생인지, 무엇을 잘하는지, 어떤 태도로 임했는지가 자연스럽게 보여야 한다.

학생부종합전형에서 합격하기 위해서는 먼저 아이가 '나'에 대해 충분히 이해하도록 지도해야 한다. 왜냐하면 입학사정관은 평가 과정에서 '이 학생이 어떤 사람인지', '무엇을 잘하는지'에 초점을 두기 때문이다. 실제로 전직 입학사정관, 사설 컨설팅 강사, 학교 선생님, 그리고 합격자들에게 "어떤 학생을 뽑고 싶으신가요?"라고 물어보면 모두 공통적으로 '이 학생이 어떤 사람인지', '무엇을 잘하는지 명확히 드러나는 학생'을 선호한다고 답한다. 따라서 학생부종합전형에서 좋은 평가를 받기 위해서는 아이가 스스로 "나는 어떤 사람이지?", "나는 무엇을 잘하지?"라는 질문에 대한 답을 구체적으로 정리해보는 과정이 꼭 필요하다.

다음 문장의 빈칸을 채워보자.

아이는 (　　　)한 사람이다. + 아이는 (　　　)을 잘한다.
∴ 아이는 (　　　)한 (　　　)가 되고 싶다.

2. 주변의 캐릭터를 활용하기

학생부종합전형에서 좋은 결과를 얻으려면 주변 사람들을 효과적으로 활용하는 방법을 알아야 한다. 이를 잘 활용하면 준비 과정이 훨씬 수월해질 수 있다. 그래서 이제 주요 인물들을 중요 순서대로 소개하고, 어떻게 활용하면 좋은지도 함께 알려주려고 한다.

부모는 '거울'이다　　　부모는 아이에게 정서적인 지원뿐 아니라 학업 지도도 함께 해주며, 올바른 가치관과 건강한 생활 습관을 갖도록 도와준다. 부모의 역할은 크게 두 가지로 나눌 수 있다.

첫째, 시간 관리 측면에서 큰 도움이 될 수 있다. 예를 들어, 나는 어머니께서 수행평가를 준비할 때 시간이 많이 걸리지만 단순한 작업이 필요한 과제를 도와주셨다. 아버지께서는 늦은 시간이나 이른 일요일 아침에도 학원에 데려다주고 데리러 와주셨다. 물론 부모가 바쁘거나 여건상 도움을 주기 어려운 경우도 있을 수 있다. 하지만 시간이 허락된다면, 부모가 아이를 도와주는 것은 불필요하게 소요되는 시간을 줄이고 남은 시간을 효율적으로 활용할 수 있는 좋은 방법이다.

둘째, 부모는 아이에게 특별한 '거울'이 될 수 있다. 아이가 오늘 한 일부터 현재 생각하고 있는 것까지 자유롭게 이야기할 수 있도록 들어준다. 아이는 스스로 말할 때 자연스럽게 자기 생각을 돌아보게 되고, 본인에게 필요한 것이 무엇인지 알게 된다. 또한 이렇게 소통하는 과정에서 부모와 아이 사이의 관계도 더욱 돈독해질 것이다.

친구는 '정촉매'다　　친구는 학교생활에서 정서적인 힘이 되어주고, 서로 돕는 과정을 통해 사회성을 키우는 데 중요한 역할을 한다. 또한 함께 공부하고 다양한 경험을 나누며, 서로 성장할 수 있도록 돕는다. 친구가 아이에게 미치는 역할은 크게 두 가지로 나눌 수 있다.

첫째, 친구는 아이의 분신과도 같다고 할 수 있다. '친구 따라 강남 간다'는 말처럼, 입시에서는 '친구 따라 재수학원 간다'는 말이 더 어울릴지도 모른다. 실제로 주변 친구들의 영향은 매우 크다. 예를 들어 A라는 친구 덕분에 아이가 자습실에서 30분 더 공부할 수도 있지만, 반대로 B라는 친구 때문에 학원을 가지 않고 게임하러 갈 수도 있다. 따라서 공부에 도움이 되는 친구와 어울려 좋은 학습 환경을 만드는 것이 중요하다. 물론 친구를 무조건 골라 사귀라는 뜻은 아니지만, 아이와 비슷하거나 더 높은 수준의 친구들과 자주 어울리면서 공부에 대한 열정과 유용한 정보를 얻는 것이 필요하다.

둘째, 친구는 좋은 '정촉매'가 될 수 있다. 예를 들어 교내 대회에 참가하거나 실험을 할 때 친구에게 큰 도움을 받을 수 있다. 나는 발표 수업 후 친구들의 인식 변화를 확인하기 위해 설문 조사를 진행했는데, 인스타그램 팔로워가 많은 친구 덕분에 설문 참여자가 쉽게 늘었고, 엑셀 함수에 능한 친구 덕분에 데이터를 간편하게 정리할 수 있었다. 결국, 똑똑한 친구 옆에서 부족한 부분을 채우고, 배울 수 있는 만큼 배우는 것이 매우 중요하다.

학교 선생님은 '포스트잇'이다　　학교 선생님은 아이에게 지식을 가르치고 학업을 지도하며, 올바른 인성과 사회성을 키울 수 있도록 돕는 중요한 분이다. 특히 아이의 성장을 가까이에서 지켜보고 기록하며 이끌어주기 때문에, 아이가 학교에서 하는 활동을 선생님에게 잘 알려주는 것이 매우 중요하다. 포스트잇에 간단히 메모하듯, 아이가 한 작은 행동도 선생님에게 공유하는 것이 좋다. 예를 들어 "오늘 국어 시간에 손을 들고 발표했어요.", "쉬는 시간에 다친 친구의 가방을 대신 들어줬어요."와 같은 작은 이야기들이 선생님이 아이를 이해하고 돕는 데 큰 도움이 된다. 이러한 기록 덕분에 선생님은 아이의 성향과 관심사, 강점을 더 잘 파악할 수 있고, 자연스럽게 아이에게 더 많은 관심과 애정을 가지게 된다. 동시에 학교와 가정 간 소통도 개선된다.

　하지만 부모가 아이와 선생님 사이에서 '중간 관리자' 역할을 하려해서는 안 된다. 부모는 아이를 응원하고 지켜보는 후원자이지, 아이를 대신해 선생님께 요구를 전달하는 대표자가 아니다. 선생님은 아이가 직접 만나고 소통해야 할 사람이며 아이의 말과 행동에 귀 기울여주는 사람이다. 만약 부모가 지나치게 나서면 아이가 스스로 선생님과 관계를 맺고 성장할 기회를 놓칠 수 있다. 따라서 부모님은 선생님과 아이가 원활하게 소통할 수 있도록 지켜봐주되 항상 아이를 중심에 두는 것이 중요하다.

학원 선생님은 '챗GPT'다　　학원 선생님은 학교 선생님과 비슷한 점도 많지만 다른 점도 있다. 모두 지식을 전달하고 학습을 돕지만 학원 선생님은 정해진 시간 안에 효율적으로 가르쳐야 한다는 특징이 있다. 그래서 학원 선생님은 아이에게 똑똑한 '챗GPT' 같은 존재라고 할 수 있다.

아이가 공부 중에 이해되지 않는 부분이 있으면 반드시 질문하는 것이 중요하다. 하나부터 열까지 빠짐없이 물어봐야 하며 이때 부끄러워하는 마음은 버려야 한다. 예를 들어, 나는 목동 수학학원 백인대장 최상위반에서 맨 앞줄에 앉아 바보 같은 질문도 자주 했다. 또한 미리 허락만 받으면 새벽에도 학원 선생님께 카톡으로 질문할 수 있었다. 이렇게 하면 시간을 낭비하지 않고 문제를 빠르게 해결해 공부 효율을 높일 수 있다.

학교 선생님과 달리, 학원 선생님은 돈을 내고 받는 교육 서비스이므로, 부모님은 단순한 후원자가 아니라 아이를 대신해 필요한 요구나 의견을 전달할 권리와 책임이 있다. 아이의 공부 상태를 가장 잘 파악하는 사람은 부모다. 아이가 수업 내용을 따라가지 못하거나 진도가 늦어지면, 학원 선생님에게 적극적으로 알려 도움을 요청해야 한다. 이런 개입은 간섭이 아니라 아이에게 맞춤형 지도를 받을 수 있도록 돕는 중요한 과정이다. 결국, 학원에서는 부모가 적극적인 소통자이자 조율자 역할을 할 때 아이의 공부가 더 체계적이고 효과적으로 이루어 질 수 있다.

학생부종합전형
(실전편)

아이들은 자신도 모르는 사이에 이미 두 번이나 학생부종합전형을 경험했다. 초등학교와 중학교 때 학교에서 여러 활동에 참여하고, 짧더라도 탐구보고서를 작성해본 경험이 모두 생활기록부에 기록되어 있기 때문이다. 물론 같은 활동이라도 아이마다 배우는 속도와 깊이는 다르다. 어떤 아이는 더 빨리 이해하고 익히는 반면, 어떤 아이는 천천히 배워가기도 한다. 하지만 너무 조급해할 필요는 없다. 중요한 것은 지금 아이가 어디에 있느냐가 아니라, 앞으로 어떻게 방향을 잡고 성장할지 함께 고민하는 과정이다. 부모와 아이가 이 과정을 함께 잘 이해하고 준비한다면 학생부종합전형이 훨씬 수월하게 느껴질 것이다.

학생부종합전형에서 대학이 보는 것은 결국 '내신 등급'과 '생활기록부'다. 이 두 가지 요소만으로도 아이는 원하는 대학에 지원할 수 있다. 별도의 시험이나 자격증이 필요하지 않다. 핵심은, 얼마나 높은 내신 등급을 유지했는지와 생활기록부에 아이만의 강점과 성장 과정이 얼마나 진솔하게 담겼는가에 달려 있다. 이번에는 이 두 가지를 어떻게 준비하고 완성해나가야 하는지 자세히 알려줄 것이다. 지금부터라도 올바른 방향을 잡는다면, 아이는 충분히 자신만의 경쟁력을 갖출 수 있다.

전교 1등의 내신 등급 관리법

'내신 등급'은 학생부종합전형을 포함한 수시 전형에서 가장 중요한 요소다. 대입 제도에서 고교 내신 평가 방법을 간략히 설명하자면, 각 과목의 시험에서 받은 원점수와 수행평가 점수를 종합하여 표준화 점수를 구한 뒤, 이를 기준으로 상대 평가를 통해 1등부터 꼴등까지 순위를 매긴다. 2026학년도부터는 기존의 9등급 상대평가 내신 제도가 변경되어 5등급 절대평가 내신 제도가 적용된다. 이에 따라 상위 10%까지는 1등급, 상위 34%까지는 2등급, 상위 66%까지는 3등급, 상위 90%까지는 4등급, 하위 10%는 5등급으로 구분된다. 마지막으로, 각 과목의 등급을 합산한 후 과목 수로 나누어 평균 내신 등급을 계산한

등급	1등급	2등급	3등급	4등급	5등급
상위 백분율	상위 10%	상위 34%	상위 66%	상위 90%	상위 100%

다. 다만, 대학에 따라 과목 반영 비율이 다를 수 있으니 지원하는 대학의 구체적인 평가 방식을 확인하는 것이 중요하다.

나는 일반고등학교 과학중점학급에서 5개 학기를 합산해 내신 등급 1.26을 받았다. 순서대로 1.16(1), 1.30(3), 1.36(1), 1.27(1), 1.28(1)이다. 괄호 안에 들어간 숫자는 해당 학년, 학기에 차지한 전교 등수를 의미한다. 내신 등급을 분석하면 다음과 같다. 전체 평균 내신은 1.26이며, 1등급 비율은 34개 과목 중 25개 과목으로 약 73.5%, 2등급 비율은 34개 과목 중 9개 과목으로 약 26.5%, 3등급 이하는 없다. 성적은 의대 지원이 가능한 수준으로, 지속해서 최상위권을 유지했으므로 내신 등급과 등수를 함께 보면 경쟁력이 높은 걸 알 수 있다. 특히 의대 내신 합격자들은 보통 전교 5등 이내인 경우가 많다.

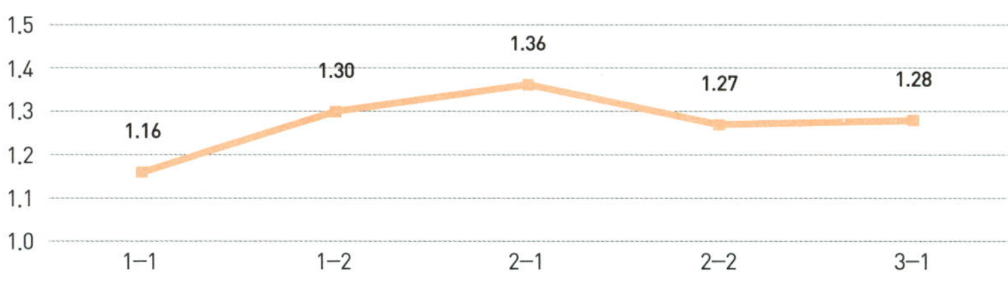

다음은 주요 과목의 성적 분석이다. 앞서 설명했듯이 전체 34개 과목 중 9개 과목에서 2등급을 받았다. 국어에서 2회 나온 것은 다소 아쉬운 부분이나, 전체 흐름에 큰 영향을 주지는 않는다. 다만 수학 2회, 과학 3회, 특히 생명과학 I 에서 2회 나온 것은 의대 지원을 고려할 때 주의가 필요하다. 이들 과목은 학업 역량과 계열적합성을 판단하는 데 있어 핵심적인 과목이므로, 상대적으로 불리하게 작용할 가능성이 있다. 반면, 정보 1회와 일본어 1회는 변별력이 크지 않은 과목이므로 전반적인 평가에 미치는 영향은 제한적일 것으로 보인다. 강점과 보완점을 정리하면 아래 표와 같다.

강점	보완점
내신 평균 1.26 → 최상위권 유지	수학 2등급 2회 ⇨ 수학 세특 중요
전교 1등 4회 → 경쟁력이 매우 높음	
3등급 이하 과목 없음 → 안정적 성적 유지	생명과학 I 에서 2등급이 2번 ⇨ 생명과학 I 세특 중요
과학중점학급 소속 → 의대 지원에 유리	

이런 의문이 들 수도 있다. "내신 1.26이면 변별력이 별로 없는 거 아닌가?", "수학과 생명과학 성적이 최상위권이 아닌데 어떻게 의대에 합격했지?" 이런 질문은 충분히 일리 있다. 내신 1.26을 받은 학생 중에

는 의과대학에 합격한 학생도 있고, 또 어떤 학생은 인서울 상위권 대학에 겨우 합격하기도 한다. 그 차이는 무엇일까? 바로 학종의 활용 여부다. 학생부종합전형을 적절히 이용한 학생과 그렇지 못한 학생 사이에 차이가 발생하는 것이다. 그렇기 때문에 '학종'은 내신 1.00을 받지 못한 학생들에게 일종의 '패자부활전' 성격을 띤다. 내신이 부족하다면 학생부에서 부족한 부분을 채워나가야 한다.

책을 쓰다 문득 이런 생각이 들었다. '고등학교 1학년으로 다시 돌아간다면 내신 1.00을 받을 수 있을까?' 물론 쉽지는 않겠지만 적어도 지금 받은 1.26보다는 더 좋은 점수를 받을 수 있지 않을까 하는 아쉬움이 남는다. 그래서 내신 1.00을 받거나 그에 가까워지기 위해 어떤 태도를 가지고 공부해야 할지 깊이 고민해보았다. 이를 크게 수업 전, 수업 중, 수업 후 세 단계로 나누어 살펴보겠다.

1. 수업 전

내신 1.00을 획득하려면 수업 전에는 먼저 어떤 내용을 배울지 숙지해야 한다. 수업 전에 내용을 미리 숙지한 학생과 그렇지 않은 학생은 습득력에서 큰 차이를 보이기 때문이다. 따라서 내신 1.00을 목표로 한다면 수업 전에 교과서 속 학습 목표를 파악하고 본문과 문제 풀이, 오답까지 차례대로 미리 학습하는 것이 중요하다.

수업 전에 내용을 숙지 O	수업 전에 내용을 숙지 X
이미 개념을 알고 있어서 새로운 정보를 받아들이는 데 정신적 부담이 줄어듦.	처음 듣는 개념을 받아들이고 이해하는 데 많은 에너지를 소모해야 함.
기존 개념과 새로운 정보를 연결할 수 있어 이해가 빠르고 기억이 오래 유지됨.	수업 내용을 단편적으로 받아들이기 쉬워 이해와 응용이 어려움.
기본 개념을 빠르게 정리한 후 심화 내용을 더 깊이 이해할 수 있음.	기본 개념을 이해하는 데 시간이 걸려 심화 학습까지 도달하기 어려움.
핵심 개념을 파악하고 질문을 던지면서 적극적으로 수업에 참여함.	생소한 개념을 따라가느라 주의력이 쉽게 흐트러지고 수업 참여도도 낮아짐.

2. 수업 중

내신 1.00을 획득하려면, 수업 중에 질문을 주저하지 않아야 한다. 수업 중에 질문하는 학생과 그렇지 않은 학생은 이해력에서 큰 차이를

수업 중에 질문 O	수업 중에 질문 X
자신이 정확히 무엇을 모르는지 인식함.	모르는 내용은 넘어가거나 피상적으로 이해함.
궁금한 점을 직접 해결하면서 논리적으로 사고함.	개념을 단순 암기하는 수준에 그침.
직접 고민하고 해결한 내용은 오래 기억됨.	시간이 지나면 쉽게 잊어버림.

보이기 때문이다. 따라서 내신 1.00을 목표로 한다면, 수업 중에 궁금한 점을 직접 질문을 통해 최대한 해결하는 것이 중요하다.

3. 수업 후

내신 1.00을 획득하려면 수업 후에는 혼자서 공부하는 시간을 최대한 확보해야 한다. 수업 후에 혼자서 공부하는 시간을 확보한 학생과 그렇지 않은 학생은 응용력에서 큰 차이를 보이기 때문이다. 따라서 내신 1.00을 목표로 한다면 학원 수업이나 숙제를 제외하고 자습하는 시간을 늘려야 한다.

수업 후에 혼자서 공부 O	수업 후에 혼자서 공부 X
개념이 자기만의 언어로 정리됨.	개념이 머릿속에 정착되지 않음.
개념을 적용하면서 응용력이 키워짐.	개념을 적용해보지 못해 응용력이 낮음.
문제를 풀고 틀리는 과정에서 논리적 사고력과 문제해결력이 향상됨.	혼자 고민하고 해결해본 경험이 없어 논리적 사고력과 문제해결력이 부족함.
장기 기억으로 저장되어 실전 활용도가 높음.	배운 내용을 금방 잊어버려 실전 활용도가 떨어짐.

전교 1등의 학생부 관리법

'학교생활기록부'는 이름 그대로 학업 성적뿐만 아니라 아이의 전반적인 학교생활을 기록한 보고서다. 내가 일반고에서 내신 1.26을 받고 학생부종합전형으로 의과대학에 최초 합격할 수 있었던 비결은 바로 이 학교생활기록부에 담겨 있다.

내가 입학한 2022학년도 대입을 기준으로 학교생활기록부에는 10가지 항목이 존재했다. '인적사항', '학적사항', '출결사항', '수상경력', '자격증 및 인증취득상황', '진로희망사항', '창의적 체험활동상황', '교과학습발달상황', '독서활동상황', '행동특성 및 종합의견'이다. 이후 2024학년도 대입 전형부터는 4번, 6번, 봉사활동, 9번 항목이 제외되었다. 분명한 이유가 있어 여러 항목이 변경되었을 것이다. 이제 그 항목들이 왜 삭제되었는지, 그리고 남은 항목들이 왜 중요한지 설명하겠다. 특히 출결사항, 창의적 체험활동상황, 교과학습발달상황, 행동특성 및 종합의견은 학생부에서 매우 중요한 부분이므로, 이 세 가지 항목은 좀 더 구체적으로 다뤄보겠다.

1. 출결사항

'출결사항'에는 학년별 출석 일수와 결석 횟수(질병, 무단, 기타)가 기재된다. 이를 통해 아이가 학교생활을 얼마나 성실하게 했는지를 한눈에 확인할 수 있다. 그런데 의외로 많은 아이들이 출결 사항의 중요성을

~2022년 대입 전형	2024년 대입 전형~	
① 인적사항	① 인적사항	이름, 주민등록번호, 생년월일, 성별, 주소, 보호자 정보
② 학적사항	② 학적사항	입학, 전입학, 편입학, 학적 변동 사항
③ 출결사항	③ 출결사항	학년별 출석 일수, 결석 (질병, 무단, 기타)
④ ~~수상경력~~		~~학년별 교내 수상 내역~~ ~~(대회명, 수상 등급)~~
⑤ 자격증 및 인증취득 상황	⑤ 자격증 및 인증취득 상황	공인 자격증, 인증시험 (예: 한국사능력검정시험 등)
⑥ ~~진로희망사항~~		~~학년별 희망 진로~~ ~~(직업, 학과 등)~~
⑦ 창의적 체험활동상황 *봉사활동	⑦ 창의적 체험활동상황	자율활동: 학생회, 교내 행사 참여 등 동아리활동: 정규·자율 동아리 참여 내용 ~~봉사활동:~~ ~~봉사 시간, 활동 내용~~ 진로활동: 진로탐색 및 체험활동
⑧ 교과학습발달상황	⑧ 교과학습발달상황	과목별 성적 (원점수, 평균, 표준편차, 등급 등) 세부능력 및 특기사항 (교과별 학습 태도 및 특이 사항 기재)
⑨ ~~독서활동상황~~		~~학년별 독서 목록~~ ~~(책 제목, 저자)~~
⑩ 행동특성 및 종합의견	⑩ 행동특성 및 종합의견	교사의 학생 종합 평가 (태도, 인성, 성장 과정 등)

간과한다. 요즘은 조금만 아파도 병원에 가거나 쉽게 조퇴하는 경우가 많다. 물론 건강을 챙기는 것은 중요하고, 무리하는 것이 결코 좋은 일은 아니다. 아픈데도 억지로 학교에 가는 것을 '미련하다'고 생각할 수도 있다.

하지만 개인적인 생각으로는, 가능한 한 아프더라도 참고 결석을 만들지 않는 것이 좋다. 평소 건강관리에 소홀해 보일 수도 있을 뿐더러, 같은 조건의 두 학생을 두고 대학에서는 굳이 건강 상태가 좋지 않은 학생을 뽑지 않을 것이다. 나도 고등학교 3년 동안 장염이나 두통 등으로 몇 번 아팠지만, 모두 참고 다녀서 출결 사항을 깨끗하게 유지할 수 있었다.

2. 수상경력

2022학년도 대입까지는 학년별 교내 수상 내역(대회명, 수상 등급)이 기재되었다. 그러나 교육부는 2024년 대입부터 학교 교육의 정상화를 위해 학생부에서 수상경력을 제외하기로 결정했다. 이 결정은 좋은 취지에서 이루어진 변화다. 아이의 실력 향상보다는 단순히 '스펙 쌓기' 경쟁이 심해졌고, 학교마다 환경 차이가 커서 수상의 가치가 제각각이었기 때문이다. 사실상 '경쟁을 위한 경쟁'이었던 셈이다. 그래서 어떤 아이들은 이렇게 생각할 수도 있다. '그럼 이제 대회 안 나가도 되잖아?' 하지만 절대 그렇지 않다. 수상경력이 왜 존재했는지, 그 본질이 무엇인지 다시 한번 생각해봐야 한다. 이전에는 특정 과목에서 내신이 떨어졌다면, 경시대회에서 상을 받거나 연구대회에서 산출물을 발표한 내용을 기재해 약점을 보완할 수 있었다. 또 대회에서 수상한 경험은 창의적 체험활동이나 교과 학습으로 연계되어 후속활동을 이어갈 수 있었다.

제도가 바뀌었어도 본질은 같다. 대회에 참여하는 과정에서 쌓은 탐구 역량, 문제 해결 능력, 협업 능력은 학생부 내용을 훨씬 풍부하게 만들고 면접에서도 강력한 무기가 된다. 따라서 아이는 여전히 대회에 꾸준히 참가해, 자신의 역량을 키우는 노력을 이어가야 한다.

3. 진로희망사항

2022학년도 대입까지는 학년별 희망 진로(직업, 학과 등)가 기재되었다. 매 학년마다 아이와 부모가 희망하는 직업을 적을 수 있었다. 나는 1학년 때 사이버정보공학자, 2학년 때 의사, 3학년 때 의과학자, 정형외과 전문의라고 적었다. 2024년 대입 전형부터는 이 항목이 사라졌기 때문에, '창의적 체험활동상황'과 '교과학습발달상황' 항목에 아이가 희망하는 직업과 학과를 명확하게 드러내야 한다. 이때는 학년이 올라갈수록 범위를 점점 좁히고, 반복적으로 기재하여 자신의 꿈을 구체화하는 것이 좋다.

4. 창의적 체험활동상황

'창의적 체험활동'에는 자율활동(학생회, 교내 행사 참여 등), 동아리활동(정규·자율 동아리 참여 내용), 진로활동(진로탐색 및 체험활동)이 포함된다. 기존에 포함되었던 봉사활동은 제외되었다. 자율활동에는 학급회장, 학생회장, 학생회 부원 등 어떤 역할을 맡았고, 그 역할을 통해서 어떤 활동을 했는지, 그리고 어떤 교내 행사에 참여했는지를 기록한다. 동아리활동에는 정규·자율 동아리에서 진행한 토의, 실험, 연구 등 탐구 내용을 적는다. 진로활동에는 교과 내용과 연계하여 심화 탐구 보고서를 작성하거나 진로탐색 보고서를 작성한 내용을 기재한다.

자율활동　자율활동은 말 그대로 '자율적으로' 참여한 활동이므로 주도적인 참여를 통해 학업 역량을 보여주는 것이 중요하다. 나는 매 학년 1학기 학급회장, 각 과목 도우미, 멘토, '좋은 친구'(봉사) 등 다양한 역할을 맡았다. 그런데 많은 아이들이 교내 행사에 열심히 참여했다는 것을 보여주기 위해 참여한 모든 행사를 날짜순으로 나열하는 실수를 저지른다. 이렇게 하면 단순한 기록이 될 뿐 학생이 주도한 역할이 드러나지 않는다. 따라서 모든 활동을 빠짐없이 적기보다 주도적으로 참여한 몇 가지 활동을 구체적으로 설명하는 것이 좋다.

아이는 자신의 역량을 보여주면서도 평가자가 관심을 가질 만한 활동을 선별해 기록해야 한다. 나는 당시 학교에서 열리는 거의 모든 대회, 강연, 방과 후 활동에 참여했다. 학기 말에 정리해 보니 20~30개나 되었다. 하지만 생활기록부는 글자 수 제한이 있어 모두 기재할 수 없었다. 학생부종합전형에 대해 잘 몰랐던 고1 시절, 나는 중요한 내용을 추리지 못하고 억지로 모두 넣으려 했다. 결과적으로 활동 개수만 많아지고, 각 활동에 할당된 문장 개수는 줄어들었다. 내용은 추상적이고 수준이 낮아졌다. 단순 나열식 문장의 반복으로 나타났다. 다음은 '1학년 자율활동 사례1'이다.

1학년 자율활동 사례1

1학기 학급 회장(2019.03.04.–2019.08.15.)으로서 매사 솔선수범하며, 소규모 테마 여행 준비와 학급 단체 축구복 구입, 급우 간 칭찬 프로그램 운영 등을 주도적으로 이끌어 급우들에게 신망이 매우 높음. 학생 임원 수련회(2019.07.15.–2019.07.16.)에 참가하여 교복 공론화 패널 토의 시 교복 유지 입장 패널로서 조리 있게 주장하여 쟁점에 대한 깊이 있는 이해를 돕고, 텐트에서 학급 임원들과 숙박과 취사를 함께 하며 유대를 강화함. 학급 내 1인 1역으로 1학기에는 '체육 수업 장소 공지 및 축구 수업 도우미' 역할을, 2학기에는 '학급 홈페이지 및 반톡 관리, 주요 정보 공지' 역할을 담당하여 성실히 수행함.

수학 체험 행사(2019.05.14.)에 참가하여 수학과 실생활의 연관성을 이해하고, 소규모 테마 여행(2019.05.29.–2019.05.31.)을 통해 제주도의 지역성을 파악하고, 정동 일대의 역사체험(2019.10.25.)을 통해 역사적 장소의 의미에 대해 숙고함. 금융교육(2019.10.18.–2019.11.22./4회)과정의 CEO특강, 모의투자, 금융경영강좌를 통해 금융 지식에 대한 앎을 넓히고 생애 주기에 따른 금융 투자 방안, 디지털 혁신시대의 창의적 금융인재 역량을 강화함. 세계시민교육(2019.11.01.– 2019.12.06./3회)을 통해 지구 현안 파악, 지속가능한 공존과, 상생에 대한 인식을 제고함.

'1학년 자율활동 사례1'에서는 단순히 나열된 문장이 반복되고 있다. 이 문장들만으로는 '이 학생이 어떤 사람인지', '무엇을 잘하는지'를 전혀 알 수 없다. 그렇다면 문제는 어디에서 발생했을까? 생활기록부 글자 수는 제한되어 있는데, 너무 많은 활동을 한꺼번에 넣으려 했기 때문이다. 만약 활동 개수를 줄이고, 활동마다 쓸 수 있는 문장 수를 늘렸다면 내용이 구체적이고 깊이 있게 표현되었을 것이다. 다음은 '3학년 자율활동 사례2'이다.

3학년 자율활동 사례2

학급회장(2021.3.1.–2021.8.16.)으로서 학습 분위기 정돈에 힘썼고, 세심하게 친구들을 아우르고 의욕적으로 긍정적인 학급을 만듦. '생일파티'를 계획하여 매달 소품 준비, 교실 세팅, 생일자 편지 쓰기를 진행함.

1인 1역 '건강지킴이'로서 환기, 소독 등 방역지침 준수에 최선을 다함. 반복되는 방역에 피로감이 높은 친구들과 잡음이 있었지만 잘 설득하고 조율하여 임무를 완수함. **활동 중 호기심에 조선시대 방역을 조사함. 허준의 의서에서 과학적 근거가 부족하다 싶은 부분을 보건선생님과 논의함.**

학급자치 '나는야 지구 지킴이(2021.3.12.-2021.8.16.)'의 활동명을 짓고 게시판에 환경란을 마련하여 캠페인 활동을 주도함. 그린피스의 활동 소개로 지구 환경오염의 심각성을 일깨우고, 실천 방법으로 급우들을 플라스틱 제로 한국 등 서명 운동에 참여시키고, 저금통을 배치, 기부 캠페인을 시작함. 이후 환경 인식 설문을 통해 급우들의 인식을 조사하고 환경 보호 퀴즈 시간을 통해 적극적인 인식 변화를 이끎. 후속활동으로 학급 분리수거 개선 방법 및 친환경 소비 실천 방안을 제안함. **정부의 탄소중립선언, 후쿠시마 원전 오염수 방류의 문제점과 해결방안에 대한 생각을 게시함.** 마스크 끈의 환경오염을 알리고 분리배출을 권유함.

단순나열식 문장의 반복이 나타난 '1학년 자율활동 사례1'과 비교해 '3학년 자율활동 사례2'는 내용이 개선된 것을 볼 수 있다. 아래 표에 두 가지 사례를 비교해서 정리해보았다.

물론 '3학년 자율활동 사례2'의 내용도 '1학년 자율활동 사례1'의 내용보다 구체적이지만 여전히 추상적이고 깊이가 부족하다. 굵은 글

1학년 자율활동 사례1	3학년 자율활동 사례2
활동이 8개	활동이 3개
활동을 단순히 소개하는 데 그쳐 무엇을 했는지 구체적으로 알 수 없음.	어떤 과정을 거쳐서 어떤 결론을 도출했는지 구체적으로 드러남.
한 문단에 모든 활동이 담겨 있음.	문단별로 활동이 구분되어 있음.

씨로 표시한 부분을 참고하면 알 수 있다. 예를 들어 허준의 의서에서 과학적 근거가 부족하다고 생각되는 부분이 무엇인지, 보건 선생님과 이야기해서 어떤 결론을 냈는지 적어야 한다. 또 후쿠시마 원전 오염수 방류 문제와 이를 해결할 방법을 구체적으로 써야 한다.

결론은 교내 행사 중 아이에게 꼭 필요한 활동을 골라서 참여하는 게 중요하다는 것이다. 만약 아이 스스로 어떤 활동을 선택해야 할지 잘 모르겠다면 학기 초에는 여유 있게 여러 행사에 참여해보고, 학기 말에 중요한 활동을 골라 정리하는 것도 좋은 방법이다. 정리하면 매 학기 창의적 체험활동(자율활동, 동아리활동, 진로활동)은 3개 정도씩, 교과 관련 활동은 2개 정도씩이 적당하다. 다음은 아이에게 필요한 교내 행사를 선별하는 방법이다.

① 교내활동의 제목, 내용, 주최자 등 구체적인 정보를 확인한다.

② 아이가 희망하는 전공과 어떤 관련이 있는지 찾아본다.

③ 아이에게 필요한 활동을 선별해 참여한다.

정말 간단한 일이다. 그런데 많은 아이들이 이것조차 하지 않고 아무 생각 없이 교내 활동에 참여하는 경우가 대부분이다. 교내 활동에 참여할 때는 반드시 활동 제목에 어떤 키워드가 들어 있는지, 어떤 내용으로 진행되는지를 확인해야 한다. 같은 키워드라도 담고 있는 내용이 다를 수 있기 때문에 주최자의 전공도 함께 체크하는 것이 중요하다. 이렇게 선별하여 필요 이상으로 활동에 참여했다면, 나머지 교내 활동은 과감히 포기해도 좋다. 이후에는 각 활동을 단락별로 나누어 작성한다. 이때 아이의 주도성을 강조하려면 문장을 '직책'으로 시작하고 '행위'로 마무리하는 것이 좋다. 다음은 '1학년 자율활동 사례 3'이다.

1학년 자율활동 사례3

1학기 학급회장(2019.03.04.-2019.08.15.)으로서 매사 솔선수범하며, 소규모 테마 여행 준비와 학급 단체 축구복 구입, 급우 간 칭찬 프로그램 운영 등을 주도적으로 이끌어 급우들에게 신망이 매우 높음.

'1학년 자율활동 사례3'에서 '1학기 학급회장'이라는 직책으로 문장을 시작하고, '이끌어'라는 행위로 문장을 마무리했다. 추가로 '주도적으로'라는 말로 주도성을 강조했고 '매사 솔선수범하며', '신망이 매우 높음'이라는 표현으로 내용의 신뢰성을 높였다.

내가 생각하는 가장 이상적인 자율활동은 이렇다. 리더십 활동 1개, 교내 행사 1개, 전공 관련 탐구 1개로, 3개의 단락을 구성하는 것이다. 예를 들어 리더십 활동에는 학급회장, 학생회장, 학생회 부원 같은 임원 활동이나 프로젝트 조장 역할이 포함된다. 이때 본인이 맡은 역할뿐만 아니라, 그 역할을 맡아 어떤 행동을 했는지를 구체적으로 써야 한다. 이를 통해 리더십과 협업 능력으로 공동체에 기여했음을 보여줄 수 있다. 교내 행사에는 강연, 체험전, 방과 후 활동 등이 있다. 마지막으로 전공 관련 탐구는 학급 진로 시간에 개인적으로 탐구를 진행하거나, 비슷한 진로를 가진 친구들과 프로젝트를 수행하거나, 다른 친구의 발표를 듣고 추가 탐구를 하는 경우가 있다. 리더십 활동뿐 아니라 교내 행사와 전공 관련 탐구에서도 학생의 주도성을 충분히 드러내야 한다.

동아리활동　　동아리활동은 크게 학교에서 운영하는 정규 동아리와 아이들이 자율적으로 운영하는 자율 동아리로 나눌 수 있다. 정규 동아리는 전공과 관련된 동아리를 선택하는 것이 좋고 자율 동아리는 토론 동아리, 회화 동아리, 봉사 동아리 중 하나를 고르는 것이 좋다. 나는 정규 동아리는 과학실험반에서 활동했고 자율 동아리는 1학년 때 시사토론반, 2학년 때 과학철학반, 3학년 때 수학탐구반에서 활동했다. 동아리활동을 할 때 아이들이 가장 많이 하는 실수는 동아리 소개 글을 단순하게 나열하는 것이다. 예를 들어 한 학기나 1년 동안 어떤 활동을 했는지 순서대로 기재하는 경우가 그렇다. 이렇게 작성하면 평가자가 아이의 학업 역량이나 전공 적합성을 파악하기 어렵다. 다음은 '1학년 동아리활동 사례4'다.

1학년 동아리활동 사례4

[과학반(SPARK)1][25시간] 주어진 과제에 대해 목표 의식이 뚜렷하고 집중하는 학생으로 실험 시 실험 설계에 대한 적극적인 의견 제시를 함. 실험보고서 작성 능력이 뛰어나고 실험 결과에 대한 분석이 우수한 학생임. 원심분리기를 이용한 루미놀 반응 실험에서 용액이 마르지 않은 상태에서의 루미놀 분사는 실험에 어떤 오차를 발생시키는지 고민하고 효모의 무산소 호흡에 의한 이산화탄소 방출량 측정 실험에서 발효관 입구를 막는 방법을 개선함. 기주공명장치로 파동의 중첩현상을 관찰하여 음속, 공명 진동수를 알아내는 실험에서 정확성을 보여줌. 인공지능 관련 토론에서 찬성 측으로 인간은 인공지능을 절대적으로 복종시킬 수 있다는 근거 제시 및 주장이 매우 설득력 있었음. 렌즈 세정액을 이용한 슬라임 만들기를 준비하여 재료의 농도를 자유롭게 하여 다양한 슬라임을 제작할 수 있도록 흥미있게 진행함. 교내 천체관측회(2019.11.04.) 행사에 자원하여 관측팀으로서 망원경 설치 및 천체 관측 방법을 익혀 행사일에 달과 토성, 쌍성 등을 관측하고 지도하는 역량을 발휘함. 망원

경 조작 및 관측 능력이 우수함.

'1학년 동아리활동 사례4'에서 동아리 소개글의 형태를 확인할 수 있다. 이 문장들만 보면 '이 학생이 어떤 노력을 했는지', '이 학생이 어떤 수학·과학적 역량을 가지고 있는지'를 전혀 알 수 없다. '아, 이 동아리는 1년 동안 이런 활동을 했구나'라는 생각만 들 것이다. 그렇다면 문제는 어디에서 생긴 걸까? 앞선 1학년 자율활동 사례와 마찬가지로 글자 수가 제한되어 있음에도 불구하고 활동의 개수를 조절하지 못했다. 강점을 잘 보여줄 수 있는 실험들을 골라서 넣었어야 했다. 다음은 '3학년 동아리활동 사례5'다.

 ### 3학년 동아리활동 사례5

[수학은아름다워](11시간) 이전 발표 주제인 '베이즈 정리'를 실생활에 적용해보고자 학교 친구들 50명을 표본으로 '키와 유전 및 키와 생활패턴'에 대해 조사하고 결과를 분석함. 여러 번의 수정 작업을 거쳐 설문지를 설계하였고, 취합한 설문 결과를 엑셀 함수 및 그래프를 이용하여 정리하고, 그 결과를 베이즈 정리를 이용하여 다양한 각도로 상관관계를 분석함. 고된 작업이었지만 모자란 시간 속에서도 포기하지 않았고, 열정적인 논의 과정과 데이터를 생산해보는 경험을 통해 지적 성숙을

이뤄냄. 스스로 기회를 만들어 도전하는 능동적인 탐구심에 박
수를 보내고 싶음.

근래 친구들의 탐구활동에 의한 관련 수학 이론이 자주 등장하
는데 이를 뒷받침하는 이론적 근거가 부족함을 느끼고 학습해
보고자 '의학통계학'을 탐구함. 몇몇 친구들과 파트를 나누어
탐구하고 모여 발표하는 형태로 학습함.《닥터 배의 술술 보건
의학통계(배정민)》라는 도서의 내용을 8강으로 나누어 기초를
학습한 후 의료 기관에서 진행하는 스마트교육을 활용하기도
하였고, 학습한 내용을 실제 데이터를 활용해 검증해 보는 등
학습에 대한 열정이 대단함.

동아리 소개글 형식이 나타난 '1학년 동아리활동 사례4'에 비해 '3
학년 동아리활동 사례5'는 내용이 개선되었다. 아래 표에 두 가지 사례
를 비교해서 정리해보았다.

1학년 동아리활동 사례4	3학년 동아리활동 사례5
활동이 6개	활동이 2개
어떤 동아리인지 소개하는 형식임.	과정과 결과가 구체적으로 드러남.
한 문단에 모든 활동이 담겨 있음.	문단별로 활동이 구분되어 있음.

'3학년 동아리 사례 5'는 내용이 구체적이고, 다양한 콘텐츠를 활용하여 주도적으로 활동한 점이 잘 드러난다. 예를 들어 '키와 유전 및 키와 생활패턴'을 주제로 연구할 때는 설문 조사와 엑셀 함수 및 그래프를 이용해 직접 수집한 데이터를 분석한 내용이 있다. 또한, '의학통계학'을 공부할 때는《닥터 배의 술술 보건의학통계(배정민)》책과 스마트 교육을 활용하여 궁금한 점을 해결한 내용이 있다.

다음으로 동아리활동은 혼자가 아닌 다수가 함께 하는 그룹 활동이기 때문에, 자율 활동에서 언급한 리더십뿐만 아니라 협업 능력도 중요하게 다뤄진다. 결과를 도출하는 과정에서 의견이 다른 친구들과 갈등이 생기기도 하는데, 어려움을 극복하는 과정을 통해 의사소통 능력과 문제 해결 능력을 보여줄 수 있다. 다음은 '2학년 동아리활동 사례6'이다.

2학년 동아리활동 사례6

[과학반(SPARK)2](26시간) 동아리 차장으로서 문제파악이 빠르며 신속한 해결방안을 마련하여 전달력 있게 의사소통을 할 수 있는 학생으로 탐구력이 왕성한 학생임. […] 데이터를 이용한 기사쓰기 활동에서 '의료인력과 의료시설의 지역별 불균형'을 제목으로 통계 자료를 수집하고 분석하여 국민보건의료에 대한 독창적인 기사를 작성함. 분석 및 제안 능력이 탁월하고 동아리 발표물 영상 제작 시 기획, 촬영을 맡아 영상물을 제작하는 데 기여함.

'2학년 동아리활동 사례 6'에서는 '동아리 차장'이라는 직책으로 글을 시작했고, 그 경험을 통해 어떤 역할을 했는지 잘 드러났다. 특히, '전달력 있게 의사소통을 할 수 있는 학생'이라는 표현을 사용하여 의사소통 능력을 강조했고, '독창적인 기사'라는 표현을 통해 창의력을 드러냈다. 이처럼 결과를 도출하는 과정에서 아이가 맡은 역할과 구체적으로 어떤 노력을 했는지를 명확하게 서술하는 것이 중요하다.

내가 생각하는 가장 이상적인 동아리활동은 이렇다. 정규 동아리활동 1개와 자율 동아리활동 1개로, 2개의 단락을 구성하는 것이다. 예를 들어, 정규 동아리는 전공과 관련된 동아리로 심화 연구를 하거나 산출물을 발표하는 경우가 많다. 특히 여러 명이 함께 활동하기 때문에 내용이 풍부하고 수준도 자연스럽게 높아진다. 이 부분에서 학업 역량과 전공 적합성을 잘 보여줘야 한다. 자율 동아리는 토론 동아리, 회화 동아리, 봉사 동아리 중 하나를 추천하는데, 전공과 관련된 흥미로운 주제를 다루거나 발표회, 체험전, 캠페인 등을 열기도 한다. 이때는 아이가 평소에 어떤 생각을 하는지 드러냄을 통해 아이의 사회 역량과 추구하는 가치를 명확히 전달해야 한다.

진로활동　　진로 활동에는 진로탐색 및 체험활동과 심화 연구가 포함된다. 보통 1학년 때는 진로를 탐색하고 체험하면서 구체화하는 시간을 갖고, 2학년과 3학년 때는 심화 연구를 진행한다. 나는 고등학교 2학년 때 의예과로 전향했기 때문에, 3학년 때 진로탐색 및 체험 활동과 심화 연구를 동시에 진행했다. 이런 이유로 저학년 때 진로를 빨리 구체화하는 것이 좋다는 이야기가 나오는 것이다. 그러나 중간에 진로를 바꾸는 것이 큰 문제가 되지는 않는다. 다음은 '3학년 진로활동 사례7'이다.

3학년 진로활동 사례7

'나의 진로탐색(2021.4.18.)' 시간을 활용해 자신의 진로와 관련한 학과 및 학과의 교과과정, 진출분야에 대해 발표함. 의학 및 의공학의 세부 영역별 세부 전공에 대해 조사하였고, 각 분야에서 주목받는 전문가들의 연구 영역을 조사함으로써 자신의 진로를 좀 더 구체화하는 계기가 됨.

'진로탐색 모둠활동1(2021.6.18.)' 생리학 특히, 정형외과와 관련된 운동생리학에 관심을 가지고 단시간 혹은 장시간의 운동 자극에 대한 인체 반응 및 적응 과정을 분석함. 이후 청소년기의 골 미네랄 밀도와 노년기의 골절 저항력과의 상관관계를 탐구하여 보고서를 작성함. 첨언으로 우리나라 청소년 체력활동의 저하가 심각함을 인지하고 학교 교육의 체육활동에 제도적 보완이 시급함을 언급함.

아이는 진로를 구체화하는 과정에서 주제를 선정해 심화 연구를 해야 한다. 예를 들어, 나는 진로를 의학에서 생리학, 생리학에서 운동생

292

리학, 운동생리학에서 정형외과로 구체화했고, 그 과정에서 운동 자극
에 대한 인체 반응을 주제로 심화 연구를 진행했다. 이때 최근에 관심
받고 있는 주제를 선택하면, 아이는 진로에 대한 깊이 있는 관심을 드
러낼 수 있다.

그런데 진로활동에서 아이들이 자주 하는 실수가 있다. 바로 고등
수준에서 이해하기 어려운, 너무 수준 높은 내용을 넣는 경우다. 이럴
경우, 평가자는 학생이 얼마나 내용을 이해했는지 정확히 파악하기 어
렵고, 이는 곧 면접에서 질문의 대상이 되기 쉽다. 그때 대부분 부족한
실력이 드러나게 된다. 실제로 나도 고등학교 2학년 때 같은 실수를 한
적이 있다. 다음은 '2학년 진로 활동 사례 8'이다.

2학년 진로활동 사례8

2020 프로젝트 청출어람(2020.05.11.-2020.11.30.)에서 20세기 물
리학의 위대한 성과들에 대해 토론하며 물리학에 대한 지식의
폭과 관점을 확장시킴. 특수 상대성 이론, 하이젠베르크 부분
토론에서 물리학에 대한 지적 호기심과 날카로운 시선이 돋보
이며, 자신이 얘기하는 논지를 잘 이해하고 논리적으로 표현하
는 기량이 뛰어남. 토론 후 초전도체를 이용하여 뇌의 기능을
연구할 수 있는 SQUID센서를 집중 탐구함.

'2학년 진로활동 사례8'에서는 고등학생 수준에 맞지 않는 내용이

포함되어 있다. 물론 SQUID 센서의 기본 원리(초전도 현상, 임계 온도, 마이스너 효과, 조셉슨 효과 등)를 이해하는 것은 충분히 가능하지만, 그 메커니즘까지 완벽하게 이해하는 것은 물리 올림피아드나 심화 과학을 공부하는 학생이 아니라면 매우 어렵다. 특히 굵은 글씨를 보고 SQUID 센서를 얼마나 이해했는지 그 정도를 파악하기는 어렵다. 따라서 고등학생 수준에서 이해할 수 있는 개념까지만 다루거나, 그렇지 않더라도 적어도 아이가 어느 정도까지 이해했는지를 구체적으로 작성하는 것이 필요하다. 다음은 '2학년 진로활동 사례 9'다.

2학년 진로활동 사례9

앱만들기교실(2020.10.31./6시간)에서 스마트폰 블록기반 언어인 앱 인벤터2를 활용한 이미지 컴포넌트, 미디어 컴포넌트, 센서 컴포넌트를 사용하여 애플리케이션을 직접 제작해보며 학생들에게 도움이 되는 '성적관리시스템' 앱을 구상하여 창안 능력을 보여줌.

'2학년 진로활동 사례9'에서는 고등학생 수준에서 충분히 다룰 수 있는 소재를 활용하여 제작한 산출물을 발표한 점이 인상적이다. 예를 들어, '앱 인벤터 2'를 사용해 이미지, 미디어, 센서 컴포넌트를 활용하여 '성적 관리 시스템' 앱을 직접 구상한 내용이 있다. 이처럼 아이가 어떤 소재를 활용했고, 어떤 원리를 적용했으며, 어떤 산출물을 만들었는지를 구체적으로 작성해야 한다.

내가 생각하는 가장 이상적인 진로활동은 이렇다. 진로탐색 1개, 체험활동 1개, 심화 연구 1개로, 3개의 단락을 구성하는 것이다. 예를 들어, 진로탐색은 학년이 올라갈수록 점점 더 구체화되고 키워드가 명확해져야 한다. 이때 구체적인 학과를 정하고 해당 학과에 대해 철저히 조사하면 된다. 특히, 희망 학교와 학과의 홈페이지를 접속해 관련 정보를 스크랩하는 것도 좋은 방법이다. 그렇게 하면 자연스럽게 아이가 무엇을 준비해야 할지 알게 된다. 체험활동은 학교에서 제공하는 전공 관련 특강과 체험을 활용한다. 우선 행사에 주도적으로 참여한 후 행사 내용을 바탕으로 후속활동을 진행하면 된다. 후속활동은 연구나 프로젝트가 끝난 후 추가적인 검토, 개선, 심화 학습 또는 응용을 위한 활동을 의미한다. 심화 연구는 진로탐색, 체험활동 또는 교과 수업을 바탕으로 주제를 선정해 연구를 진행하면 된다. 하루 만에 끝낼 수 있는 주제가 아닌, 1학기 내내 지속적으로 진행할 수 있는 주제를 선택하는 것이 좋다.

마지막으로, 진로활동에서는 책을 적극적으로 활용하는 것이 중요하다. 결국 책의 수준은 그 학생의 수준을 가늠하는 중요한 기준이 되기 때문이다. 책을 통해 학생이 진로에 대해 얼마나 관심을 가지고 있으며, 그 내용을 얼마나 깊이 이해하고 있는지 판단할 수 있다. 따라서 처음부터 어려운 책에 손대기보다는, 쉬운 개념의 책부터 차근차근 읽어나가며 점차 난도를 높여가는 것이 좋다.

 2022학년도 대입 전형까지는 학생부에 봉사활동이 기재되었다. 그러나 교육부는 2024년 대입부터 수상 경력과 마찬가지로 봉사활동 항목을 학생부에서 제외했다. 이는 긍정적인 변화다. 왜냐하면 이전에는 봉사활동이 아이들로 하여금 '더 자주' 혹은 '더 오랫동안' 봉사하도록 경쟁하게 만들었기 때문이다. 결국 많은 학생이 봉사의 의미보다는 시간을 채우는 데 급급했고 그 과정에서 시간을 낭비하는 경우도 많았다.

여기서 봉사활동의 본질을 다시 생각해볼 필요가 있다. 봉사의 목적은 단순히 시간을 채우는 것이 아니라, 아이가 사회적 역량을 기르는 데 있다. 예를 들어 사회적 책임감과 공감 능력, 리더십과 팀워크, 의사소통 능력, 시간 관리 능력, 자기 존중감과 성취감, 그리고 직업 탐색과 경험 등이 그 예다. 그러나 봉사활동의 내용이나 시간만으로는 이러한 역량을 충분히 평가하기 어렵기 때문에 학생부에서 해당 항목을 제외한 것이다.

많은 아이들이 봉사활동에서 어려움을 느끼는 것은 잘못된 편견을 가지고 있기 때문이다.

첫째, 봉사활동은 꼭 특정 장소에 가서 특별한 일을 해야만 하는 것은 아니다. 예를 들어 멘토링 활동을 통해 다양한 친구들과 소통하고, 그들의 감정을 이해하며 공감 능력을 기를 수 있다. 또한 학교생활에 어려움을 겪는 친구들이 학교에 잘 적응하도록 도와주는 과정에서 사회적 책임감을 함양할 수도 있다. 나 역시 고등학교 1학년 때 자폐로

인해 인간관계에 어려움을 겪는 친구와 축구부 활동으로 인해 학업에 소홀해진 친구를 대상으로 1년간 멘토링 활동을 진행했다.

둘째, 봉사활동은 꼭 어려운 사람을 돕는 일만을 의미하지 않는다. 학교생활 속에서도 크고 작은 문제를 발견하고 해결하는 과정에서 충분히 실천할 수 있다. 예를 들어 청소 도우미 역할을 맡아 쉬는 시간마다 창문을 열어 환기를 시키고 교내 환경 개선에 기여함으로써, 호흡기 질환을 앓는 학생 수를 눈에 띄게 줄일 수 있다. 또한 급식 도우미로서 급식 소수자의 인권 보장을 위해 알레르기 유무를 조사하고 친구들이 안심하고 식사할 수 있는 환경을 조성하는 데 앞장설 수도 있다.

다음으로 학생부에 아이가 봉사활동한 내용을 적을 때 주의할 점이 있다.

첫째, 학교에서 단체로 진행한 봉사활동이라도 아이가 '자발적으로' 참여한 의지가 드러나야 한다. 둘째, 일회성으로 끝나지 않고 '지속적으로' 이어져야 한다. 이처럼 '자발적'이고 '지속적인' 봉사활동을 실천함으로써 아이의 인성과 문제 해결 능력을 효과적으로 보여줄 수 있다. 기존의 봉사활동 항목이 사라진 만큼 이제는 다른 항목을 통해 봉사활동을 간접적으로 드러내는 방식이 필요하다. 따라서 아이는 주변에 관심을 가지고 봉사를 적극적으로 실천해야 하며 그 과정에서 얻은 사회적 역량을 창의적 체험활동상황란과 행동특성 및 종합의견란에 구체적으로 기록해야 한다. 예를 들어 1인 1역 봉사활동은 자율활동란에, 진로 관련 봉사활동은 진로활동란에 기재하면 된다. 특히 담임선생님이 학교생활 중 직접 관찰한 내용은 행동특성 및 종합의견란에 작성되므로 그 부분을 통해 아이의 태도와 성장 과정을 잘 드러낼 수 있다.

5. 교과학습발달상황

'교과학습발달상황'에는 과목별 성적(원점수, 평균, 표준편차, 등급 등)과 세부 능력 및 특기 사항(교과별 학습 태도 및 특이 사항 기재)이 포함된다. 과목별 성적은 곧 내신 등급을 의미한다. 원점수, 평균, 표준편차 등의 세부 요소가 있지만, 결국 아이는 3년 동안 산출된 내신 등급을 통해 지원할 수 있는 학교와 학과의 범위를 대략적으로 결정하게 된다. 또한 세부 능력 및 특기 사항, 즉 흔히 말하는 '세특'이 있다. 나는 세특을 크게 두 가지 방식으로 작성했다. 첫째는 '교과 심화형 세특'이다. 교과 수업에서 배운 내용을 연계하거나, 심화하거나, 응용하는 방식이다. 예를 들어 아이가 화학 I 수업에서 수소 결합을 배웠다면, 이를 바탕으로 수소 결합이 효소와 기질의 결합 과정에서 어떻게 작용하는지 연구하는 식이다. 다음은 '3학년 화학 II 교과 심화형 세특 사례10'이다.

3학년 화학 II 교과 심화형 세특 사례10

화학 II : 특히 환경에 대한 감수성이 높아 마스크 끈으로 인한 생태계 위험에 대하여 인식하고 이를 물리적, 화학적 해결 방안으로 나누어 친환경 마스크를 급우와 직접 제작하는 활동을 함. 화학적인 측면에서 수소 결합의 특성을 살려 카르복시메틸 셀룰로오스를 재료로 마스크 접합 부위를 직접 개선하였고, 매립 후 수용성을 가진 끈이 시간이 지나면 스스로 끊어지는 '케이컬 디컴퍼서블 마스크'라는 창의적인 결과물을 도출함.

'3학년 화학Ⅱ 교과 심화형 세특 사례10'에서 화학Ⅱ 수업에서 배운 수소 결합의 특성을 활용해 친환경 마스크를 직접 제작한 활동 내용을 확인할 수 있다. 이처럼 교과 개념을 학습한 뒤, 이를 바탕으로 탐구 활동을 진행하고 산출물을 발표하는 방식이 존재한다. 둘째는 '전공 탐구형 세특'이다. 이는 진로와 관련된 전공 주제를 심화 탐구하는 방식이다. 예를 들어 아이가 기계공학과를 지망한다면, 열역학이나 에너지 단원과 연계하여 열 전달과 냉각 시스템의 효율을 비교·탐구하는 활동을 진행할 수 있다. 다음은 '3학년 생명과학Ⅱ 전공 탐구형 세특 사례11'이다.

3학년 생명과학Ⅱ 전공 탐구형 세특 사례11

생명과학Ⅱ : '조골세포와 파골세포 활성의 작용 원리와 약물의 작용 기전'을 주제로 본인이 평소에 관심을 가지고 있던 '골학'의 한 부분인 골세포의 골형성과 골흡수의 작용 원리에 대해 조사하여 친구들에게 소개함. 조골세포와 파골세포는 인체

'3학년 생명과학Ⅱ 전공 탐구형 세특 사례11'에서 생명과학Ⅱ 주제 발표 수업에서, 희망 학과인 의예과, 그중에서도 정형외과와 관련하여 골세포의 골형성과 골흡수 작용 원리를 탐구한 활동 내용을 확인할 수 있다. 이처럼 전공 관련 개념을 바탕으로 탐구를 진행하는 방식도 효과적인 세특 작성 방법 중 하나다.

그런데 문제는, 이제 개별적으로 수행한 탐구만으로는 높은 평가를 받기 어렵다는 점이다. 시간이 지날수록 학생부종합전형은 점점 더 복잡하고 정교해지고 있다. 따라서 단순히 교과 내용을 심화하거나 전공 관련 개념을 공부하는 수준만으로는 합격을 기대하기 어렵다. 이에 두 가지 방향을 제안한다. 첫째, '지식 습득'에서 한 걸음 더 나아가 '지식 활용'의 단계에 도달해야 한다. 왜냐하면 학생은 지식을 활용하는 과정에서 자신이 얼마나 깊이 이해했는지를 자연스럽게 보여줄 수 있기 때문이다. 다음은 '3학년 과학융합 세특 사례12'이다.

3학년 과학융합 세특 사례12

과학융합: 성인보다 가볍고 근육이 다 발달하지 않은 아이들이 뛸 때 더 큰 소리가 나는 현상에 의문을 제기하여 관련 자료를 조사함. 골학의 관점에서 아이들의 발 아치 구조가 아직 형성되지 않았다는 점, 발의 아치가 형성되려면 뼈와 인대의 구조와 발이 여러 부분에 부착된 근육과 힘줄이 역할을 인식함. 아치의 높낮이에 따른 평발, 요족 분류법인 사진 촬영, 발자국 찍기, 엄지발가락 젖히기 등의 방법으로 반 친구들의 발을 분석하여 약 10%의 학생이 평발임을 산출하고 결과를 정리하여 '26개의 뼈와 33개의 관절의 정교한 하모니'라는 제목으로 흥미로운 발표를 진행함.

'3학년 과학융합 세특 사례12'에서 평발과 요족의 분류법을 학습한 뒤, 이를 실제로 적용해 반 친구들의 발을 직접 분석한 활동 내용을 확인할 수 있다. 이처럼 특정 개념을 배운 후에는 그 개념을 활용해 어떤 심화 탐구를 시도할 수 있을지, 혹은 어떤 형태의 산출물을 만들어볼 수 있을지 꾸준히 고민해야 한다.

둘째, 개별 활동을 서로 연결하는 것이 중요하다. 단일 활동으로 끝나는 기록이라면 평가자는 아이의 학생부를 보며 '이 학생이 정말 해당 학과에 꾸준한 관심이 있는가?'라는 의문을 가질 수밖에 없다. 반면, 여러 활동이 자연스럽게 이어진다면 평가자는 아이가 평소에도 지원 학과에 대해 깊이 고민하고 있음을 확신하게 된다. 다음은 '3학년 화학Ⅱ 세특 사례13'과 '3학년 자율활동 사례14'다.

3학년 화학Ⅱ 세특 사례13

화학Ⅱ : 특히 환경에 대한 감수성이 높아 마스크 끈으로 인한 생태계 위험에 대하여 인식하고 이를 물리적, 화학적 해결 방안으로 나누어 친환경 마스크를 급우와 직접 제작하는 활동을 함. 화학적인 측면에서 수소 결합의 특성을 살려 카르복시메틸 셀룰로오스를 재료로 마스크 접합 부위를 직접 개선하였고, 매립 후 수용성을 가진 끈이 시간이 지나면 스스로 끊어지는 '케이컬 디컴퍼서블 마스크'라는 창의적인 결과물을 도출함.

3학년 자율활동 사례14

학급자치 '나는야 지구 지킴이(2021.3.12.~2021.8.16.)'의 활동명을 짓고 게시판에 환경란을 마련하여 캠페인 활동을 주도함. 그린피스의 활동 소개로 지구 환경오염의 심각성을 일깨우고, 실천 방법으로 급우들을 플라스틱 제로 한국 등 서명 운동에 참여시키고, 저금통을 배치, 기부 캠페인을 시작함. 이후 환경 인식 설문을 통해 급우들의 인식을 조사하고 환경 보호 퀴즈 시간을 통해 적극적인 인식 변화를 이끎. 후속활동으로 학급 분리수거 개선 방법 및 친환경 소비 실천 방안을 제안함. 정부의 탄소중립선언, 후쿠시마 원전 오염수 방류의 문제점과 해결방안에 대한 생각을 게시함. 마스크 끈의 환경오염을 알리고 분리배출을 권유함.

'3학년 화학Ⅱ 세특 사례13'과 '3학년 자율활동 사례14'에서 '마스크 끈의 문제와 해결 방안'이라는 공통된 주제 아래, 화학Ⅱ 과목에서는 친환경 마스크를 직접 제작하는 활동을, 자율활동에서는 마스크 끈 문제를 인식하고 분리배출을 권장하는 캠페인 활동을 진행한 것을 확인할 수 있다. 이처럼 한 주제를 중심으로 서로 다른 활동을 유기적으로 연결하면 학습과 실천이 결합된 시너지 효과를 낼 수 있다.

마지막으로 최근 교과학습발달상황에서 강조되고 있는 두 가지 중요한 요소가 있다. 바로 '독서 활용'과 '후속활동'이다. 앞서 언급한 지식 활용 과정에서 독서를 통해 문제를 해결하고, 활동 간 연결 과정에서는 후속활동을 진행하는 것이다. 예를 들어 '독서 활용'은 수업 시간에 풀리지 않은 문제를 해결하거나 보고서를 작성하면서 어려운 부분을 이해할 때 책을 참고하는 것을 의미한다. '후속활동'은 수업 시간에 생긴 문제를 해결하거나 수업에서 배운 내용을 다른 활동에 적용하는 것, 또는 새로운 궁금증이 생겨 더 깊이 학습하는 것을 뜻한다. 따라서 아이는 '독서 활용'과 '후속활동'을 통해 보다 풍부하고 깊이 있는 학교 생활기록부를 작성할 수 있어야 한다.

6. 독서활동상황

2022학년도 대입 전형까지는 학생부에 학년별 독서 목록(책 제목, 저자)이 기재되었다. 하지만 교육부는 2024년 대입부터 수상 경력과 봉사 활동처럼 학생부에서 독서활동상황을 제외하기로 했다. 이는 긍정적인 변화라고 볼 수 있다. 왜냐하면, 독서활동상황이 아이들로 하여금 '더 많이', '더 수준 높은' 책을 읽도록 경쟁하게 만들었기 때문이다. 그로 인해 일부 학생들은 실제로 책을 읽지 않았거나 발췌해서 읽은 책만을 학교생활기록부에 기재하는 상황이 발생했다. 면접 시즌이 다가오면 책 내용이 기억나지 않아 급히 책을 읽는 경우도 종종 있었다.

이제 독서활동의 본질을 생각해보자. 결국 아이들이 책을 읽고 이를 통해 다양한 역량을 기르는 것이 목표다. 예를 들어 사고력 및 문제 해결 능력, 어휘력 및 표현력, 공감 능력 및 감수성, 집중력 및 인내심, 창의력 및 상상력, 지식 습득 및 논리적 사고 등이 그것이다. 결국 책 제목과 저자만으로는 학생의 역량을 제대로 파악할 수 없기 때문에 독서활동상황 기재를 제외한 것이다.

따라서 학생들은 독서를 통해 얻은 역량을 창의적 체험활동상황란과 교과학습발달상황란에 적극적으로 기재해야 한다. 예를 들어 철학, 심리학, 과학 관련 서적을 읽고 문제해결 과정을 통해 비판적 사고력을 보여줄 수 있고 문학 작품을 읽고 인물의 감정과 상황을 이해함으로써 공감 능력을 보여줄 수 있다. 결국 문제를 설정하고 해결하는 과정에서 독서를 적극적으로 활용해야 한다. 책에서 문제를 뽑아낼 수도 있고, 문제를 해결하는 과정 중에 책을 활용할 수도 있다. 그래서 활동 하나당 책 한 권을 반드시 활용할 것을 적극적으로 추천한다. 이는 뒤에서 소개할 '생활기록부 기재 요령 7단계 법칙'의 4단계에 해당하는 내용이기도 하다. 기존 독서활동상황 항목이 사라진 만큼, 이제는 기타 항목에서 독서활동상황을 간접적으로 보여주는 것이 필요하다.

7. 행동특성 및 종합의견

'행동특성 및 종합의견'에서는 교사의 학생 종합 평가(태도, 인성, 성장 과정 등)가 기재된다. 담임 선생님은 평소 아이를 가장 가까이에서 지켜본 내용을 바탕으로 작성하게 된다. 따라서 일종의 추천서와 유사한 성격을 갖는다. 담임 선생님은 평가관에게 '우리 학생, 뽑아주세요'라는 말을 길게 풀어서 설명하게 된다.

그러나 많은 학생들이 행동특성 및 종합의견에서 학업 역량, 진로 역량, 사회 역량 중 사회 역량만 작성하는 실수를 범한다. 이 경우, 담임 선생님은 평가관에게 '우리 학생 정말 착한데, 뽑아주세요'라고 말하는 것과 다를 바 없다. 따라서 세 가지 역량을 고르게 다루어 '우리 학생 정말 똑똑하고 착한데, 뽑아주세요'로 나아가야 한다. 특히 학업 역량을 비중 있게 다뤄, 아이가 지원하는 학과에 적합한 인재임을 부각시켜야 한다.

또한, 행동 특성 및 종합 의견은 앞서 언급한 항목들을 보충하는 역할도 할 수 있다. 예를 들어 아이가 판단하기에 앞선 항목에서 진로 역량이 부족하다고 느껴진다면 기타 항목을 줄이고 진로 역량을 강조하여 작성할 수 있을지를 고민해야 한다. 결국 아이는 학생부를 수시로 점검하고 자신의 강점과 약점을 파악한 후, 이 항목을 활용해 약점을 보완하는 시간을 가져야 한다.

탐구보고서 작성요령

(응용편)

학생부종합전형 입문편과 실전편을 통해 학생부종합전형에 대한 이해를 마쳤다면, 이제 아이가 탐구보고서를 작성하기 위한 준비 과정은 모두 끝난 것이다. 아직 잘 이해되지 않는 부분이 있다면 두세 번 더 읽어보는 것도 좋은 방법이다. 이제부터는 탐구보고서 작성 방법에 대해 알아보겠다. 그런데 많은 아이들이 흔히 두 가지 실수를 자주 범한다.

첫째, 어떤 아이들은 공부하느라 시간이 부족해 관련 논문 2~3개만 찾아 요약한 뒤, 그 내용을 섞어서 마치 본인이 쓴 것처럼 제출하는 경우가 있다. 이 정도면 양호한 편이지만, 심한 경우에는 귀찮다는 이유로 보고서 한 장에 참여한 활동만 간단히 요약하고, 본인 생각을 2~3줄 덧

붙여 제출하기도 한다.

둘째, 반대로 어떤 학생들은 보고서를 너무 꼼꼼하게 작성하려다 참고문헌 조사에 2~3시간 이상 시간을 소비하는 경우가 있다. 이럴 때는 큰 시간 낭비가 발생하는데, 나도 예전에 그런 경험이 있었다. 보고서를 완벽하게 쓰려는 강박에 의해 불필요한 곳에 너무 많은 시간을 써버린 것이다. 이런 실수를 피하려면 보고서 작성에 필요한 핵심 내용과 참고문헌의 양을 적절히 조절하는 것이 중요하다. 참고문헌은 기사와 논문을 포함해 2~3개 정도만 분석하되, 내용을 단순히 요약하는 데 그치지 말고 그 위에 본인의 생각을 적절히 덧붙이는 것이 중요하다.

이러한 실수를 없애기 위해, 다음과 같은 순서로 탐구보고서를 작성하기 바란다.

목적	'이 활동을 왜 시작했지?'
주제	'이 활동의 내용을 포괄하는 문장은 뭘까?'
내용	'이 활동의 핵심 내용은 뭐지?'
결론	'이 활동을 통해 얻은 게 뭘까?'
후속활동	'어떤 후속활동을 해볼까?'

목적

그렇다면 탐구보고서를 쓰는 이유는 무엇일까? 쉽게 말해, 아이가 스스로 탐구한 내용을 학교 선생님에게 보고하는 과정이다. 이때, 필요 이상으로 과도하게 조사하거나 반대로 너무 간단하게 붙여 넣기만 해서는 안 된다. 먼저, 아이가 왜 이 탐구를 시작했는지를 명확히 확인해야 한다. 이 과정에서 많은 아이들이 어려움을 겪곤 하는데 '그냥 궁금해서 한 거 아니야?'라고 생각하면 절대 안 된다. 탐구 동기는 다음과 같이 나눠서 생각할 수 있다.

1. 특정 대상의 개념이 모호한 경우 → 나만의 정의를 내려보기
2. 특정 대상의 메커니즘이 궁금한 경우 → 물체나 현상의 작용 원리나 과정을 설명해보기
3. 특정 대상에 대해 더 깊이 이해하고자 하는 경우 → 심화학습하기

이 외에도 특정 대상의 변화 과정이 궁금할 때는 스스로 정한 기준에 따라 그 변화를 설명할 수 있다. 또한 특정 대상과 다른 대상을 비교 분석할 때는 자신이 세운 기준에 따라 두 대상을 비교해볼 수 있다. 탐구 동기, 즉 탐구보고서를 쓰는 목적이 명확해졌다면 이제 이를 한 문장으로 간단히 작성해본다. 다음 문장의 빈칸을 채워보자.

나는 (   )하기 위해서 탐구보고서를 쓴다.

주제

다음으로 주제를 작성해보자. 앞서 말했듯이 주제는 활동 내용을 포괄해야 한다. 활동 내용은 크게 두 가지로 나눌 수 있는데, 바로 '문제'와 '해결 방안'이다. 따라서 문제와 해결 방안을 모두 담아 주제를 작성하는 것이 좋다. 다음 문장의 빈칸을 채워보자.

(해결방안   )을 통한 (문제   )를 해결하기

내용

다음으로 내용을 작성해본다. 내용 작성의 핵심은 '문제 해결 능력'에 있다. 어려움에 부딪혔을 때, 이를 어떻게 극복했는지를 구체적으로 보여줘야 한다. 이 부분을 통해 학생이 해당 학과에 진학해 학업을 끝까지 잘 이어갈 수 있을지 알 수 있다. 그렇다면 '일부러 어려움을 만들어서 해결책을 찾아야 하는 거야? 너무 억지 아니야?'라고 생각할 수도 있다. 하지만 절대 그렇지 않다. 대단한 일이 아니라, 학교생활 중에

생긴 작은 문제를 해결하는 과정만 잘 드러내도 충분하다. 어려움을 극복하는 방법은 기본적으로 검색을 포함해 여러 가지가 있지만 다음과 같이 나눌 수 있다.

1. 독서 : 관련 지식을 담은 책을 찾아 읽은 후 이론적 배경을 학습

2. 실험 : 메커니즘 설명이 가능한 실험을 찾아 실행한 후 이론을 실제로 확인하고 증명

3. 설문 : 필요한 데이터를 수집한 후 이를 바탕으로 문제를 분석

4. 토론 : 대화를 나누며 여러 관점에서 문제 해결 방안을 모색

결론

다음으로 결론을 작성해본다. 결론에서는 활동의 핵심을 강조해야 한다. 핵심은 단순히 긴 내용을 요약하는 것이 아니라 아이가 어떻게 변화했는지, 어떤 능력이 향상되었는지, 혹은 주변 사람들에게 어떤 긍정적인 영향을 주었는지에 대해 서술해야 한다. 특히 생각이 어떻게 달라졌는지, 활동 전과 비교해 어떤 점이 바뀌었는지, 태도에 어떤 변화가 있었는지를 자세히 적어야 한다. 이때 구체적인 수치나 예시를 넣는 것도 좋은 방법이다. 활동의 핵심을 정리했다면 이를 한 문장으로 간단히 작성해보자.

나는 이 활동을 통해 (   ) 변화했다.

나는 이 활동을 통해 (   ) 향상되었다.

나는 이 활동을 통해 (   ) 도움을 주었다.

후속활동

마지막으로 후속활동을 작성해본다. 후속활동은 이전 활동에서 느낀 부족한 점이나 앞으로 더 공부하고 싶은 부분을 적으면 된다. 특히 이전과 다른 관점에서 문제를 바라보는 것이 큰 도움이 된다. 예를 들어, 화학적 관점에서 본 문제를 생명과학적 시각으로 보거나, 과학적 시각에서 본 문제를 문학적 관점에서 보는 방식이다. 후속활동 내용을 정리했다면, 이를 한 문장으로 작성해보자.

나는 이 활동에서 (   ) 부족하다고 생각했다.

나는 이 활동에서 (   ) 추가로 탐구하고 싶다.

생활기록부 기재요령
(종합편)

학생부종합전형 응용편에서 탐구보고서 작성법을 잘 따라왔다면, 큰 어려움 없이 보고서를 작성했을 것이다. 하지만 대부분의 아이들이 탐구보고서를 열심히 작성했음에도, 어떤 내용을 생활기록부에 넣어야 할지 헷갈려한다. 아무리 훌륭한 보고서를 써도 학생부에 잘못된 형식으로 적으면 전혀 도움이 되지 않는다. 나는 출신 고등학교에서 교육 강의를 하고 교육청 진로교육센터에서 멘토링 봉사를 했으며, 컨설팅 회사에서 2년간 일한 경험을 바탕으로 '생활기록부 기재 요령 7단계 법칙'을 개발했다. 이제, 내가 개발한 '창의적 체험활동 기재 요령 7단계 법칙'을 알아보겠다.

1단계   첫 문장에는 태도 및 인성에 관련된 구체적인 칭찬이 드러난 문장을 작성한다.

2단계   ○○○○○을 주제로 하여 ○○○○○를 목표로 탐구를 진행함.

3단계   ○○○○○을 진행하면서 ○○○○○라는 어려움이 생겼고, ○○○○○을 읽음.

4단계   이후 ○○○○○을 통해, ○○○○○을 해결함.

5단계   그 결과 ○○○○○라는 새로운 결론을 도출함.

6단계   이후 후속활동으로 ○○○○○을 계획함./연구함.

7단계   그 결과 ○○○○○라고 주장했고, 이를 토대로 ○○○○○한 ○○○○○가 되겠다는 포부를 밝힘.

이번에는 '창의적 체험활동 기재요령 7단계 법칙'을 어떻게 적용하는지 알아보겠다.

1단계   평소 지구 환경에 관심이 많은 학생으로, 문제를 친환경적인 방식으로 해결하는 것에 뛰어남.

2단계   '나는야 지구 지킴이'를 주제로 하여 '급우들의 환경 인식 개선'을 목표로 탐구를 진행함.

3단계   급우들을 서명 운동에 참여시키면서 어려움이 생겼고, 《이제는 우리가 지구를 구할 수 있습니다》를 읽음.

4단계   이후 환경 인식 설문, 환경 보호 퀴즈 시간을 통해 적극적인 인식 변화를 이끌었고, 급우들을 플라스틱 제로 한국 등 서명 운동에 참여시킴.

5단계 그 결과 급우들이 스스로 저금통을 배치, 기부 캠페인을 시작, 학급 분리수거 개선 방법 및 친환경 소비 실천 방안을 제시하는 등 적극적인 인식 변화를 이끌어냄.

6단계 이후 후속활동으로 '수소 결합을 활용한 친환경 마스크 제작하기'라는 주제로 실험을 진행함.

7단계 그 결과 매립 후 수용성을 가진 끈이 시간이 지나면 스스로 끊어지는 창의적인 결과물을 도출했고, 이를 토대로 주변에 항상 관심을 가지는 따뜻한 의과학자가 되겠다는 포부를 밝힘.

다음으로 내가 개발한 '세부능력 특기사항 기재요령 7단계 법칙'을 알아보겠다.

1단계 첫 문장에는 수업 태도 및 인성에 관련된 구체적인 칭찬이 드러난 문장을 작성한다.

2단계 ○○○○○을 주제로 하여 ○○○○○를 목표로 탐구를 진행함.

3단계 ○○○○○ 단원/지문을 학습하면서 ○○○○○라는 의문이 생겼고, ○○○○○을 계획함.

4단계 ○○○○○을 읽고, ○○○○○을 조사함./설명함.

5단계 그 결과 ○○○○○라는 새로운 결론을 도출함.

6단계 이후 후속활동으로 ○○○○○을 계획함./연구함.

7단계 그 결과 ○○○○○라고 주장했고, 이를 토대로 ○○○○○한 ○○○○○가 되겠다는 포부를 밝힘.

이번에는 '세부능력 특기사항 기재요령 7단계 법칙'을 어떻게 적용하는지 알아보겠다.

1단계 평소 건강에 관심이 많은 학생으로, 문제를 생명과학적인 관점으로 해결하는 것에 뛰어남.

2단계 '조골세포와 파골세포 활성의 작용 원리와 약물의 작용 기전'을 주제로 하여 '인체 내 골세포의 활성 이해하기'를 목표로 탐구를 진행함.

3단계 '항상성과 몸의 조절' 단원을 학습하면서 세포 수준에서 일어나는 항상성에 궁금증이 생겼고, '골세포의 골형성과 골흡수의 작용 원리'를 공부할 것을 계획함.

4단계 《세포의 세계》를 읽고, 골세포의 기능과 작용을 조사함.

5단계 그 결과 뼈 내에서 일어나는 인체의 생리학적 작용인 하버시안 시스템에 대해 이해함.

6단계 이후 후속활동으로 '인공슬관절 치환술의 역사 및 개발 원리 이해하기'를 주제로 연구함.

7단계 그 결과 인공슬관절의 정의와 역사, 종류와 이에 따른 장단점

및 개선점을 설명했고, 이를 토대로 끊임없이 연구하는 정형
외과 전문의가 되겠다는 포부를 밝힘.

학생부종합전형 입문편, 실전편, 응용편, 종합편까지 따라오느라 정
말 수고 많으셨다고 말씀드리고 싶다. 앞서 언급했듯이 내 진로는 처
음부터 의대가 아니었다. 중학교 시절에는 정치외교학과를, 고등학교
1학년 때는 컴퓨터공학과를 진지하게 고민했다. 그러다 고등학교 2학
년 무렵, '사람을 살리는 프로그래머는 될 수 없지만 코딩을 잘하는 의
사는 될 수 있지 않을까?'라는 질문을 스스로에게 던졌고, 그때 비로소
의학이라는 길을 선택하게 되었다.

진로 결정이 늦었던 만큼 입시는 결코 쉽지 않았다. 하지만 끝까지
방향을 수정하고 전략을 점검하며 학생부종합전형에 매달렸고, 그 결
과 의과대학 2관왕과 함께 고려대학교 화학생명공학부에도 합격할 수
있었다. 이 경험을 통해 나는 한 가지를 분명히 알게 되었다. 입시는
'노력의 총량'보다 '방향의 정확성'이 결과를 좌우한다는 사실이다.

나는 초·중·고 12년을 입시와 함께 보냈고, 이후에도 모교 멘토링
강연, 교육청 멘토링 봉사, 유튜브 〈의대생TV〉 콘텐츠 제작, 입시 컨설
팅 실무 경험을 통해 수많은 학생과 학부모를 직접 만나왔다. 그 과정
에서 반복해서 마주한 것은 '정보의 부족'이 아니라 정보를 해석하고
적용해줄 기준의 부재였다. 누군가는 과도한 사교육 속에서 길을 잃
고, 누군가는 최소한의 방향조차 잡지 못한 채 불안 속에서 시간을 흘

려보내고 있었다.

이 책은 그런 현실에 대한 문제의식에서 출발했다. 최상위 대학 진학만을 위한 기술서가 아니라, 아이의 성향을 이해하는 방법, 부모가 개입해야 할 지점과 물러나야 할 순간, 그리고 흔들리지 않는 교육 기준을 어떻게 세울 것인가에 대한 이야기다. 또 아이를 더 몰아붙이기 위한 책이 아니라, 아이를 제대로 이해하기 위한 책이다.

부모라면 누구나 한 번쯤은 같은 질문 앞에 서게 될 것이라 생각한다.

'지금 이 선택이 아이에게 맞는 걸까? 내가 돕고 있는 걸까, 방해하고 있는 걸까?'

이 책이 그 질문 앞에서 완벽한 정답은 아닐지라도, 최소한 현실적인 기준과 방향을 제시하는 동반자가 되기를 바란다. 그리고 이 책을 덮는 순간, '아, 이제 무엇을 해야 할지는 알겠다'라는 생각이 남는다면, 그것으로 충분하다. 부디 이 책이 아이의 입시를 넘어, 아이의 삶을 준비하는 과정에서 부모와 아이 모두에게 작은 힘이 되기를 진심으로 바란다.

ALL 1등급 초정밀 입시 가이드

초등부터 설계하는 최상위 합격 로드맵

초판 1쇄 인쇄 2026년 2월 17일
초판 1쇄 발행 2026년 2월 25일

지은이 박동호·최지석
펴낸이 최순영

출판1 본부장 한수미
와이즈팀
편집 김혜영
디자인 김태수

펴낸곳 ㈜위즈덤하우스 **출판등록** 2000년 5월 23일 제13-1071호
주소 서울특별시 마포구 양화로 19 합정오피스빌딩 17층
전화 02) 2179-5600 **홈페이지** www.wisdomhouse.co.kr

ⓒ 박동호·최지석, 2026

ISBN 979-11-7591-040-9 03370